# 법치주의의란 무엇인가

ON
THE
RULE OF
LAW

역사 정치 이론
History Politics Theories

Brian Z. Tamanaha 저 / 이헌환 역

박영사

"오니"에게 바칩니다.

# 역자 서문

이 책은 Brian Z. Tamanaha 교수의 'On the Rule of Law: History, Politics, Theory'(Cambridge Univ. Press, 2004)를 번역한 것이다. Brian Z. Tamanaha 교수는 현재 미주리주 세인트루이스의 Washington University School of Law의 William Gardiner Hammond 교수로 재직하고 있다. 그는 1990년대 이후 법철학 및 법이론 분야, 법치주의 이론 분야, 법과 사회이론 분야, 법학교육 분야 등 다양한 영역에서 8권의 저서를 출간하고 40여 편의 논문을 유수의 잡지에 기고하는 등 가장 활발한 연구활동을 하는 학자들 중 한 사람이다.

저자는 이 책에서 인간공동체의 한 지배양식으로서의 법치주의에 관하여 2천년 전의 로마시대로부터 최근의 21세기에 이르기까지 그 역사적 배경과 변천과정을 상술하면서, 다양한 개념과 발전과정을 일목요연하게 서술하고 있다. 특히 고대 로마로부터 중세기독교 사회를 거쳐 자유주의를 근간으로 하는 근대의 법치주의사상이 등장하게 된 배경을 간략하면서도 이해하기 쉽게 서술하고 있다는 점에서 법학을 처음 접하는 사람이나 일반독자들에게도 크게 도움이 될 것으로 기대된다. 아울러, 이론적 측면에서도 국제법적 측면에 이르기까지 오늘날 전 세계에서 전개되고 있는 다양한 법치주의이론을 명료하게 설명하고 있다는 점에서 법치주의에 관한 이해에 적지않게 도움이 될 것이다.

우리나라의 경우, 19세기 말 서세동점기에 서구의 법치주의(입헌주의)를 처음 접하였지만, 그 싹이 자라기도 전에 일제강점기를 맞게 되었고, 그에 따라 법치주의는 근대적 법치주의의 핵심이라 할 수 있는 자유주의의 확립에 기여하기보다는, 일제식민지통치의 억압적 통치기제로 작용하고 말았다. 뿐만 아니라, 강점기가 끝난 이후에도 통일국가로 복귀하지 못하고 남북분단이라는 민족적 비극을 초래하면서, 북쪽은 사회주의적 혁명담론으로 국가가 성립되었고, 남쪽은 자본주의적 법치담론으로 국가가 성립되었다. 그나마 법치담론에 기하여 대한민국이 수립되었다는 것은, 인류사에서 거대한 실험으로 그쳤던 사회주의의 실패에 비추어 지극히 다행한 일이라 하지 않을 수 없다.

그러나, 대한민국의 수립 이후에도 장기간 전개된 독재정부는 법치주의를 왜곡하고 형해화시켜 서구에서 발전된 법치주의를 제대로 구현하지 못했다고 할 수 있다. 법치주의 이론조차도 일제강점기에 일본의 영향을 받아 강점기 법학의 주류적 경향이었던 독일의 이론에만 집착하여 영미법학계의 다양한 법치주의 이론을 수용하는 데에 적지 않은 장애로 작용하였다. 법학조차도 일제강점기의 영향에서 벗어나지 못하고 학문적 방법론에서 독일지향적으로 되고 만 것이다. 이 책의 원저인 'On the Rule of Law'에서도 보듯이 영미법계에서는 '법의 지배'라는 표현이 일반적이지만, 독일법계에서는 '법치국가(Rechtsstaat)'라는 용어가 지배적으로 사용되고 있고, 그 영향을 받아 우리나라에서도 법치주의라는 용어가 훨씬 익숙하게 쓰이고 있다. 이 번역본의 제목을 '법치주의란 무엇인가'라고 한 것도 우리 대중들이 더욱 익숙하게 쓰는 용어가 '법치주의'이기 때문이다. 오늘날에는 영미법계 법학 뿐만 아니라 독일 이외의 대륙법계 법학도 다양하게 수입되고 있어서 우리 법학계를 더욱 풍요롭게 하고 있다는 점은 다행한 일이라 하겠다.

이 책에서도 적절히 지적하고 있다시피, 법치주의가 실현되기 위해서는 규범으로서의 법 자체 뿐만 아니라 법적 과정에서의 행위자들의 의지도 매우 중요하다. 법관, 변호사 등을 포함한 전문법조인 집단이 사회 내에 독립적으로 존재하고 이들에 의해 법적 합리성과 안정성이 추구될 때에 진정한 법치주의가 실현될 수 있다. 이 점에서 볼 때, 우리나라는 전문법조인 집단의 사회적 독립성과 안정성의 측면에서 적지 않은 문제가 있다. 애당초 정부수립 이후 변호사 집단은 일제강점기의 법조인으로서의 인식을 벗어나지 못하였고, 상당수의 법조인들은 독재권력에 밀착하여 개인적 영달만을 추구하였다는 점에서 강점기의 법조인과 크게 다르지 않았다는 비판을 면하기 어려웠다. 해방 이전의 일제강점기에 조선변호사자격을 획득한 법조인 중에서 대한민국의 재조법조에서 마지막으로 퇴장한 시기가 1981년 4월(이영섭 대법원장)이었던 것을 감안하면, 일제강점기의 법 및 사법인식이 크게 영향을 미쳤음을 어렵지 않게 알 수 있다. 사실상의 강점기가 36년이었지만, 법치주의와 사법제도로 인하여 또 다시 36년을 지배당한 셈이다.

법관이나 법학도가 되려는 학생들에게 법조인이 되려는 이유를 물으면, 빠지지 않고 나오는 대답은 사회정의를 실현하고 사회적 약자를 위해서 법조인이 되고자 한다고 말한다. 사회정의는 법이 추구하는 이념 중의 하나이므로 당연한 것이지만, 사회적 약자를 위하여 법조인이 된다는 것은 자칫 사회적 약자와 자신을 따로 떼어놓고 생각하는 것일 수 있다. 진정한 법치주의는 사회적 약자에게도 자신의 주장을 관철할 수 있도록 제도화되어야만 실현될 수 있기 때문이다. 법이 아니라 법을 다루는 사람에 의해 배려되는 것은 결코 법치주의가 기대하는 바가 아니다. 사회적 약자라고 하여 법적으로도 약자이어서는 안 된다.

이 책을 세상에 내놓으면서, 많은 분들에게 감사의 말씀을 전하지 않을 수 없다. 먼저, 연세대학교 홍정선 교수님께서 출간을 독려해주시지 않았다면, 이 책이 세상에 나올 수 없었을 것이다. 깊이 감사드린다. 아울러 흔쾌히 출간에 동의해주신 박영사 안종만 회장님께도 깊이 감사드린다. 언제나 건강한 모습으로 제자의 학문적 성취를 채찍질하시는 김철수 선생님께는 이 자그마한 책자로는 그 은혜를 다 갚을 수 없다. 감사의 말씀을 드리면서 내내 강건하시기를 기원드린다.

이 책을 번역하는 데에 흔쾌히 동의해주신 Brian Z. Tamanaha 교수에게 다시 한 번 깊은 감사를 드리고, 번역상의 껄끄러운 문장을 다듬는 데에 도움을 준 동료 권건보 교수와 아내 김선화 박사에게 고마움을 전하며, 출간실무작업을 맡아준 박영사의 노현 부장, 정병조씨, 김효선씨에게도 감사의 말씀을 전한다.

저자인 Brian Z. Tamanaha 교수가 의도했던 것이 그의 아버지 정도의 지적 수준에 있는 사람이 읽고 이해할 수 있는 책이기를 바랐던 것처럼, 역자 또한 전문적 식견을 가진 사람이 아닌 일반대중이 읽고 쉽게 이해할 수 있기를 기대하면서 번역하고자 하였지만, 오역이나 어려운 문장이 적지 않을 것으로 생각된다. 이는 전적으로 역자의 탓이므로 독자들의 지적과 질책을 바라마지 않는다. 이 책이 우리나라의 법치주의의 확립에 조금이나마 도움이 되기를 기대하면서...

2014년 2월
따뜻한 봄날을 기다리며
역자 識

# 한국어판 서문

"법의 지배"는 오늘날 국내적으로나 국제적으로도 자주 회자되고 있다. 그러나 이 중요한 개념은 제대로 이해되고 있지 않으며 그 의미도 학자들에게 뜨거운 논쟁거리가 되고 있다. 사람들은 법의 지배를 민주주의, 인권, 경제발전, 자본주의 그리고 여타의 이념들과 결부시키려는 경향이 있다.

나는 On the Rule of Law에서 그 다양한 의미와 함의를 명료하게 설명하고자 하였다. 나는 이 정치적 관념이 어떻게 전개되었는지, 그것을 이해하는 다양한 방식들은 무엇인지, 법의 지배의 구성요소들은 어떤 것인지, 그리고 그 정도와 한계는 어떠한지 등에 관하여 서술하였다. 그리고 나는 이 책을 법학자들만을 위해서가 아니라, 교양있는 일반대중들이 읽기 쉬운 방식으로 서술하려고 노력하였다. 그것이 우리 사회에 매우 중요하다고 믿기 때문이다.

책을 집필할 때 내 목적 중의 하나는 다른 언어로도 읽힐 수 있도록 하는 것이었다. 그래서 한국독자들을 위해 이 책을 번역해준 이헌환 교수에게 감사드린다. 이 책이 한국의 독자들에게 유익하게 읽힐 수 있기를 기대한다.

2014년 1월
미주리주 세인트루이스에서,
브라이언 Z. 타마나하

# 감사의 말

이 책의 초기의 원고에 대한 유용한 의견에 대해, Jeff Sovern, Paul Kirgis, Cambridge Univ. Press의 세 사람의 알지 못하는 독자들, 그리고 John Tryneski에 의해 주선된 두 사람의 알지 못하는 독자들에게 감사드린다. 그들의 비판적 고찰은 논의를 더욱 엄밀히 하고 틈새를 메꾸며 흠결을 바로잡는 데에 도움을 주었다. Hofstra Law School과 Pennsylvania Law School의 교수들은 이 책의 일부분을 발표하도록 나를 초대해 주었다. 이들의 의견에 대해서도 감사한다. 제10장에 대하여 헤아릴 수 없는 도움을 준 Chris Borgen에게 감사드린다. 나는 이 책에서 채택된 주제 중의 하나에 관해 University College London의 공개강연을 하도록 초청해준 데에 대해 Michael Freeman에게 감사드린다. 이 공개강연은 나중에 *Current Legal Problems*(2002)의 v. 55에 "The Rule of Law for Everyone?"이라는 제목으로 수록되었다. 이 책을 집필하는 데에 따로 떨어진 중요한 두 학기 동안의 심도깊은 지적 교류의 날들에 대해 William Twinning에게 감사드린다. William은 그를 만나는 행운 이후로 내가 법이론에서 써왔거나 생각해왔던 모든 것들 뿐만 아니라 이 책에도 영향을 주었다. 원고를 주의깊게 읽고 통찰력 있는 의견을 준 데에 대해 Brian Bix에게 특별한 감사를 드린다. 그의 견해는 크고 작은 방법으로 이 책을 개선하는 데에 도움이 되었다. Brian은 요즈음 글을 쓰는 가장 통찰력 있고 박식한 법학자 중의

한 사람이다. 이 책에 거론된 주제들에 대한 관심을 가진 누구든지 그의 저서 *Jurisprudence: Theory and Context*로 시작하여 그의 저작들에서 풍부한 정보를 발견할 것이다. 또한 이 책을 열정적으로 지원해준 Finola O'Sullivan과 John Tryneski에게도 감사드린다. 뛰어난 연구조교인 Lisa Roder에게 감사드린다. 이 책의 작업을 하는 동안 인내와 이해 그리고 멋진 유머에 대해 Jolijt과 Kats에게 감사드린다.

마지막으로 나에게 영감을 주시고 기억 속의 청중으로 기여하신 나의 아버지 Katsugi Tamanaha에게 감사드린다. 확신컨대, 이론은 일상생활에 관련되고 그러므로 모든 사람에게 유용하여야 한다. 불행하게도 대부분의 이론적 저술들은 너무 난해하고 전문용어로 가득차서 비이론가들에게 관심을 끌지 못한다. (고백하건대) 이전의 나의 이론적 저술들과 전혀 다르게 좀 더 일반적으로 받아들여질 수 있는 형태로 이 책을 집필하고자 하는 이유를 동료들과 친구들이 물었을 때, 내 대답은, 내 목적은 내 아버지 정도의 지적인 사람이 읽을 수 있는 책을 쓰는 것이라고 하는 것이었다. 성공하였기를 기대한다.

브라이언 Z. 타마나하

# 차 례

서론

# 서론

십수 년 전에* 공산주의가 거의 전체적으로 붕괴함에 따라, 많은 학자들은 새로운 시대, 즉 마침내 자유, 민주주의, 인권 및 자본주의 등의 서구사상들이 지배하게 되는 시대의 새벽이 된 것으로 생각하였고, 이 서구사상들은 마르크시즘 또는 전통적 가치 또는 반서구주의 또는 다른 자멸적인 이념의 이름으로 자유와 개인적 권리, 민주주의 및 자본주의를 거부했던 지구상의 많은 낙후한 지역들에 그 유익한 효과를 퍼뜨리고 있다. "역사의 종언"이[1] 도래하였다. 평화와 번영이 전 세계적으로 지배하는 듯하였다.

얼마나 빨리 현상이 변화되었는지! 그 이후로 민족주의적, 인종주의적, 종교적 및 정치적 분쟁과, 인종학살 및 생각할 수 없는 잔혹행위, 전 지구적인 재정안정을 위협하는 경제위기, 테러리즘과 전쟁 등 그 수준에 있어서 반세기나 지속한 냉전의 가장 뜨거운 시기

---

* 이 책이 출간된 해가 2004년이어서 당시의 기준으로 보면, 80년대 후반과 90년대 초반의 소연방 및 동구사회주의의 붕괴는 10여 년 전의 일이다(역자주).
1) Francis Fukuyama, *The End of History and the Last Man* (New York: Avon Books 1992).

동안 발생했던 것을 능가하는 모든 일들이 당혹스럽게 전개되어 왔다. 새로운 전 지구적인 대립구도는, 이전에 공산주의 체제와 서구 사이의 최우선적인 대결에서 전환되어, 부국과 빈국 사이, 북과 남 혹은 동과 서 사이, 이슬람과 비이슬람 국가들 사이, 자유주의와 비자유주의 사회 사이, (국가주도의) 보호무역 자본주의와 자유무역 자본주의 사이, 다국적 회사의 지배와 지역적 자율성의 보존 사이, 미국의 군사적·경제적·정치적 및 문화적 영향과 나머지 세계 사이 등에 등장하였고 심화되었으며, 격렬히 서로 저항하면서도 공동으로 죄를 범하고 있다. 낙천적인 사람들 외의 모두에게 1990년대의 승리주의자들의 확신은 사라져버렸다.

이러한 수많은 새로운 불확실성의 한 가운데 모든 대립구도를 관통하여 한 가지 점에서, 그리고 오직 한 가지 점에서만 폭넓은 동의가 있는 듯하다. 즉 '법의 지배'가 모두에게 유익하다는 것이다. 서구인들 사이에는 이 믿음이 정통적이다. 산업화된 민주주의 주요 7개국의 수반들에 의해 발표된 "민주주의적 가치의 선언"에서 제일 먼저 거론되었다. "우리는 모든 시민의 권리와 자유를 두려움이나 편듦이 없이 존중하고 보호하며, 인간정신이 자유와 다양성 안에서 발전할 수 있는 환경(setting)을 제공하는 법의 지배를 믿는다."[2] 미국 대통령 조지 부시(George W. Bush)의 말에서, "미국은 언제나 인간존엄의 타협할 수 없는 요구인 법의 지배를 굳건히 대표할 것이다."[3] 서구의 정치적 전통의 분명한 성격이 "법의 지배 하에서의 자유"라는 것은 상식적인 가르침이다.[4]

---

2) "Declaration of Democratic Values," reprinted in *Washington Post*, 9 June 1984, A14.
3) State of Union Address, quoted in Steve H. Hanke, "Point of View: Legalized Theft," *Forbes*, 4 March 2002, vol. 169, issue 5.
4) Judith N. Shklar, *Legalism* (Cambridge, Mass.: Harvard Univ. Press 1964), p. 22.

서구가 법의 지배를 제창하는 것은 자유의 증진에만 한정되어 있지 않다. 1990년대에, 서구에서 기금을 조성한 세계은행(the World Bank)과 IMF는 수혜국가들에게 법의 지배의 이행에 관한 재정적 원조규정을 조건으로 내세우기 시작하였다. 이 부담은 투자와 재산, 계약 및 시장거래의 안전한 환경을 제공하기 위한 수단으로서 경제적인 이유로 정당화되었다.5) 세계은행 직원과 자문단 연수시기에 "'법의 지배'는 그 주에 가장 자주 반복된 문구이었을 것이다."6) 개발전문가들은 한 목소리로 법의 지배가 없이는 지속가능한 경제발전이 있을 수 없다고 뜻을 같이하였다.

법의 지배에 대한 지지는 서구에만 한정적이지는 않다. 그것은 폭넓은 사회, 문화, 경제, 정치체제 하의 정부수반들에 의해 인정되어 왔다. 러시아의 "대통령 푸틴(Putin)은 사법개혁과 법의 지배원칙을 완전히 실행하는 것을 국가의 최우선적 과제들 중의 하나로 지속적으로 취급하고 있다."7) 중국은 최근 법의 지배를 발전시키기 위한 협력과 훈련을 위한 UN 협약에 서명하였다.8) "중국지도자들은 법의 지배에 관한 세미나에서9) 고위직 참석자인 장쩌민(Jiang Zemin) 주석이 강조한 약속으로, 법의 지배원칙의 확립을 지지한다."고 하고 있다. 그의 후계자인 후진타오(Hu Jintao) 주석은 그의 선택을 따라 "우리는 법의 지배에 기초한 체제를 만들어야 하며,

---

5) "World Bank Sees Rule of Law Vital," *United Press International*, 9 July 2001 (statements of World Bank President James Wolfensohn); Lawrence Tshuma, "The Political Economy of the World Bank's Legal Framework for Economic Development," 8 *Social & Legal Studies* 75 (1999).
6) "A World Free of Poverty," by Jim Boyd, *Star Tribune*, 25 June 2000, A27.
7) "Gulags Give Way to the Rule of Law," by Robert Cordy, *Boston Herald*, 18 November 2002, A25.
8) "China Sign UN Pact on Rights and Rule of Law," by Eric Eckholm, *New York Times*, 21 November 2000, A4.
9) "Chinese Movement Seeks Rule of Law to Keep Government in Check," by Steven Mufson, *Washington Post*, 5 March 1995, A25.

어느 특정 지도자에 우리의 희망을 고정시켜서는 안 된다."고 하였다.10) 고전 중인 짐바브웨의 대통령인 로버트 무가베(Robert Mugabe)는 과거에, "법의 지배에 복종하는 정부만이 그의 시민들에게 법의 지배에 복종할 것을 요구할 도덕적 권리를 갖는다."11)고 언급하였다. 취임 7개월 후 인도네시아 대통령 압둘라만 와히드(Abdurrahman Wahid)는 그의 주요 업적 중의 하나로 확인하기를, "우리는 법의 지배를 시작하고 있다."고 하였다.12) 이란 대통령 모하메드 하타미(Mohammed Khatami)는 "시민사회의 가치와 법의 지배의 중요성에 관하여 반복적으로 언급"하였다.13) 멕시코 대통령 빈센트 폭스 케사다(Vincente Fox Quesada)는 법의 지배의 결여는 "멕시코인들을 가장 우려하게 하는 주제"라고 선언하였다.14) 악명높은 아프가니스탄의 전쟁지휘관인 압둘 라시드 도스툼(Abdul Rashid Dostum)조차도 탈레반 이후의 정부에서의 지위를 위한 선거운동에서 "지금은 탱크와 무장군대뿐만 아니라 법의 지배에 의해서도 우리를 방어해야할 때이다."라고 말한 것으로 인용되었다.15) 이들 그리고 비슷한 의견 표명들은 다양한 체제의 지도자들로부터 나왔는데, 그들 중 몇몇은 민주주의와 개인의 권리를 부인하여 왔고, 이슬람을 공언하며, 자본주의를 부정하고, 많은 체제들이 자유주의를 반대하고 드러내 놓고 반서구적이다. 그들이 법의 지배를 옹호하는 데에 표명했던 이유들

---

10) "Keeping Economic Drive on Track will Require Huge Effort, Warns Hu," by Wang Xiangwei and Gary Cheung, *South China Morning Post*, 8 March 2003.
11) "Mugabe Told He has Lost Moral Right to Govern," by Marie Woolf, *Independent*, 1 August 2002, A8.
12) "We Are Beginning the Rule of Law," *Business Week*, 29 May 2000, p. 70.
13) "Hiding Behind the Rule of Law," by Azar Nafisi, *New York Times*, 19 December 1997, A39.
14) "A Farmer Learns About Mexico;s Lack of the Rule of Law," by Tim Weiner, *New York Times*, 27 October 2000, A3.
15) "Makeover for a Warlord," by Anthony Davis, *Time*, 3. June 2002.

은 몇몇은 자유의 이익에서, 몇몇은 질서유지에서, 많은 나라들은 경제발전의 촉진에서 서로 다르지만, 이 모두는 그것을 필수적이라고 인정하고 있다.

법의 지배를 옹호하는 이러한 외견상의 일치성은 역사상 비할 바 없는 업적이다. 다른 어떤 하나의 정치적 이념도 전 지구적인 동의를 얻지 못하였다. 당장은 법의 지배에 대하여 공공연히 이렇게 언급하는 것이 진실인지의 여부에 관하여 이해할 만한 의구심을 가질 필요는 없다. 전 세계의 공직자들이 법의 지배를 옹호하고 또 마찬가지로 중요한 것으로 누구도 법의 지배를 도전적으로 거부하는 주장을 하지 않는다는 것이 사실이다. 적어도, 그에 대해 냉소적으로 찬양하는 경우에조차도 그것이 빈번히 반복된다는 단순한 사실은, 법의 지배를 고수하는 것이 정부를 정당화하기 위해 전 세계적으로 받아들여지는 수단이라는 분명한 증거이다.

하지만 전 지구적인 이념으로서 신속하고 뚜렷한 지배력에도 불구하고, 법의 지배는 대단히 파악하기 어려운 개념이다. 법의 지배의 옹호를 표방하는 정부지도자들이나, 그 용어를 쓰거나 사용하는 언론인, 그 명칭에 있어서 공격받을 위험에 스스로 드러내는 반대자들, 그리고 전 세계에서 그것을 신뢰하는 시민들의 다수들도 그것이 무엇을 의미하는지를 정확히 표명하는 사람은 그리 많지 않다. 그 문구에 대한 명시적 혹은 묵시적 이해는 대조적인 의미가 채택된다는 것을 보여준다. 어떤 사람은 법의 지배가 개인적 권리의 보호를 포함한다고 생각한다. 어떤 사람은 민주주의가 법의 지배의 한 부분이라고 생각한다. 어떤 사람은, 법률이 미리 일반적이고 명확한 용어로 제정되고, 모든 사람들에게 동등하게 적용되어야 한다는 것을 요구하여, 법의 지배가 순전히 성질상 형식적이라고 생각한다. 다른 사람들은 법의 지배가 "인간의 정당한 열망과 존엄이 실현될 수 있는 사회적, 경제적, 교육적, 및 문화적 조건들"을 포괄한다고 주장한다.16) 반대자들은 법의 지배를 준수하도록 요구하는 권위주의적 정부가 의례히 이 문구를 억압적 수단으로 이해하고 있음을 지적한다. 중국 법학교수 리슈광(Li Shuguang)이 지적한 바와 같이, "'중국의 지도자들은 법의 지배(rule of law)가 아니라 법에 의한 지배(rule by law)를 원한다.' 그 차이는 법의 지배 하에서는 법률이 우위이며 권력의 남용에 대한 견제로 기여할 수 있다. 법에 의한 지배 하에서는 법률은 법적 방법으로 억압하는 정부의 수단으로 기여할 수 있을 뿐이다."17) 극명하게 대립되는 이러한 이해에서 보면, 법의 지배는, 모든 사람이 그것을 찬성하지만, 그것이 무엇인지에 관하여 서로 대비되는 확신을 가진다는 의미에서 "선(good)"의 관념과 유사하다.

이론전문가들은 그것을 더 이상의 것으로 취급하지 않는다. 정치학자 및 법학자들은 법의 지배에 대하여 애매하거나 매우 대비되는 이해를 택하기도 한다. 한 학자는 "그것을 옹호하는 사람들이 많은 만큼 법의 지배의 많은 개념이 존재한다."18) 많은 학자들은 그것이 "어쩔 수 없이 논쟁적인 개념",19) 즉 그 핵심에 이르기까지 의견불일치를 특징으로 하는 관념이라고 생각한다. "'법의 지배'라는 문구가 이데올로기적 남용과 일반적 과용에 대한 의미없는 답례로 되었다는 것을 보여주는 것은 별로 어렵지 않을 것이다."20)

---

16) International Commission of Jurists, *The Rule of Law in a Free Society* (Geneva 1959), p. VII.
17) "Chinese Movement Seeks Rule of Law to Keep Government in Check," by Steven Mufson, *Washington Post*, 5 March 1995, A25.
18) Olufemi Taiwo, "The Rule of Law: The New Leviathan?," 12 *Canadian Journal of Law & Jurisprudence* 151, 152 (1999).
19) Jeremy Waldron, "Is the Rule of Law an Essentially Contested Concept (in Florida)?," 21 *Law & Philosophy* 137 (2002).
20) Judith N. Shklar, "Political Theory and the Rule of Law," in Allan C.

그러므로 법의 지배는 그것이 정확히 무엇을 의미하는지에 대한 동의 없이도 오늘날 세계에서 탁월하게 정당화하는 정치적 이념이라는 특유한 상태에 있다. 이 이념에 더 나은 명확성을 부여하는 것이 이 책의 첫째의 목표이다. 이 이념은 오늘날의 사안들에 너무도 중요하여 혼란상태로 남겨둘 수는 없다. 비록 불확실성으로 둘러싸여 있더라도, 어떤 제시된 의미가 다른 것만큼이나 타당한 것은 아니다. 상대적으로 간략한 그럴싸한 개념의 목록이 있는데, 각각은 상대적으로 명확한 요소들과 인식할 수 있는 의미를 가진 알려진 역사적·정치적 맥락으로부터 유래하였다.

이러한 노력은 정신적 향상을 위해서만 제안되지는 않는다. Foreign Affairs지의 기사에 따르면, 수십 년간 그리고 수십 억 달러가 전 세계에서 법의 지배를 발전시키는 데에 쓰였지만, 최소한의 긍정적 결과를 얻었을 뿐이다.21) 그것이 지금도 확고하게 자리 잡지 못한다면, 법의 지배는 불가사의하게도 확립하기에 어려운 듯이 보인다. 법의 지배를 둘러싼 역사, 정치, 이론의 탐구는 그 기원의 상황을 상세히 설명할 것이며 그 구성요소들을 확인할 것이다. 그것은 성공할 수 없는 각각의 사회적·정치적 맥락의 특수성으로 인하여, 모든 상황에서 반복될 수 있는 공식을 내놓지는 않을 것이다. 그러나 그것이 어떻게 유래되었고 그것이 어떻게 기능하는지에 관하여 배우는 것은 그것이 지역적 상황에서 작용할 수도 있는 대안적 방법을 찾는 사람들에게 유용한 정보를 제공할 것이다.

법의 지배를 실현하는 데에 도움이 되기 위하여 법의 지배를 명확히 하려는 노력은 이 이념을 무제한으로 촉진하는 것으로 이해되

Hutcheson and Patrick Monahan, eds., *The Rule of Law: Ideal or Ideology* (Toronto: Carswell 1987), p. 1.
21) Thomas Carothers, "The Rule of Law Revival," 77 *Foreign Affairs* 95 (1998).

어서는 안 된다. 저자는 법의 지배가 보존과 찬양받을 만한 중대한 성취라는 것에 많은 사람들과 견해를 같이 한다. 그러나 그것은 한계를 가지고 있으며 그 옹호자들에 의해 거의 언급되지 아니하는 위험을 수반한다. 결정적인 분열은 법의 지배에 관한 이론적 담론과 정치적이고 공적인 담론 사이에 존재한다. 이론가들은 서구에서의 법의 지배의 쇠퇴를 얼마간 고찰해왔다. 한 세기도 더 전에 다이시(A. V. Dicey)로부터 시작하여 하이예크(F. Hayek)에 의해 새롭게 되고 지난 30년 동안 특히 미국에서 법이론가들에 의해 널리 반복되었다. 그러므로 정치가들과 개발전문가들이 적극적으로 세계의 남은 지역에 법의 지배의 확산을 촉진하고 있음에도, 법이론가들은 그 소멸을 가속화하는 작업과 함께 서구에서의 법의 지배의 뚜렷한 퇴보에 관하여 동의한다. 이러한 쇠퇴는 그 증진에 있어서 문제들이 얼버무려지고 있다는 것을 보여준다.

두 개의 특별한 관심이 그 시작에서 언급된다. 첫째, 유명한 하이예크를 포함하여, 가장 떠들썩한 법의 지배의 챔피언 중의 몇 사람은, 그것이 광범위한 사회적 복지국가 및 분배적 정의의 달성과 양립할 수 없다고 주장해왔다. 이론가들은 가끔 자유주의, 제한되지 않는 자본주의 및 법의 지배를 전부 아니면 전무라는 꾸러미로 연결짓는다. 하지만 법의 지배를 실행하길 원하는 비서구사회의 많은 사람들은 자유주의로 나아 가려는 어떤 열망도 없으며, 법의 지배에 입각한 많은 서구사회가 사회적 복지국가에 전념하고 있다. 그리하여 수많은 기본적인 사회적 및 정치적 쟁점들이 법의 지배이념을 채택하는 결정에 내포되어 있다. 둘째로, 법의 지배는 언제나 법관과 변호사들에 의한 지배로 될 위험을 수반한다. 명확한 반민주주의적 의미를 가지는 것에 덧붙여, 이것은 법관과 변호사가 배타적으로 엘리트로부터 혹은 다른 어떤 별개의 하부집단으로부터 선발되는 사회에서는 추가적인 관심사를 불러일으킨다. 법의 지배를 발전시키고자 하는 나라들은 이러한 문제들과 기타 다른 잠재적인 문제들을 인식하고 있어야 한다.

이 책에서는 법의 지배의 약점과 강점을 밝히는 데에, 그리고 그 것에 대한 찬반의 이론적 및 실제적 논의를 고찰하는 데에도 마찬가지로 주의를 기울일 것이다. 모든 이념들처럼, 그것이 부적절한 어떤 사회·문화적 맥락이 있고, 불리하게 고려되어야 하며, 때때로 다른 중요한 사회적 가치에 양보해야 한다. 모든 이념들처럼 그 이념이 어떻게 공식화되어야 하는지 그리고 그것이 어떻게 실행되어야 하는지에 선택이 주어져야 한다. 그것은 현재의 맥락과 지배적인 선호를 고려하는 선택이다.

이러한 탐구를 명확히 드러내는 것은 법의 지배라는 이념이 처음에 비자유주의적 사회에서 발전되었다는 것이다. 이 수천 년된 이념은 둘러싸고 있는 사회적, 정치적 및 경제적 상황에서 비범한 변화로 살아남았고, 이 변화는 그 이념이 어떻게 작용하고 그것이 무엇을 의미하는지를 수정하게 되었다. 이 변화는 초기단계에서 나타나지 않았던 약간의 복잡한 수수께끼들을 낳았다. 이 연구는, 현재의 자유주의적 사회와도 관련이 있는 것으로, 이 문제들이 어떻게 발생되었는지를 보여줄 뿐만 아니라, 오늘날의 비자유주의적 사회들이 그들의 상황에 적합한 방법으로 법의 지배를 이해할 수 있는 방법을 보여줄 것이다.

이 연구는 고대 그리스와 로마에서 간략히 시작하여 중세시기와 자유주의의 근대적 발흥에 좀 더 초점을 맞추고, 국내적 및 국제적 수준에서 법의 지배를 주목하여 현대에서 끝맺음하는 것으로 연대기적으로 진행할 것이다. 역사와 정치 그리고 이론이 각 장에서 설명되면서, 책의 전반에 뒤섞여 있다. 그러나 그것들은 또한 연달아 일어나는 순서로 언급되면서 일반적으로 체계화하는 주제들로 기여할 것이다. 그래서 처음의 몇 장들은 비교적 역사적이며, 중간의 장들은 비교적 정치적이며, 결론의 장들은 비교적 이론적일 것이다.

정치 및 법 이론에서 다툼이 있는 많은 주제들이 이 책의 서술에서 언급된다 하더라도, 이론적 배경이 없는 독자들에게 접근할 수 있는 방법으로 법의 지배를 둘러싼 사상과 쟁점들을 제시하려고 노력하였다. 이론가들과 학생들에게 유용하도록 서술된 한편으로, 이 책의 하나의 목적은 일반 청중들이 역사적, 정치적 및 이론적 논의로부터 조금씩 수집된 견해들에 접하도록 하는 것이다.

법의 지배는 공적인 정치적 담론의 영역을 제거해버렸다. 그 탁월성을 생각하면, 중요한 것은, 이 이념을 철저히 이해하는 것이 알고자 하는 관심과 필요한 결심을 가진 누구에게든지 유용하리라는 것이다.

01

고전적 기원

# 1
# 고전적 기원

○●● **그리스 사상**

법의 지배에 대한 많은 설명들이 플라톤(Plato)과 아리스토텔레스(Aristotle)의 구절들을 인용하면서 고전적인 그리스 사상에서 그 기원을 찾는다. 이것이 틀리지는 않더라도, 주의하여야 한다. 암흑의 시대로 알려진 500여 년간, 그리스 사상은, 종교학자들에 의해 전성기 중세에 새로운 생명을 재발견하고 부여하기까지는 거의 전적으로 서구에서 잊혀져버렸다.[1] 지속적 전통으로서 법의 지배는 아테네의 전성기 이후 천 년도 더 지나 정착하였다. 법의 지배에 관한 그리스 사상은 그러므로 그 후의 시기를 위한 전형적인 모델이자 영감이며 권위로서 가장 잘 이해된다. 그리스인들, 특히 플라톤과 아리스토텔레스가 그렇게 통찰력 있게 씨름했던 많은 문제들은 시대와 무관한 문제들이다. 따라서 시대와 무관한 관련성과 매력을

---

1) Richard E. Rubenstein, *Aristotle's Children: How Christians, Muslims, and Jews Rediscovered Ancient Wisdom and Illuminated the Dark Ages* (New York: Harcourt 2003)를 참조.

가지고 있다.

BC 5세기 아테네는 그 번영의 정점에서 시민들에 의해 직접 통치되는 민주주의라는 점에 대해 대단한 자부심을 가지고 있었다. 아테네인들에게 무엇보다 중요한 지향점은 정치공동체인 **폴리스**(polis)에 향해져 있었다. 30세 이상의 모든 남성 시민은 계급과 부에 상관없이, 법적 사건을 결정하는 배심원으로 (유료로) 일할 자격을 갖고 있었다. 그들은 또한 (돌아가며 장을 맡는) 통치평의회, 추첨으로 충원되는 지위를 갖는 입법의회 등에서 집정관(magistrates)으로 일하였다. 책임을 담보하기 위하여 사건을 주재하는 집정관은 개인인 시민들의 고소를 통해 법률 위반으로 기소될 수 있었다.[2] 이러한 성격으로 인해, "아테네인들에게는 민주주의는 '법의 지배'와 동의어이었다."[3] 아테네는 전문법조인 계급이나 법의 제정 혹은 법적 직무수행을 독점하는 국가공직자를 두고 있지 않았다. 법은 −문자 그대로− 시민들의 활동의 산물이었다. 법 앞의 평등은 그들의 시스템에서 매우 중요한 가치이었다. 이것은 동일한 법적 기준이 모든 사람에게 적용되었다는 것을 의미하지는 않았다. 법은 (예컨대, 여성, 어린이, 노예, 비시민 등) 다른 법적 의미를 가진 개인들의 범주를 인정하였다. 오히려, 평등은 귀족이든 장인이든 그 앞에 있는 사람들을 고려함이 없는 방식으로 모두에게 적용된다는 것을 의미하였다.[4]

이런 종류의 대중적 시스템의 위험은 민주주의가 절대군주제만

---

2) Martin Ostwald, *From Popular Sovereignty to Sovereignty of Law: Law, Society and Politics in Fifth-century Athens* (Berkeley: Univ. of California Press 1987), pp. 5–15.

3) J. W. Jones, *The Law and Legal Theory of the Greeks* (Oxford: Clarendon Press 1956), p. 90.

4) J. M. Kelly, *A Short History of Western Legal Theory* (Oxford: Oxford Univ. Press 1992), pp. 29–30를 참조.

큼이나 독재적일 수 있다는 것이다.5) 대중적 독재로부터 보호하면서, 법률은 대중적 법원과 입법의회에 의해 쉽게 수정되지 않도록 하여, 대중적 독재를 따로 분리시키는 지위가 부여되었다.6) 이 법원과 의회의 역할은 법률을 존중하고 법률의 수호자로서 행동하며, 마음대로 법률을 선언하지 않도록 하는 것이었다. 활기찬 공동체 뒤에 서있는 초월적인 질서의 반영으로 본다면, 법률은 신성화된 지위이었다. "그리스 철학자들과 정치가들은, 그들 전후의 다른 사람들과 같이, 영구적이고 불변인 것으로 숭배되도록 기본법이 구성되고, 사회의 진정한 이익과 실제적 사회조건들에 완벽하게 적응되는 기본법의 어떤 체계를 기록하려는 희망에 의해 현혹되었다."7) BC 6세기에 법률체계와 대중법원을 설치하였던 전설적 군주를 언급하는 것으로, "솔론의 법(the laws of Solon)"이라는 구절은 특정법률을 고전적이고 건드릴 수 없는 것으로 낙인을 찍기도 하였다. 새 법률이 통과되기도 하고 오래된 법률이 개정되었지만, 그러한 법제정은 심사에 따랐다. 찬성자들은 통과의 조건으로 현존 법률의 부적절성을 설시하여야 했고, 의회의 모든 명령들은 기존의 법률들과 일치하는지의 여부가 심사되었다.8) 만약 입법이 선존하는 유효한 법률과 모순된다고 판단된다면, 입법찬성자들은 벌금이 부과될 수 있었다.9) 이러한 다양한 메커니즘과 기준들의 결과는 "인민주권의 원칙을 법주권의 원칙에 종속시키면

---

5) Aristotle, *Politics*, edited by Stephen Everson (Cambridge: Cambridge Univ. Press 1988), 1292a, p. 89.
6) Jones, *The Law and Legal Theory of the Greeks*, pp. 69–70.
7) Philip Brook Manville, *The Origins of Citizenship in Ancient Athens* (Princeton: Princeton Univ. Press 1997), p. 107.
8) Ostwald, *From Popular Sovereignty*, pp. 509–24; Jones, *Law and Legal Theory of the Greeks*, pp. 102–115.
9) Bruno Leoni, *Freedom and the Law* (Indianapolis: Liberty Fund 1991), p. 79.

서 동시에"10) 민주주의 원칙을 유지하는 것이었다.

플라톤은 귀족가문 출신이었다. 그의 제자인 아리스토텔레스는 -마케도니아인으로 아테네의 거주시민이 아니었다- 의사의 아들이자 나중에 알렉산더의 스승이었다. 플라톤과 아리스토텔레스 시대에 아테네는 BC 5세기 말미에 이웃 스파르타와의 전쟁에서 패하여 이미 그 전성기로부터 쇠퇴하였다. 그 시민들은 아테네 민주주의를 그렇게도 우월하게 만들었던 폴리스에 대한 자기훈육과 지향을 잃어버리면서 퇴보하였다고 생각되었다. 대신에 그들은 상업에 과도하게 몰두하였고 아테네의 해양확장으로 얻어진 과실들을 향유하는 데에 푹 빠져 있었다. 대중적 지배의 위험을 강조하면서, 플라톤의 스승인 소크라테스는 아테네 민주주의자들에 의해 사형선고되었다. 이런 상황 하에서 플라톤과 아리스토텔레스는 대중적 민주주의(a populist democracy)에서 독재의 잠재성에 관하여 예리하게 관심을 두었다. 따라서 그들은 법률이 영속적이고 불변하는 질서를 의미한다고 강조하였다. '법률론(the Laws)'에서 플라톤의 법전(legal code)은 영구적인 것을 뜻하였다. 그들이 법의 지배에 대해 표현했던 신뢰는 그 안정성과 제한적 효과를 생각한 것이었다.

플라톤은 정부가 법에 기속되어야 한다고 주장하였다. "법률이 다른 어떤 권위에 복종하고 그 자신의 그것을 갖지 않는다면, 내가 보기에는, 국가의 붕괴는 머지않다. 그러나 법률이 정부의 주인이고 정부가 그 심부름꾼이라면, 상황은 크게 유망할 것이며 사람들은 신들이 국가에 아낌없이 쏟아붓는 모든 은혜를 향유한다."11) 법의 지배에 관한 아리스토텔레스의 말은 여전히 공명을 울리고 있다.

---

10) Otswald, *From Popular Sovereignty*, p. 497.
11) Plato, *The Laws*, translated by Trevor Saunders (London: Penguin 1970), 715, p. 174.

이제, 평등한 사람들로 구성된 도시에서 절대군주제나 모든 시민에 대한 최고 권력(a sovereign)의 자의적 지배는 누구든지 전적으로 본성에 반하는 것으로 생각된다. … 그것은 평등한 사람들 사이에서 모든 사람을 지배할 뿐만 아니라 지배되며, 그러므로 모든 사람은 자신의 차례를 가져야 한다고 하는 것이 정당하다고 생각되는 이유이다. 그리고 법의 지배는 어떤 개인에 대해서도 우선시되어야 한다고 주장된다. 같은 원리로, 특정 개인들이 지배하는 것이 더 낫다 하더라도, 그들은 법률의 수호자이자 대리인(ministers)으로만 되어야 한다. … 그러므로 법률이 지배하도록 명령하는 자는 신과 이성만이 지배하도록 명령하는 것으로 여겨질 수 있지만, 사람이 지배하도록 명령하는 자는 야수의 속성을 덧붙인다. 왜냐하면 욕구는 길들여지지 않은 야수이며, 열정은, 비록 통치자들이 가장 훌륭한 사람일지라도, 그들의 마음을 타락시키기 때문이다.[12]

아리스토텔레스는 위 단락에서 법의 지배에 대한 논의를 통하여 지속적으로 전개되는 여러 주제들을 제기하였다. 즉 정치적 평등의 상황에서 자기지배, 법에 복종하는 정부공직자, 지배하는 권력에 내재하는 남용의 잠재성에 대한 보호로서 기여하는 법과 이성의 동일시 등이다. 그의 마지막 고찰은, 위의 마지막 두 문장으로, 가장 영향을 많이 미쳤다. 아리스토텔레스가 이성으로서의 법의 지배와 열정으로서의 사람의 지배 사이를 대비한 것은 오랜 시대를 거쳐 계속되었다.[13] "아리스토텔레스의 설명에서 법의 지배의 가장 중요한 하나의 조건은 법적 판단을 하는 사람들에게 돌려야 하는 특성이다. … 3단 논법으로 추론하는 것은 그러한 특성의 한 부분이며, 그러기 위하여 그의 열정이 침묵해야 한다."[14]

플라톤과 아리스토텔레스 모두 법이 공동체의 선을 촉진하여야

12) Aristotle, *Politics*, Book III, 1286, p. 78.
13) Ernest J. Weinreb, "The Intelligibility of the Rule of Law," in *The Rule of Law: Ideal or Ideology*, p. 60를 참조.
14) Judith N. Shklar, "Political Theory and the Rule of Law," in *The Rule of Law: Ideal or Ideology*, p. 3.

하고 모든 시민들의 도덕적 가치의 발전을 고양시켜야 한다고 주장
하였다. 플라톤이 말했던 것처럼, "우리는 전체 국가의 선을 위하여
제정되지 않은 법들이 가짜 법이라는 것을 단언한다.15) 그러므로
정당한 것은 합법적이자 공정한 것이며, 부정당한 것은 불법적이자
불공정한 것일 것이다."16) 플라톤에게 있어서 법은 선(Good)과 일
치하는 신성한 질서이었다. 그렇지만, 두 사상가 모두 법이 엘리트
의 이익에 기여하기 위하여 쓰일 가능성을 인정하였다. 아리스토텔
레스에게는, "진정한 정부형태는 필연적으로 정당한 법을 가질 것
이며, 타락한 정부형태는 부당한 법을 가질 것이다."17) 그는 "법이
선할 경우에는, 최고이어야 한다."고 결론지었다.18)

플라톤과 아리스토텔레스에 너무 현대적인 편견을 두려는 유혹을
피하기 위하여 여러 가지로 신중하여야 한다. 법에 대한 저항, 특히
부당한 법에 대한 저항을 옹호하는 것도 아니다. 아리스토텔레스는
충고하기를, "법에 복종하는 정신보다 더 부럽게 유지되어야 하는
것은 아무 것도 없다." 대수롭지 않은 위반에 대해서조차도, 슬쩍슬
쩍 하도록 허용된다면, "결국에는 국가를 파멸시킨다."19) 그는 법을
사회질서에 필수적인 것으로 보았고, 일반적 복종을 주장하였다. 그
는 대중적 민주주의의 열혈지지자도 아니었는데,20) 이에 대해 그들
은 잠재적으로, 교육받지 못하고 재능이 없으며, 선동가에 의한 부
추김에 영향받기 쉬우며, 사회에 평준화 효과를 가지는 폭민의 지

---

15) Plato, *The Laws*, 715, at 713.
16) Aristotle, *Nichomachean Ethics*, edited by Terence Irwin (Indianapolis: Hackett 1985), 5.13, p. 117.
17) Aristotle, *Politics*, 1282b, p. 68.
18) Ibid..
19) Ibid., 1307b, p. 124.
20) David Cohen, *Law, Violence and Community in Classical Athens* (Cambridge: Cambridge Univ. Press 1995), pp. 34-57를 참조.

배로 보았다.21) 더 나아가, 평등주의자도 아니었다. 그들은 인민들이 ─가끔 태생적 신분과 결합하여─ 정치적 능력, 미덕 및 우수성 등에서 평등하지 않은 능력을 가졌다고 믿었으며 우월한 자들이 지배해야 하고 더 많은 보상을 받아야 한다고 믿었다.

그들의 견해는 가장 좋은 정부는 법에 의한 지배가 아니라 가장 훌륭한 사람에 의한 지배라는 것이다. 왜냐하면 법은 모든 상황을 모두 말해주지는 않으며 모든 사건들을 미리 고려할 수도 없기 때문이다.22) 플라톤이 생각하기를, "사실 훌륭한 왕이 지배하는 곳에서는, 법은 '고집세고 무지한 사람'처럼 정의의 길에 서있는 장애물이다."23) 그들이 옹호하는 법에 따른 지배는 인간이 나약하기 때문에 필요한 차선의 해결책이었다. 플라톤은 **법률론**에서, 그가 **공화국론**(The Republic)에서 지배자로 제안했던 (철학적으로 교육되고 덕망을 갖춘) 자애로운 수호자에 대한 좀 더 현실적인 대안으로, 법이 지배하도록 하였다. 아리스토텔레스는 권력이 한 사람의 손에 집중되었을 때 존재하는 부패와 남용의 위험 때문에 법에 따른 지배를 옹호하였다.24)

중요한 것은, 플라톤과 아리스토텔레스가 법의 최고성을 찬양하였다 하더라도, 그들의 초점은 처음에 언급한, 역시 법의 지배를 신뢰하였던25) 아테네 민주주의자들의 그것과는 정반대로 대립되었다. 대조적으로, 아테네 민주주의자들은 ─플라톤과 아리스토텔레스에서 전율을 불러일으켰던 바로 그 대중적 정부인─ 귀족정적 과두제에 의한 정부의 장악을 현저히 우려하였다. 이 과두제는 스파르타

21) Ostwald, *From Popular Sovereignty*, p. 83을 참조.
22) Aristotle, *Politics*, 1286a, pp. 75–76.
23) Jones, *The Law and Legal Theory of the Greeks*, p. 7 (quoting Plato).
24) Asitotle, *Politics*, 1286b, p. 76.
25) Cohen, *Law, Violence and Community*, pp. 4–57을 참조.

의 정복 후에 그에 의해 설치된 짧지만 악명높은 30인의 독재자들의 재임 동안 고난을 겪었다. 이들 강탈자 중의 한 사람이 플라톤의 삼촌(이자 소크라테스의 제자)인 크리티아스(Critias)이었다.26) 아테네 민주주의자들에게서는, ㅡ그 최고성의 전제조건으로ㅡ 시민들 자신이 법을 만드는 데에 직접적으로 참여하였다는 것이 중요하였다. 앞으로 보겠지만, 이 두 사항들 사이의 긴장, 즉 민주주의에 대한 제약으로서의 법과 자기지배의 산물로서의 법 사이의 긴장은 역사를 통하여 감소되지 않았다.

아테네의 법에 따른 통치의 정점에서, 시민들은 법 앞의 평등을 가졌다. 법은 어떤 개인에도 반하지 않는 일반적인 표현으로 구성되어 있었다. 평의회(the Council), 집정관(magistrates), 입법회의(legislative assemblies) 등도 법에 기속되었다. 시민들은 법이 금지하는 것 이외에 자신들이 마음에 드는 대로 자유로이 행동하였다.27) 아테네인들은 그러므로 법에 따른 자유라는 형태를 달성하였다. 이것은, 그들이 갖지 않았던 관념인28) 오늘날의 표현에서의 개인적 자유는 아니었지만, 오히려 자기지배의 자유 및 명시적으로 법에 의해 금지되지 않은 것이면 무엇이든 하는 자유와 관련되었다.

---

26) Werner Jaeger, *Paideia: The Ideals of Greek Culture*, vol. III, translated by G. Highet (Oxford: Oxford Univ. Press 1944), p. 137, 222.
27) Cohen, *Law, Violence and Community*, pp. 56-57.
28) Blandine Kriegel, *The State and the Rule of Law* (Princeton: Princeton Univ. Press 1995), p. 93 ("고대도시에서 남성들이 자유를 향유했다고 생각하는 것은 … 분명한 잘못이다. 그들은 그것을 생각조차 하지 않았다.")을 참조.

## ◦•• 로마의 기여

법의 지배의 전통에 대한 로마의 기여는 긍정적인 만큼 부정적이었는데, 부정적인 것이 훨씬 더 큰 결과를 초래하였다. 키케로(Cicero)는 긍정적인 것의 원천이었다. BC 1세기경에 써진 **공화국론**(The Republic)에서 그는 법을 지키지 않는 왕을 "상상할 수 있는 가장 불공정하고 혐오스러운 동물"인 전제군주라고 비난하였다.29) "모든 법적 구속, 그의 시민들과 참으로 전체 인간 종족들과의 모든 문명화된 협력관계를 부인하는 누구든 사람이라 타당하게 불릴 수 있겠는가."30) 줄리어스 시저(Julius Caesar)와 동시대인인 키케로는 전제군주적 지배로 치닫고 있었던 로마공화국의 쇠망기에 "신분을 가진 모든 사람은 공화국의 법과 질서에 의한 지배가 강자의 지배로 대체되었다는 것을 깨닫게 되었다."고 썼다.31) 키케로의 **법률론**(The Laws)은 법의 지배에 관하여 다음의 문단을 포함하고 있다.

> 이제, 집정관의 기능이 정당하고 시혜적이며 법에 따른 명령을 책임지고 발하는 것임을 인식한다. 집정관이 법에 복종하는 것처럼, 인민은 집정관에 복종한다. 사실 집정관은 말하는 법이며 법은 침묵하는 집정관이라고 하는 것은 진실이다.32)

그는 강조하기를, 지배하는 것은 법이지 어쩌다 집정관이 되는 사람이 아니다. 키케로는 예리하게 국왕 하에서의 지배와 "자유로

---

29) Cicero, *The Republic and The Laws*, translated by Niall Rudd (Oxford: Oxford Univ. Press 1998), *The Republic*, Book Two, 48, p. 50.
30) Ibid..
31) Janet Coleman, *A History of Political Thought: From Ancient Greece to Early Christianity* (Oxford: Blackwell 2000), p. 274.
32) Cicero, *The Laws*, Book Three, 2–3, p. 151.

운 공동체의 법의 총체" 하에서의 지배를 대조하였다.[33]

키케로에게는 법의 최고의 지위는 그 자연법과의 일치성에 따라 결정되었다. 그는 자연법이 이성의 원칙이라고 믿었다. 이성의 원칙에 따르면, 법은 공동체의 이익을 위한 것이어야 하며, 정당하여야 하고, 또 그 시민들의 행복과 안전을 보존하여야 한다. 키케로에 따르면, 이 이성의 자연법은 실정법 위에 서 있으며, 참으로 모든 인간의 행위 위에 서 있다. "그러므로 법은 모든 것들 중에서 가장 오래되고 가장 중요한 것인 자연에 따라 공식화되어, 정당한 것과 부당한 것 사이를 구획하는 것을 의미한다."[34] 해롭고 부정당한 원칙은 "법"으로 인정되지 못하며, 따라서 최고가 아니었다.[35] 하지만, 키케로는 부정당한 법에 대한 불복종을 지지하지는 않았다. 그는 질서(order)에 우선적 가치를 두었다. 나아가, 그는 오직 현자만이 이성에 따른 진정한 법을 인정할 수 있다고 생각하였다.

키케로는 대중적 민주주의를 옹호하지 않았으며, 대신에 군주(royalty), 지도적 시민, 그리고 훨씬 적은 권한을 가진 대중들(masses) 사이에 나뉘어진 권한을 가진 혼합정체(a mixed constitution)를 선호하였다.[36] 가장 교육을 잘 받고 현자인인 가장 훌륭한 시민들에게는, 그들이 사회를 규율해야할 자연법의 요건을 구별하는 능력을 가진 사람들이기 때문에, 더 큰 지배권이 할당되어야 한다.

키케로가 중요한 자연법 이론가로 가끔 인용되기도 하지만, 그의 저서의 대부분은, 초기 르네상스까지는 잊혀졌으며, **공화국론**의 전체 내용은 16세기까지는 발견되지 않았다. 그리하여 그는 법의 지배의 전통에서 직접적인 선구자라기보다는 이후의 정치적 논의의

---

33) Ibid., Book Three, 4, p. 151.
34) Ibid., Book Two, 13, p. 126.
35) Ibid., Book Two, 11, p. 125.
36) Coleman, *A History of Political Thought*, pp. 284-287.

맥락에서 플라톤이냐 아리스토텔레스만큼이나 그의 저서가 참고되고 거명되는 권위자이었다. 키케로가 중요하게 기여한 것은, 플라톤과 아리스토텔레스를 반복하면서도 더 강한 용어로 표현하였던 것으로, 법이 공동체의 선을 위한 것이어야 하며 자연법과 일치하여야 한다는 주장이었다. 키케로는 법이 정의와 조화하는 것을 법의 최고성의 조건으로 하였다.

법의 지배에 대한 로마의 부정적 기여는 **황제법**(lex regia)과 **시민법**(Corpus Iuris Civilis)에서 이해되어야 한다. 약간의 역사적 배경이 필요하다. 로마공화정은, 귀족정적 의회에 의해 지배되어, BC 5세기 이래로, BC 27년부터 AD 14년까지 통치했던 아우구스투스(Augustus)에서 시작된 황제의 지배로 떨어지기까지 존재해왔다. 이후의 여러 세기에는 로마제국은 전 지중해와 대부분의 유럽에 걸쳐 그 범위를 넓혔다.

콘스탄티누스(Constantine)는 AD 306년에 황제에 즉위하였는데, 제국에 치명적인 결과를 가져왔다. 그는 기독교도에 대한 관용의 칙령을 발하고, 바실리카 공회당을 건축하며, 국가정무를 관장함에 더하여, 종교적 행위와 결정에 주도적인 역할을 하여, 우상숭배로부터 전환하여 최초의 기독교황제로 되었다. 콘스탄티누스 황제는 "기독교 교회의 자칭 주교"이었다.37) 이는 군주들(monarchs)이 수세기 동안 모방했던 방법으로 세속적 및 종교적 지도력을 혼합하였다. 콘스탄티누스의 다른 주요 영향은 제국의 수도를 동쪽으로 이전한 것이었는데, 비잔티움의 옛 도시에 새로운 수도를 건설하여, 그 후 콘스탄티노플로 불리었다(오늘날 이스탄불). 로마는 이미 쇠망하기 시작하였다. 다음 세대에 로마는 게르만 민족의 성공적 침략으로 황폐화되었다. 통일로마제국을 유지하려는 그의 바람에 반하

---

37) John Julius Norwich, *A Short History of Byzantium*, p. 17.

여, 콘스탄티누스의 이전은, 분리되는 과정을 거쳐 다시는 하나로 되지 못하였던 동서 반반씩 옛 제국을 나누면서 비잔틴 제국을 개시하였다.

이제 황제법(lex regia)으로 돌아가자. 공화주의적 지배로부터 황제에 의한 지배로 이전한 것은 정당성을 필요로 했기 때문이었다. 황제법은 이 일을 제공하였다. 황제법에 따르면, 지배에 있어서의 이러한 변화에 대한 설명을 위해 의도된 것으로, 로마인민들은 국가의 보존을 위하여 황제에게 절대적 권위를 명백히 부여하였다.[38] 그러나 황제법은 황제의 권한을 정당화하기 위하여 초기 로마 법학자들 -법전문가들- 에 의해 만들어진 신화로서 완전한 허구이었다. 그렇지만 이 허구적 지위는 (그러한 것으로 알려지지는 않았더라도) 그 역사적 중요성을 방해하지는 않았다. 중세 동안 그리고 그 이후로도, 황제법은 다재다능한 영향이라는 솜씨로 민주주의자들과 절대주의자들에게 인용되었다. 전자는 그것이 원초적인 인민주권의 사상을 의미한다는 이유로,[39] 후자는 그것이 법 위에 있는 황제에게 절대적 권위를 두었다는 이유로 그러하였다.

유스티니아누스(Justinian)는 527년에 황제가 되었다. 그가 가장 기억되는 업적은 로마법의 법전화이었다. 그의 명령으로, 법학자들은 어지럽게 흩어져 있던 당시의 법과 법적 의견을 수집하고 체계화하였다. 약 5년의 짧은 기간 동안 법학자들은, 규정 전체를 포함하는 법전(Codex)을, 규정을 분석하는 법학자들의 저서물의 모음집(Digest)을, 법학교육을 위하여 앞의 두 저서의 요약집으로 구성된

---

38) Peter Stein, *Roman Law in European History* (Cambridge: Cambridge Univ. Press 1999), p. 59.

39) Brian Tierney, "'The Prince is Not Bound by the Laws' Accursius and the Origins of the Modern State," 5 *Comparative Studies in Society and History* 378, 392 (1963)를 참조.

인스티투츠(Institutes) 등을 준비하고 반포하였다.[40] 이 세 저서들은 총체적으로 민법전(Copus Iuris Civilis: 교회 카논법에 대비하여, 민법전)을 구성하였는데, 좀 더 일반적으로 유스티니아누스 법전으로 알려져 있다. 그것은 일관성 있고 종합적인 형태로 재구성되고 조화되며 명료하게 현존하는 관습(customs), 규정(rules), 판결(decisions), 그리고 법학자의 주석(commentaries) 등으로 방대하게 구성되어 있었다.

법의 지배의 전통과의 특별한 관련성에 관하여 법전에는 두 개의 선언이 포함되어 있다. "왕을 흡족하게 하는 것은 법의 힘을 갖고 있다."와 "왕은 법에 구속되지 않는다."가 그것이다.[41] 유명한 3세기의 법학자 울피아누스(Ulpian)는 나중에 법전에 편입된 이 선언을 지지하여 **황제법**을 언급하였다. 현존의 견해에 따르면 황제가 법제정의 권한을 가졌다는 것은 의심이 없었다. 사실상 유스티니아누스는 이 권한의 행사로서 법전 자체를 공포하였다. 그리고 황제가 법을 만들기 때문에, 황제 자신이 법 위에 있다는 것에 아무런 의심이 없었다. 말할 필요도 없이, 이러한 이해는 법의 지배의 사상에 반하는 바로 그 반명제이었다. 법전은 동로마제국에서 유효하더라도, 20세기에 그 재발견과 폭넓은 개시까지는 서로마제국에서 일반적으로 무시되었다. 그러나 그것이 명확하게 하였던, 법 위에 있는 절대군주의 관념은 법전 밖에서 살아남았으며, 법전의 재발견으로 뒷받침되어 중세시대 이후로 서구에서 지속적인 영향을 가졌다.

하지만, 법에 관한 황제의 권한의 완전한 모습은 이 선언들이 지적하고자 했던 것보다 훨씬 함축적이었다. 황제들은, 그들의 입법이 대부분 법학자들에 의해 마련된 칙령과 명령으로 구성되었는데, 실

---

40) Stein, *Roman Law in European History*, pp. 32–37; Norwich, *A Short History of Byzantium*, p. 63.
41) Digest 1.4.1 and Digest 1.3.1, Stein, *Roman Law in European History*, p. 59 에서 인용; Tierney, "Origins of the Modern State."

제적인 법제정에 최소한으로 참여하였다. 법전에 기술된 상당부분의 법들은 법학자들의 과거 저서들의 산물이었다.[42] 더욱이, 황제는, 그가 법제정 권한을 행사하지 않을 경우에는, 원하기만 하면 법을 수정할 권한을 의심없이 가졌다 하더라도, 법적 전통의 틀에 복종하였다는 것은 일반적으로 이해되었다. 황제의 모든 행위가 법적 행위로 여겨지지는 않았으며, 일반적인 법을 위반한 비정규적 활동들은 (황제가 어떤 법적 제도에도 책임지지 않았다는 것을 염두에 두어) 승인되지 않았다. 황제가 법을 변경할 권한을 행사할 경우에도, "울피아누스가 다른 맥락에서 쓰기를, 오랫동안 정당하다고 여겨져 왔던 법이 개정되어야 한다면, 그 개정에 선량한 이유가 있었을 것이다."[43] 이 생각을 반영하여, 법전의 다른 조항은 주장하기를 "황제가 스스로 법에 기속된다고 공언하는 것은 통치자의 위엄에 어울리는 진술이다."[44]

당시 현실은 전적으로 기속을 벗어난 황제에 의한 법적 절대주의가 아니었다. 황제는 이론적으로 그리고 일반적 이해에 의해 사실상 법 위에 있었지만, 실제로는 법은 여전히 중요하였고, 왕의 행위에 제약을 부과하였다.[45] 법제정권한과 법에 기속되는 것의 조화라는 이 조합은 법의 지배가 작동하여야 한다면 어느 정도 성취되어야 한다. 오늘날의 법체계는 주권(the sovereign)이 법의 원천이자 법에 복종한다는 점에서 똑같은 긴장이 있다. 모든 성공적인 제도에서는 훌륭한 왕, 훌륭한 법제정자가 법에 충실하다는 일반적인 윤리가 있다.

---

42) Jill Harris, *Law and Empire in Late Antiquity* (Cambridge: Cambridge Univ. Press 1999), pp. 14–19.
43) Ibid., p. 21.
44) Digest 1.3.31 and Code 1.14.4, Tierney, "Origins of the Modern State," p. 386에서 재수록.
45) Leoni, *Freedom and Law*, pp. 83–85를 참조.

# 02

## 중세의 근거

# 2
# 중세의 근거

법의 지배의 전통은 아무런 하나의 근거나 출발점이 없이 중세에 시작된 느리고 무계획한 방법으로 굳어져 버렸다. 세 가지 도움이 된 근거가 상세하게 설명된다. 최고성을 위한 왕과 교황의 경쟁, 게르만의 관습법, 그리고 통치자(sovereigns)에게 제한을 두기 위하여 법을 이용하려는 귀족들의 노력을 집약한 대헌장(마그나 카르타: Magna Carta)이다. 이 근거들을 고려하기 전에, 역사적 맥락이 언급된다.[1]

부정확하고 결코 일치되지 않는 역사가들 사이의 약속으로, 서구의 중세시기는 5세기의 로마제국의 붕괴로부터 시작하여 15~16세

---

1) 이후에 인용되는 특수한 근거에 더하여, 뒤이은 일반적인 서술은 실제로 Henri Pirenne, *Mohammed and Charlemagne* (Mineola, NY: Dover Pub. 2001); Henri Pirenne, *Economic and Social History of Medieval Europe* (New York: Harcourt 1937); R. W. Southern, *The Making of the Middle Ages* (London: Hutchinson Ltd. 1968), 등에 의하여 알게 되었다. 중세연구자들 사이에는 모슬림의 침범이 중세의 원인이 되었다는 Pirenne의 주장에 관한 지속적인 논쟁이 있다. 저자는 중세의 상황, 특히 도시의 사정과 상업의 성질에 관하여 높이 평가되고 있는 그의 설명에 크게 의존하더라도 특정 논쟁점에 관하여 아무런 입장을 취하지 않는다.

기의 문예부흥의 과정에 종료된 천년 동안 지속되었다.

이 시기의 초기 몇 세기는 암흑기로 알려져 있다. 콘스탄틴 대제가 로마제국의 수도를 콘스탄티노플로 옮긴 이후, 제국의 서쪽 반은 게르만 민족의 침범의 파고에 의해 재촉된 장기적 침체로 돌입하였다. 게르만 민족은 그들이 침략한 세련된 그레코, 로만문명에 비해 무식한 미개인들이었다. 지금까지 알려지지 않은 먼 동쪽으로부터 기원한 아시아 전사들인 무시무시한 훈족들은 4세기 및 5세기 초에 그들 앞에 있던 게르만 민족들(고트, 비시고트, 오스트로고트, 반달 등)을 로마제국에로 몰아넣으면서 유럽 깊숙이 밀려들어오는 침략을 개시하였다. 로마는, 한 번 이상 약탈당하면서, 한 때 거대 도시의 황폐함의 와중에 살고 있던 이전의 주민들의 이탈과 함께 사실상 배수진을 쳤다. 7~8세기에 사라센의 모하메드 추종자들이 아라비아로부터 흥기하여 중동 대부분, 북아프리카 대부분, 그리고 (오늘날의 스페인인) 이베리아 반도 등을 정복하고, 오늘날의 남프랑스 지역으로 확장하여 이전에 번성했던 지중해무역을 폐쇄하였다. 9~10세기에는 북유럽인들(Norsemen: 바이킹)이 와서 항해할 수 있는 유럽의 강과 주요 바다의 해안선을 따라 이동하면서 탈취할 수 있는 것들을 약탈하고, 그들이 마음에 드는 지역에 정착하였다. 헝가리인들(마쟈르인)은 또한 10세기 동안 유럽의 동쪽 경계를 위협하였다.

중세사회는 둘러싸이고 포위되어 그 스스로 폐쇄되었다.2) 분산된 농촌 거주민들은 빈약한 상업과 함께 생계경작에 종사하였다. 도시는 인구가 적고 작았으며, 귀족이나 그들의 모험적이거나 야망있는 자손들과 이웃하여 유랑강도 혹은 돌격대를 저지하기 위하여 세워진 방어벽의 울타리에 가깝거나 그 안에 지어졌다. 도시는 교환을 위한 자그마한 시장을 가진, 교회가 위치한 곳이자, 그때그때의 회

---

2) Henri Pirenne, *Medieval Cities* (Garden City, NY: Doubleday 1925)를 참조.

합을 위한 회합장소이며, 장인들의 체류지이었다. 대부분의 인민들에게는 삶은 소박했고 출생지의 짧은 반경 내에서 살았다. 강도의 위협이 상존하여 여행은 불안전했으며, 길과 다리는 없어져서 황폐화되었고, 세금은 도시 출입문과 다리, 갑문, 그리고 일정한 간격의 도로 등에서 강제되었다. 일부 힘 있는 성직자와 상인들이 위험에 맞섰기는 했지만, 이 모두는 이동에 대한 장애물들이었다. 행상인들과 그들의 지역장날은, 로마제국시대에는 한 때 일반적이었으나 더 이상 없었다. 동전 – 대부분 절하된 은화– 은 그 이전보다 훨씬 적은 양으로 주조되고 교환되었다. 봉건법과 지방의 관습법은 로마법의 잔여물과 교회법과 뒤섞이거나 공존하였다. 그들 자신의 장원이나 교회건물을 각각 주재했던 지방영주나 힘 있는 주교들은 효과적으로 통제하였다. 로마시대에 존재했던 직업적인 법학자 단체가 없었다. 교회 밖에서는 거의 학문이 없었다.

봉건체제는 9~10세기에 형성되었다. 유일하게 준비된 자원이지만 어느 것도 활성화된 시장이 아닌 토지와 노동으로 인해, 토지를 소유하거나 그에 대한 권리를 가진 자와 그 토지에서 노동하는 자에 관련된 관계의 복잡성을 둘러싸고 전개된 경직된 사회질서가 존재하게 되었다.[3] 봉건사회는 소위 신분(Estates), 혹은 사회계급, 즉 귀족, 성직자, 농노(serfs) 등에 의해 구성되었다.[4] 각 계급은 유기체적 사회 내에서 뚜렷하고 필수적인 역할을 행한다고 생각되었다. 귀족과 그들의 가신들(혹은 기사들)은 다양한 방법으로 분배되고 할당된 상당한 토지재산을 소유하였다. 가신들이 하위의 가신들 사이에 토지를 배분하는 등의 하부봉건화의 관례를 통해 다층적인 관계

---

3) Pirenne, *Medieval Cities*, pp. 28–29.
4) Marc Bloch, *Fedual Society: Social Classes and Political Organization*, vol. 2 (Chicago: Univ. of Chicago Press 1961).

망이 형성되었다. 정점에 있는 주도적 귀족은, (육체노동 혹은 군사적인) 역무나 (생산물이나 임대료 같은) 공물이 토지의 사용이나 관리의 대가로 직근 상위자에 대해 단계적으로 낮은 사람들에게 귀속되는, 아래로 내려가는 의무의 위계(hierarchy)로 모든 사람이 연결되어 모든 사람을 거느리고 있었다. 영주 자신이 소유한 어떤 토지(demesnes: 장원)는 그들 소유의 농노가 경작하였다. 다른 토지는, 무엇보다도, 필요한 경우에 무장된 군인을 충원하기 위하여 요구되는 가신들에게 분배되었다. 영주와 그들의 가신들은 농노에 대하여 광범위한 권력을 가졌다 하더라도, 그들은 또한 그들에게, 기본적으로 외부로부터의 공격으로부터 그들을 방어하는 것을 포함하여 분쟁의 해결을 주재하고 가뭄이나 재난 시에 그들을 부양하여야 할 책임을 지고 있었다. 사회의 정신적 지도자인 성직자들은 모두가 같지는 않았다. 어떤 사람은 라틴어교육을 받은 명문귀족의 후예이었는데, 교회에의 기부나 유증을 통한 증식으로 얻어진, 농노를 포함한 방대한 토지를 소유한 대농장이나 수도원을 운영하였다. 명성이 있는 주교들은 그들의 법정이 광범위한 관할권을 행사하면서, 도시와 성시의 정신적이고 세속적인 일들을 좌우하여, 사실상 귀족이었다.[5] 그러나 지방의 다른 소구역 성직자들은, 가끔은 농민혈통이기도 하였는데, 고전 라틴어를 더듬거리며 말할 정도의 구사능력을 가졌으며(대신에 통속적 언어를 말하였다), 기부금이 적은 교회를 운영하였고, 그들의 생계를 이어가기 위하여 신도들과 더불어 토지를 경작하였다. 농노들은 봉건주인에게 신세를 지고, 이동가능한 생필품 이외에 아무것도 갖지 못하면서 떠나갈 자유도 없이 토지를 경작하였다. 그럴싸한 시장이 없는 경우에는, 그들이 공급의무를 지고 소비할 수 있는 것들 이외에 잉여물을 생산할 아무런 동기나 유용한 기술

---

5) Pirenne, *Medieval Cities*, pp. 46–47.

도 없었다. 그들의 상태를 개선할 만한 아무 수단도 없었다. 봉건적 사회질서는 위계적이었고 고정되어 있었다. 자유도시의 사람들은 이 시기 동안 거의 무시해도 좋을 만한 숫자이었는데, 이 범주에 들지 않는 유일한 사람들이었다.

왕과 제후들은 부를 얻는 자신들의 거대한 토지를 소유한 봉건 귀족들이기도 하였다. 그들은 그들이 직접 미치는 범위 밖의 영역에는 별다른 통제를 하지 않았으며, 수하이면서도 경쟁자인 귀족들에게는 제한적인 권력을 가졌다. 이렇다 할 만한 정부기구나 통일된 법원제도가 없었다. 800년에 서쪽에서 즉위하여 814년까지 통치한 황제 샤를마뉴(Charlemagne)는 최후의 위대한 황제이었는데, 그의 프랑크왕국은 그가 죽을 때에 분열되었다. 11세기 (나아가) 12세기에 이르러서야 국가제도의 발단이 되는 요소들이 나타나게 되었다. 이는 법원의 설치와 효과적인 조세의 징수에 의해 확립되었고, 국왕의 직무에 참여하는 법교육을 받은 자들의 증가에 의해 용이하게 되었다.[6] 중세의 중심기 동안, 로마카톨릭교회만이 서구 유럽에까지 미치는 제도적 실체에 비슷한 것이었다.

한편, 동로마제국은 비록 약간 약화되었으나, 학문과 고대의 영광의 저장고로 계속되었고, 점점 더 서쪽으로부터 격리되면서, 그리스, 세르비아, 마세도니아, 불가리아, 그리고 이탈리아의 일부와 중동에 걸쳐 그 힘을 미쳤다. 비록 그 황제들이 수세기 동안 지속적으로, 유스티니아누스 대제가 부분적이고 일시적으로 성취한 통일된 (동방의) 지배에 따라 제국을 재통일하려는 희망을 가지고 열렬히 서쪽을 바라보았지만, 역사에서 비잔티움으로 알려진[7] 동로마제국

---

6) Joseph R. Strayer, *On the Medieval Origins of the State* (Princeton, NJ: Princeton Univ. Press 1970)를 참조.

7) Norwich, *A Short History of Byzantium*를 참조.

은 헬레니즘화되었고 동방화되었다. 하지만, 동방제국에 대한 좀 더 절박한 관심들 중에는, 남쪽으로부터는 여러 시대에 걸쳐, 결국에는 수세기 동안의 분쟁 후에 굴복하였던 아랍, 페르시아 및 투르크 등으로부터, 북쪽과 동쪽으로부터는 불가리아, 러시아, 몽골 등으로부터, 서쪽으로부터는 신성제국을 회복하려는 임무를 띠고 콘스탄티노플을 거쳐 가려는, 기독교연합인 체하는 (약탈적인) 십자군으로부터의 저항적인 침략들이 있었다. 로마교황들 - 및 서유럽을 지배했던 게르만의 왕들- 은 비잔틴의 황제들을 전 로마제국의 명목상의 수장으로 인정하였지만, 시간이 지나면서 그 관계는 적대적으로 바뀌었다. 그 이유는 비잔틴이 가끔 로마에 대해 취했던 정복의 위협뿐만 아니라, 그 황제들이 동방교회의 지도자들인 대주교를 임명하고 교황우월의 주장에 어긋나는 교리상의 문제를 결정할 권위를 주장했기 때문이었다. 첫 번째 충돌은, 교황이 우상숭배를 피하기 위하여 기독교의 성상들이 파괴되어야 한다는 황제의 선언을 거부하였던 8세기 초에 우상파괴논쟁으로 나타났다. 권력에 대한 이 경쟁의 결말은 동방정교회를 로마카톨릭교회로부터 공식적으로 그리고 영구히 분리하는 11세기의 분열이었다.

하지만, 우리의 관심은 우선적으로 서쪽과 관련된다. 왜냐하면 그 쪽이 법의 지배 전통의 뿌리를 가진 곳이기 때문이다. 앞서 말한 바와 같이, 그리스 철학과 법전화된 로마법 등의 고전적 사상들은 중세의 초기 절반 동안에는, 비록 로마법의 잔존물이 계속되기는 했어도, 서쪽에서 크게 상실되었다. 12~13세기에 (무슬림에 의해 보존된) 아리스토텔레스의 저서들과 유스티니아누스 법전의 재발견은 수많은 교육받은 자들 - (법학을 위한) 볼로냐대학과 파리대학의 설치 그리고 옥스퍼드 및 캠브릿지 대학의 시작 등8) - 사이에서 동

---

8) Rubenstein, *Aristotle's Children*, Chaps. 4 and 5를 참조.

시에 실질적으로 발흥하게 되었다. 전 유럽에 걸쳐 모인 학생들은 문헌들을 읽고 논의하며, 종교, 과학, 윤리, (당시에는 빼어난 훈련은 아니었지만) 철학, 그리고 법에서의 사상을 토론하는 이러한 학습센터에 몰려들었다. 상업활동은 새로이 발견된 활력의 징후를 보여주었다. 이것들은 오랫동안 캄캄한 침체로부터 서쪽이 떠오르는 초기적 단계이었다. 그렇지만, 이 각성은, 상업을 천시하고 대부에 이자를 과하는 것(고리대금업)을 금하며, 신앙을 찬양하고 이성을 위협으로 보는 보수적인 기구와 교회에 대한 무조건적 복종을 주장하는 정통카톨릭에 빠져 있는 환경에서 갈 길을 찾기 위하여 고군분투하였다.

(이교도인) 아리스토텔레스는 토마스 아퀴나스(Thomas Aquinas)가 이성과 교회교리의 일치가능성을 보여줌으로써 교회에 의해 수용될 수 있게 되었다. 아퀴나스는 후속의 법에 관한 서구의 견해 특히 자연법에 관한 견해에 관해 상당한 영향을 미쳤다. 13세기의 그의 대작인 신학대전(Summa Theologica)에서, 아퀴나스는, 법관이 그들이 의지하는 바대로 사건을 결정하도록 남겨지기보다는 법에 의해 지배되어야 한다는 아리스토텔레스의 생각을 그대로 반복하였다. "심판하는 자는 사랑, 증오 혹은 어떤 종류의 탐욕에 의해 자신들이 영향을 받는 그러한 일들을 심판하는데, 그래서 그들의 판단은 그르치게 된다."9) 아리스토텔레스와 같이, 아퀴나스는, 법이 이성에 근거되어 있고 보편적 이익을 향하여야 한다고 주장하였다. 아퀴나스는, 부정당한 실정법은 "전혀 법이 아니며,"10) 그리하여 실정법을 신법(Divine Law)과 자연법(Natural Law)의 하위에 두도록 하고 그에

---

9) Thomas Aquinas, *Treatise on Law*, 95. Art. 1 (Wash., DC: Regnery Gateway 1987), p. 76.
10) Ibid., 95. Art. 4, p. 97.

따르도록 하여야 한다고 하였다. 그렇지만, 아퀴나스는 통치자(the sovereign)가 실정법으로 제한되게 하는 것은 논리적으로 불가능하다는 점을 받아들였다. "주권자는 법으로부터 면제받는다고 한다. 왜냐하면 적절히 말하자면 누구도 그 스스로 강제되지 아니하며, 법은 주권자의 권위에 의해서만 강제력을 가지기 때문이다. 따라서 주권자는 법으로부터 면제된다. 누구도 그가 법에 위반하여 행동하였을 때, 그에게 유죄선고를 할 권한이 없기 때문이다."[11] 아퀴나스는 나아가 주권자는 그 자신의 의지에 의해 스스로를 법에 종속시킬 수 있으며, 더 나아가, "한 사람이 다른 사람을 위해 어떤 법을 만들든지, 그는 스스로 지켜야 하기" 때문에,[12] 그렇게 하여야 한다고 주장하였다. 마지막으로, 그는 주권자는, 법의 강제력으로부터 자유로우면서도, 실정법으로 제한되는 신의 심판 내에 있고, 신에 의해 부과되는 제재를 가진 신법과 자연법에 복종한다고 주장하였다.[13]

이러한 배경과 함께, 이제 법의 지배의 전통에 대한 중세의 중요한 세 가지 기여가 언급될 수 있다.


## ∘•• 교황 대 국왕

신권정치적 왕정의 관념은, 콘스탄틴에 의하여 처음 주장되었는데, 교황과 국왕 사이의 분쟁을 피할 수 없게 만들었다. 5세기 후반에 공식화된 겔라시우스 원칙(the Gelasian doctrine)은, 세속적 및 종

---

11) Ibid., 96. Art. 5, pp. 100–101.
12) Ibid., p. 100.
13) Ibid..

교적 권위가 그들 각각의 영역에서 최고성을 갖는다는 것을 정립한 것으로, 분쟁을 진정시키는 데에 도움이 되었다.[14] 하지만 유스티니아누스는, 이 원칙을 거부하였고 이후의 황제들과 국왕들은 신성하게 소명을 받은 그들 자신의 지위를 이유로 신성성에 관한 권위를 주장하였다. 역으로 교황은, 그들의 목적으로부터, 세속적인 것에 대한 신성성의 우월에서 유래하는 논리적 의미로서 세속적 지도자들에 대한 최종적 권위를 주장하였다.

황제들은 주교와 기타 다른 교회간부들의 임명과 해고를 포함하여 많은 종교적 기능을 수행하였으며, 종교적 쟁점을 해결하고 교회법과 정책에 관한 문제를 결정하기 위한 성직위원회를 소환하고 그에 참여하였다. 여러 명의 교황들이 황제들에 의해 임명되거나 그 선출을 인준받았다. 유스티니아누스는 스스로 최고의 세속적 권력과 최고의 정신적 권력으로 생각하였다.[15] "제왕과 사제권력의 일치는 황제의 단일한 지위의 특징이다. 황제의 법과 칙령 그리고 명령은 황제를 통하여 알려지도록 되어 있는 신성한 법, 칙령, 명령이다."[16] 법은 황제의 의지의 산물일 뿐만 아니라 그에 신성한 성격을 부여하는 신의 의지의 산물이기도 하다. 유스티니아누스는 "법이 우리의 신성한 입에서 유래하며" 법은 "신성한 계율"이라고 선언하였다.[17] 샤를마뉴는 스스로 "주인이자 아버지이며, 왕이자 사제이며, 모든 기독교인들의 우두머리이자 안내자"라고 하였다.[18] 그는 교황의 권위의 범위와 한계를 교황 레오 3세에게 설명하였고, 교회교리의 특정 문제에 관해 교황에게 지시하였다. 그리하여 로마

---

14) Stein, *Roman Law in European History*, p. 30.
15) Ibid., p. 42.
16) Walter Ullmann, *A History of Political Thought: The Middle Ages* (Middlesex: Penguin 1965), p. 33.
17) Ibid., p. 35.
18) Pirenne, *Mohammed and Charlemagne*, p. 230에서 인용.

의 절대주의는 황제에게 신 이외에는 누구에게도 대답할 수 없도록 하는 종교적 외투로 씌워져 있었다. 인민에게는 확실히 아니었다. 서쪽의 황제와 황제의 직위를 갖지 않은 제후들은 또한 신성한 권위를 주장하였고, 정기적으로 지역교구에 대한 임명권과 과세권을 행사하였다.

로마교황들은 이와 비슷하게 두 영역에 대해 권한을 확장하려고 노력하였다. 그들의 첫 번째 업무는, 성 베드로의 후계자로서 최고성을 받을 만하다고 주장하면서, 전체 교회의 수장으로서 그들의 권위를 통합하는 것이었다. 교황들은 또한 로마에서 세속적 공백을 메꾸고 교황국가의 영역을 통치하면서 그들 스스로의 정당한 자격으로 왕이었다. 그들의 군주적 지위의 인정에 있어서 프린셉스(princeps)라는 용어는 황제, 국왕 및 교황을 언급하는 것으로 차별 없이 사용되었다. 로마법은, 교회의 카논법(canon law) 및 교회의 제도적 문화에 영향을 미치고, 법교육을 받은 많은 교황들에게 국왕절대주의(regal absolutism)를 고취하면서, 중세 동안 로마 자체에 지속적으로 영향을 미쳤다. 교회는, "위로부터의 기속적인 통치를 낳았던 엄격한 위계질서를 가지고 있는 로마제국 문화의 법적이고 권위주의적인 성질"을 취하였다.[19]

하지만, 용기있는 교황들은, 정신적인 영역이 세속적인 영역에 대하여 우위에 있다고 주장하면서, 황제와 국왕 및 제후들에 대한 우월성을 주장하여 교회 내에서의 단순한 지도자를 넘고자 하였다. 1073년에 교황 그레고리 7세에 의해 간행된 **교황칙령**(Dictatus Papae)은 "교황의 권위만이 보편적이고 총체적이며, 반면에 황제든, 국왕이든 혹은 주교든 세상에서의 모든 다른 권력은 특수하고 의존적이

---

19) Richard Tarnas, *The Passion of the Western Mind* (New York: Ballantine Books 1991), p. 158.

라고" 선언하였다.[20]

교황이 지구상의 최종적인 대리자이자 그 해석자인 자연법과 신법은 실정법을 통제했고 (신의 구도에 따라) 국왕에게도 적용되었다. 이 최고성의 주장에 대한 좀 더 특수한 근거는 8세기의 모조품인 콘스탄틴의 기증(the Donation of Constantine)으로 알려져 있었다. 그 기증에 따르면, 콘스탄틴은, 죽을 정도로 한센병이 들어서 교황 실베스터에 의해 치료되었다. 감사의 표시로, 콘스탄틴은 로마의 주교를 교회의 수장으로 만들었고, 콘스탄티노플로 수도를 옮기기 전에 교황에게 그의 왕관을 양도하였다. 교황은 관대하게 왕관을 콘스탄틴에게 되돌려 주었다. "이 재미난 이야기의 이면에 있는 교의는 급진적인 것이다. 즉 교황은 교황 덕택에 왕관을 가지고 그래서 교황의 명령에 의해 퇴위될 수도 있는 로마황제조차도 넘어서는, 모든 통치자들을 넘어서 최고이다."[21]

실제상 한정된 군사력에 의해 엄격하게 제한된 교황의 궁극적 권력이라는 이러한 참칭은 신성서로마제국이 기독교국으로만 통일되었을 때인 중세의 중심시기에는 불합리하지 않았다. 인정되어야 하는 것은, 중세사회에서는 무신론자들만을 제외하고 교회가 황제와 국왕까지 망라하여, "중세사상 일반이 모든 부분에서 기독교신앙의 관념으로 침투되었다는" 것이다.[22] 지역적인 차원에서 주교들은 많은 성읍에서 지배적인 권위이었다. 사회는 세속적 영역과 종교적 영역을 분리하는 명확한 경계가 없이 철저히 기독교화되었다.[23]

---

20) Norman F. Cantor, *The Civilization of the Middle Ages* (New York: Harper Perennial 1994), p. 258.
21) Ibid., p. 177.
22) Johan Huizinga, The Waning of the Middle Ages (Mineola, NY: Dover Pub. 1999), p. 57.
23) 교황과 국왕들 사이의 관계에 관한 논의에 대해서는, Joseph Canning, *A History of Medieval Political Thought 300-1450* (London: Routledge 1996);

"중세에는 종교사상 영역의 경계와 세계적 관심사의 경계가 거의 소멸되었다."[24]

사기적인 기증은 정치적 문제에 즉각적인 역할을 하였다. 피핀(Pepin)은, 이전에 프랑크 왕국을 지배하였던 메로빙거 시대의 국경선을 넘겨받기 위하여 정당화를 필요로 하였다. 교황은 교황의 대리인인 보니파시오(Boniface)에 의한 피핀의 성유(聖油)바르기로 마무리하면서, 교회가 왕관에 대한 그의 주장을 승인할 것을 요구하는 피핀에게 은혜를 베풀었다. 이에 답하여 피핀은 이 기증을 "교황직의 타당한 권한에 대한 진실한 진술"로 명시적으로 인정하였다.[25] 이것은 상호 간에 정당성을 부여하는 상호이익의 타협이었다.

그렇지만, 피핀의 아들인 샤를마뉴(Charlemagne)의 즉위로 상황은 달라졌다. 샤를마뉴는 정복자로서의 그의 기질을 입증했던 강력한 통치자이었다. 대조적으로, 군림하고 있는 교황 레오 3세는 최근에 로마군중에 의해 패퇴되면서 취약한 지위에 있었다. 레오는 그의 위신을 회복하고자 결심하였다.

800년 크리스마스 날에 샤를마뉴가 베드로의 묘지 앞에서 행한 기도에서 일어나자, 교황 레오는 갑자기 왕의 머리에 왕관을 씌우고, 잘 예행연습한 로마 주교단과 사람들이 "로마인들의 위대하고 평화의 황제로 즉위하신 샤를 아우구스투스여, 만만세!"라고 외쳤다. 아인하르트(Einhard)에 따르면, 샤를마뉴는 분하고 원통하여, "그는, 교황의 의도를 알았다면, 그 날이 매우 중요한 종교적 축제일이라 하더라도, 그 날에 결코 교회에 들어가지 않았을 것이라고 하였다."[26]

---

Ullmann, A History of Political Thought를 참조.
24) Huizinga, *Waning of the Middle Ages*, p. 140.
25) Cantor, *Civilization of the Middle Ages*, p. 176.
26) Ibid., p. 181.

샤를마뉴는 "교황의 왕관씌우기의 본질적인 의미를 이해하였고, 스스로를 로마주교에게 빚지거나 약화되는 지위에 두려는 아무런 의도가 없었다."[27]

샤를마뉴의 예측은 11세기 후반의 극적인 수여식 분쟁(the Investiture Conflict)에 의해 확인되었다.[28] 그의 시대에 가장 강력한 군주이었던 헨리 4세(Henry IV)는 앞에 언급한, 교황이 모든 교회문제를 통할한다는 교황 그레고리 7세(Gregory VII)의 선언에 반하여, 그의 영토 내에 있는 주요 교회구성원들을 임명하는 전통적인 권한을 주장하였다. (이전에 그가 임명하였던) 자신의 교회간부들이 지지하기를 주저하였지만, 헨리는 그레고리에 도전하였다. 그레고리는 즉각, 그가 더 이상 왕이 아니라고 선언하며, 따르지 않는 누구도 파문할 것이라고 위협하면서 헨리를 퇴위시켰다. 이전에 없었던 일이지만, 이러한 행위는 효과적이었다. 지지자들이 흩어지면서 헨리는 급히 교황에게로 달려가 화해하려 하였다. 교황의 경청을 받기 전에 3일간 기다린 끝에 그는 교황 앞에서 스스로를 낮추고, 이후로는 교황의 명령에 복종하기를 약속하고, 그에 따라 왕으로 복위되었다. 얼마 후에 헨리는 그레고리를 죽을 때까지 머무를 곳으로 추방함으로써 복수하는 조치를 강행하였지만, 싸움은 이어진 왕들과 교황들을 수십 년 동안 반목하게 하였다.

군주가 교황의 권위주장을 이런 저런 구실로 신중하게 보았음에도 불구하고, 선서는 즉위식의 필수적인 사항으로 되었고, 그로 인해, 왕이 더 높은 권위에 종속되며 법적 제한 내에서 권한을 행사한다는 이해를 강화하였다. "취임식 때에 통치자는, 얼핏 보기에는, 그가 전체 절차를 받아들이기를 동의하는 한, 그의 왕권의 성질, 목

---

27) Ibid..
28) Ibid., pp. 265-276.

적 및 한계 등에 관한 교회의 관념을 받아들였다."29) 이 의식에서 국왕은 명시적으로 스스로 교회 및 세속의 −관습법 및 제정법− 법을 지지할 것을 표명하였다. "이 의식은 교회의 성직위계에 의해 지휘되고 수행되는데, 왕의 중요한 직무가 공동체의 법의 보호자이어야 한다는 세속적인 게르만의 사상을 구체화하였다. 모든 의식에서 국왕은 이 직무를 성실히 수행할 것을 약속한다."30) 이 시기부터 이후 어떤 군주도 선서를 행하지 않고 그 직에 오르지는 못하였다. 피핀은 "우리가 모든 사람들에게 향해진 법을 준수하는 한, 우리는 모든 사람에게 우리에게 향해진 법을 준수하기를 희망한다." 샤를 볼드(Charles the Bold)는 "나는 법과 정의를 준수한다."고 선서하였고, 루이 스타머러(Louis the Stammerer)는 "나는 나라의 관습과 법을 준수한다."고 주장하였다.31) 절대군주의 전형인 루이 14세(Louis XIV)조차도 1667년의 명령(ordinance)에서 "통치자(the sovereign)가 그의 나라의 법에 따르지 않는다고 언급되지 않게 하라. 그 반대의 주장이 자연법의 진리이다. 왕국에 완전한 은총을 가져오는 것은 신민들이 그의 국왕에 복종하는 것과 국왕 스스로 법에 복종하는 것이다."라고 하였다.32)

이 반복적인 선서와 자발적인 인정의 중요성은 과소평가되어서는 안 된다. 군주들은 그로 인해, 법에 충성하는 것이 그에 반하는 왕의 행위를 평가하는 적절한 기준이라는 주장을 허락하는 것이 아니라 시인하면서, 그들이 관습법이든 실정법이든 혹은 신법이든, 법에 의해 기속된다는 것을 여러 번 되풀이하여 인정하였다. 이 관례는

---

29) Canning, *A History of Medieval Political Thought*, p. 58.
30) John B. Morrall, *Political Thought in Medieval Times* (Toronto: Univ. Toronto Press 1980), p. 24.
31) Andre Tunc, "The Royal Will and the Rule of Law," in *Government Under Law*, p. 404.
32) Ibid., p. 408.

스스로 짐지우는 의무가 일반적으로 확립되도록 기대하는 데에 도움이 되었다.

중세적 이해에 있어서 법과 사회에 관한 완전한 종교적 외피는, 중세학자 월터 울먼(Walter Ullman)이 묘사한 대로, 법의 지배의 주춧돌을 놓는 데에 또 다른 방법으로 작용하였다.

> 영혼과 육체의 은유적 사용이 표현하고자 했던 것은, 그리스도 신앙이 전체 교회의 군건한 유대이고 신앙의 해설은 성직자들의 직무이었기 때문에, 사회에 대한 외부적 규제자로서의 법 자체가 신앙에 기초되어야 한다는 것이었다. 신앙과 법은 서로 간에 원인과 결과라는 관계에 있었다. ... 달리 표현하여, 모든 법은 정의의 이념을 구체화하는 것이고 정의는 기독교 신앙의 핵심적 요소이기 때문에, 이 비유에서 "영혼"은 정의에 관한 기독교적 이념을 의미하였다. 이 명제가 법의 최고성의 이념에 표명된 "법의 지배"의 중세적 이념이었다는 것은 의심할 여지가 없다.[33]

그리하여 사회는 기독교적 정의와 동일시된 법에 의해 지배되었다. 기독교인으로서 군주는, 다른 모든 사람과 같이, 이 법을 따르고, 고차적인 법(자연법, 신법 및 관습법)과 실정법에의 예속을 긍정하는 명시적 선서를 하였다. 로마법으로부터 내려온 절대군주적 특성은 이로 인해 중화되었고 명확히 법에 따른 군주로 전환되었다.


## ○•• 게르만의 관습법

국왕이 법 아래에 있다는 게르만의 관습법 주장은, 절대군주에 대한 로마의 관념에 대응되는 것을 제시하여, 중세시기에 법의 지

---

[33] Ullmann, *A History of Political Thought*, p. 103.

배의 독자적 근원으로 널리 인정되어 왔다. 게르만의 관습법은, 게르만어를 토착어로 쓰는 나라를 넘어, 팽창하여 정착한 게르만 민족의 확산으로 인해 오늘날의 영국, 프랑스, 스페인 등의 실질적인 부분까지 포함하여, 비록 실제상의 침투의 정도가 다양하고 라틴어 (로망스어: Romance language) 지역에서는 가장 약했으나, 유럽의 넓은 범위에 영향을 미쳤다. 중세시기의 대부분의 법은 관습법이었지 제정법이나 실정법이 아니었다. 대부분 성문화되지 않은 채 관습법은 고대에 기원했다는 주장으로 인해 신성성을 획득하였는데, 이 주장은 중세 동안 가장 강력한 정당성의 형태 중의 하나이었다. 더욱이 관습법은 (정의에 따라) 폭넓게 인정되고 준수된다는 사실로 인해, 인민의 동의라는 강한 함축적 의미를 갖는다. 입법조차도 그것이 존재하는 한정된 범위에서, 법을 창설하는 것으로서가 아니라 오히려 현존하는 불문의 관습법을 선언하고 명확히 하는 것으로 일반적으로 이해된다. 관습법의 우위는 법의 개정을 금지하는 것은 아니다. 그것은 단지 그러한 개정이 영향을 받는 자들에 의해 동의되어야 한다는 것을 요구할 뿐이다. 중세학자 프릿츠 케른(Frits Kern)에 따르면, 법의 최고성에 대한 게르만의 입장은, "군주가 법을 그의 의지로 흡수시켰다."는 해석을 통하여 법이 주권자의 의지라는 로마니스트들의 입장과 모순되지 않았다.[34]

케른은 이렇게 요약하였다.

게르만 국가에서는, 법은 관습법이며, "누군가의 아버지의 법"이고, 이전부터 있던 객관적이고 법적인 상황이었으며, 셀 수 없는 주관적 권리들의 집합체이었다. 충분한 근거가 있는 모든 사적 권리들은, 군주가 그의 권위를 의탁하고 있는 것과 동일한 객관적 법적 구조의 일부분으로서, 자의적인 변경으로부터 보호되었

---

34) Ibid., p. 183.

다. 게르만의 정치사상에 따른 국가의 목적은 현존하는 질서인 선량한 오래된 법을 확정하고 유지하며 보존하는 것이었다. 게르만 공동체는 본질적으로 법과 질서의 유지를 위한 조직이었다.[35]

군주와 국가는 법 이내에 존재하였다. 왜냐하면 법과 법의 창조물들은 공동체의 이익을 지향하였기 때문이었다. 국왕은 그의 허락으로 새로운 법을 선언할 권한을 갖지 않는 법의 수호자이었다. 이 견해는, "법이 국왕과 같이 스스로의 신성불가침의 기운을 갖기 때문에, 신성모독적이라고" 생각될 수도 있었다.[36] 기독교적인 이해에 게르만의 관습법이 뒤늦게 침투한 것은 앞의 절에서 언급한 바와 같이, 법을 정의와 동일시하는 것을 공고히 하였다. "법과 도덕의 융합"이 있었다.[37] 이는 "법이 그 성질상 단순한 명령 이상의 것이며, 그것에 의해 인정은 되지만 창설되지는 않는 정의와 권리를 내포한다."는 의미이었다.[38]

게르만의 전설적인 "저항권"은, 그에 따르면 법을 위반하는 어떤 왕도 인민에 의해 폐위되는 데에 복종한다는 것으로, 법의 국왕에 대한 우위라는 신념을 강하게 표명한 것이었다. "국왕과 그의 인민은 모두 침해나 부패로부터 법을 보존하는 상호적 의무를 지고 있으며, 국왕이 명백히 그 의무를 행하지 못하는 어떤 경우에는 우리는 그의 신민들이 그들 스스로의 손으로 문제를 다루고 그를 퇴위시키는 것을 볼 수 있다."[39] 중요한 근본적인 관념은 충성(fealty)이

35) Frits Kern, *Kingship and Law in the Middle Ages* (New York: Harper Torchbooks 1956), pp. 70–71.
36) Morrall, *Political Thought in Medieval Times*, p. 16.
37) Kern, *Kingship and Law in the Middle Ages*, p. 182.
38) John N. Figgis, *Studies of Political Thought: From Gerson to Grotius, 1414 –1625* (Bristol: Thommes Press 1998[1916]), p. 153.
39) Morrall, *Political Thought in Medieval Times*, p. 16; Kern, *Kingship and Law in the Middle Ages*, pp. 85–97.

었는데, 통치자와 피치자 모두 법에 기속된다는 것이었다. 법은, 비록 평등하지는 않았더라도 국왕의 충절(loyalty)과 신민의 의무(allegiance)를 포함하는 양 방향으로 미치는 상호적인 의무를 과하였다. 이 관념은 봉건체제의 사회적 관계의 전 영역을 관통하였다. 이 법을 위반하는 통치자는 그의 신민들의 복종에 대한 권리를 박탈당하였다.[40] 기타 의무들 중에서 국왕은 봉건적 의무와 계약을 이행하는 데에 기속되었고 타인의 재산을 쉽게 압류할 수 없었다.[41] "누구든지 국왕과 심판관이 법에 반하여 행동할 때에는 그에 저항할 수 있으며 그와 투쟁하기 위하여 도움줄 수도 있다. 그는 그로 인해, 충성의 의무를 위반하지는 아니한다."[42]

몇몇 중세학자들은 이 관습법 견해의 영향이 과대평가되었으며, 이러한 견해의 영향을 앞에서 언급한 것들, 즉 서로서로 혼합되고 보강되었다는 것과 분리하는 것은 불가능하다고 주장한다. 그러나 회의론자들조차도 그것이 중요하다는 것은 인정한다. 대부분의 중세시기 동안, 실제상으로 늘 실현되지는 않았지만 법에 의해 제한되는 통치자라는 사실상의 전통이 있었다. "대부분의 법학자들은, 제후의 절대적 권력은 자연법이나 신법 혹은 정상적이고 확립된 '입헌적(constitutional)' 질서를 넘어선다고 결론짓지는 않았다."[43] 법으로부터의 일탈은 "이유(cause)"를 요구하였다. 국왕이 위반에 대해 답변하기 위하여 법적인 기관에 제소될 수 없었던 것을 염두에 두면, 이러한 견해의 귀결은 국왕이 법을 무시할 만큼 전적으로 자유롭지는 않았다는 것이다. 지적한 바와 같이, 관습법은 국왕과

---

40) Kern, *Kingship and Law in the Middle Ages*, pp. 87–88.
41) Kenneth Pennington, *The Prince and the Law, 1200–1600* (Berkeley: Univ. of California Press 1993), pp. 119–164.
42) Bloch, *Feudal Society*, p. 451.
43) Pennington, *The Prince and the Law*, p. 117.

제후 그리고 그들의 관리들을 기속함을 넘어서 누구도 법 위에 있지 않다는 일상적인 의미를 확인하고 공고히 하면서, 지방귀족과 장원의 법원을 주재하는 그들 계급의 동료들을 포함한 모든 사람에게 적용되었다.


### ∘●● 대헌장(the Magna Carta)

법의 지배의 기원에 관한 중세적 논의의 어떤 것도 아퀴나스가 태어나기 10년 전인 1215년에 서명된 대헌장(the Magna Carta)을 언급하지 않고서는 완전하지 않을 것이다. 비록 그것이 그 자체로 법의 지배의 전통에서 되풀이되는 결과를 가진 역사적 사건으로 서있기는 하지만, 대헌장은 또한 국왕을 제한하기 위하여 법을 이용하는 귀족들의 노력으로서 법의 지배의 세 번째 중세적 근거를 요약하였다.

가끔 언급되는 이 문서의 역사적 중요성을 다투지는 않지만, 역사가들은 그것이 언제 그 중요성을 획득했으며 그럴 만한 가치가 있는가에 관해서는 나뉘어져 있다.44) 이미 잘 알려져 있는 모두를 위한 자유라는 관념과는 달리, 그 문서는, 프랑스에서 지고 있는 전쟁에 자금을 조달하기 위한 존(John) 왕의 부담스러운 세금징수로부터 스스로를 보호하는 데에 관심이 있었던 반항적인 귀족들에 의하여 존 왕에게 강요된 특권의 산물이었다. 문서는 실질적인 토지 소유자들의 특권에 관한 상세한 사항들로 채워져 있다. 폄훼하는 자들은 더 나아가, 코크(Coke)에 의하여 17세기에 예찬된 잘못된 평

---

44) 일반적으로는 J. C. Holt, *Magna Carta*, 2nd edition (Cambridge: Cambridge Univ. Press 1992), pp. 1-22를 참조.

가가 있었고 "자의적 권력에 대한 투쟁의 상징으로 만들기까지 상대적으로 문서의 중요성은 적었다."고 주장한다.[45] 지지자들은 이에 응답하여, 대헌장이, −존 왕에 의한 거의 즉각적인 거부에도 불구하고− 그것이 수차례 그 후의 군주들과 의회에 의하여 승인되었고 수세기에 걸쳐서 많은 경우에 공적 담론에서 언급되었다는 것을 고려하여, 현재적이고 여전한 중요성을 갖는다고 주장한다. 더욱이, 지지자들은 직접적인 참여자가 국왕과 귀족이었음을 인정하면서도, 후자가 문서 자체에서 서술된 것과 같이 모든 자유민들을 대표하였다고 주장한다.

지금의 목적을 위해서는 이 논의를 해결할 필요는 없다. 그 때나 지금이나 대헌장은 법이 국왕에 대하여 시민들을 보호한다는 사실을 상징하였다. 제39조는 역사적 규정이다.

> 어떤 자유민도, 그의 동료들의 합법적 판단이나 국가의 법에 의하지 않고는, 체포되거나, 감금되거나, 재산이 박탈되거나, 법적 보호를 빼앗기거나, 추방되거나, 어떤 방법으로든 피해를 당하지 아니하며, 우리가 원하지 않는 곳으로 가거나 보내지지 아니한다.[46]

이 문구는 국왕의 명령을 행하기로 악명높은 국왕의 사법관에 복종하지 않았음을 확인하며, 판결이 국왕이 바라는 대로가 아니라 일반적인 법(ordinary law)에 근거되어야 한다는 것을 뒷받침한다. 일반법원은 따라서 합법적 행위를 적절히 유지하는 것으로 인정되

---

45) Max Radin, "The Myth of Magna Carta," 60 *Harvard Law Review* 1060, 1062 (1947).
46) Holt, *Magna Carta*, p. 461. 두 가지 종류의 마그나 카르타가 발령되었는데, 첫 번째 것은 1215년 존 왕에 의한 것으로, 그것이 강요에 의한 것이었기 때문에 무효라는 이유로, 교황 이노센트 3세의 지지를 받아 한 달 후에 존 왕이 거부하였다. 두 번째 것은 국왕 헨리 3세에 의하여 승인되어 1225년에 발령되었다. 원래의 것의 제39조는 두 번째 것의 제29조로 되었다.

었다.[47)]

수십 년이 지난 후, 대헌장에 영향을 받아, 헨리 브랙턴(Henry Bracton)은 그의 논문 **영국의 법과 관습에 관하여**(On The Laws and Customs of England)를 집필하기 시작하였다.[48)] 거기서 브랙턴은 법의 지배에 관한 유명한 공식을 기술하였다.[49)]

왜냐하면 그의 것은, 그가 잘 통치하는 한 국왕이지만 폭력적 지배로 국왕의 보호를 믿고 있는 인민들을 억압할 경우에는 독재자이기 때문에, 군림하는 것이 아니라 잘 통치하는 것으로부터 나오는 법(rex)이라 불리기 때문이다. 그러므로, 그가 법에 따라 살 수 있도록, 그로 하여금 권력의 재갈인 법에 의해 그의 권력을 누그러뜨리게 하라. 왜냐하면 인간의 법은 그 자신의 법이 법제정자를 기속할 것을 명령하여 왔고, 같은 근거에서 어디서든, 제후가 스스로 법에 의해 기속되는 것은 지배자의 통치권에 가치있는 격언이기 때문이다. 어떤 것도 법에 의해 사는 것보다 통치자에게 적절한 것은 없으며, 법에 따라 통치하는 것보다 더 훌륭한 주권자는 없고, 그리고 그는, 법이 그를 왕으로 만들기 때문에, 법이 그에게 부여한 것을 적절히 법에 내주어야 한다.[50)]

국왕을 법에 종속시키는 것에 더하여, 대헌장은 미국의 헌법분석에서 중요한 법의 적정한 절차라는 관념을 만든 것으로 간주되고

---

47) William H. Dunham, "Magna Carta and British Constitutionalism," in *The Great Charter*, Introduction by Erwin N. Griswold (New York: Pantheon 1965), p. 26.

48) Norman F. Cantor, *Imagining the Law: Common Law and the Foundations of the American Legal System* (New York: Harper Perennial 1997), pp. 120-163을 참조.

49) 역사가들은 현재 Bracton이 실제로 이 용어들을 사용하였는지에 관하여 논쟁하고 있지만, 그것들은 그의 책에 들어 있다. John Morrow, *History of Political Thought* (New York: NY Univ. Press 1998), p. 279를 참조. 그것들은 수세기 동안 그의 작품으로 여겨져 왔고, 출처에 관한 문제는 결코 그 영향력을 축소시키지 않는다.

50) Henry Bracton, *On the Laws and Customs of England*, vol. III (Cambridge, Mass.: Harvard Univ. Press 1968), pp. 305-306.

있다.51) 실제로 제39조에서 사용되고 있지는 않지만, "법의 적정절차(due process of law)"라는 문구는 1354년 법률에서 사용되었고, "국가의 법(the law of the land)"라는 문구와 함께 확인되어 왔다.52) 시간이 지나면서 그것은 적어도, 사법절차의 맥락에서 ― 공정한 심리, 특히 중립적인 심판자의 면전에서 심리될 기회를 보장하는 등의 ― 최소한도의 소송절차가 부여되어야 한다는 의미를 획득하였다.

마지막으로 대헌장은 또한 ― 정부와 그 인민들 사이의 기본적인 관계를 법적 용어로 구조화하는 것으로 ― 입헌주의의 근원으로 인정되어 왔다. 영국은 관습적인 법과 이해에 기초한 고대의 불문헌법에 관한 신화를 오랫동안 가지고 있었다. 대헌장은 기초적인 성문의 문건을 추가하였다(혹자는 고대의 그것의 가치를 떨어뜨렸다고 생각한다). 의회주권의 관념이 지배하는 영국에서는, 대헌장은 공식적으로는 고차적인 법적 지위를 갖지 않으며, 그 용어들은 통상의 법에 의해 여러 차례 폐기되어 왔다. 여전히, 일반적인 의미에서 그것은, 확실히 최소한 거의 건드릴 수 없는 제39조는 고차적인 법의 형태로 여겨지고 있으며, 수세기에 걸친 많은 사건에서 그러한 용어로 언급되어 왔다.53)

반드시 강조되어야 하는 것으로, 법의 지배의 전통에 대한 대헌장의 상당한 영향의 많은 부분은 중세 이후에 나타났다. "공동체에 의해 요구되거나 군주에 의해 동의되는 경우에, 대헌장을 반복적으로 승인하는 것은 국왕이 그의 신민들과 마찬가지로 법에 따른다는 생각을 되풀이하였다."54) 똑같이 중요한 것으로, 그것은 실정법 체

---

51) Philip B. Kurland, "Magna Carta and Constitutionalism in the United States: 'the Noble Lie,'" in *The Great Charter*를 참조.
52) Holt, *Magna Carta*, p. 10, 18를 참조.
53) Dunham, "Magna Carta and British Constitutionalism,"와 Kurland, "Magna Carta and Constitutionalism in the United States"를 참조.
54) Arthur R. Hogue, *Origins of the Common Law* (Indianapolis: Liberty Fund

계 내에 — 일반법원과 동료배심원 등— 구체적인 제도화된 요소를, 앞서 언급한 자연법과 관습법에 관한 추상적 선언에 추가하였다.


## ○●● 중세적 유산에 의해 남겨진 딜레마

"중세정치이론이 성립된 원리적 기초는 법의 최고성의 원칙이었다."고 주장되어 왔다.[55] 앞서 언급한 탐구는 이것이 여러 가지 방법으로 일어났음을 보여준다. 신법, 자연법, 관습법 및 실정법을 준수한다고 선서하는 군주들에 의하여, 국왕을 포함한 모든 사람이 그러한 법의 테두리 내에서 권한을 행사한다는 두루 공유된 이해에 의하여, 훌륭한 국왕은 법을 준수한다는 로마, 게르만 및 기독교 사상에 의하여, (자발적이든 강요에 의해서든) 통상의 법절차의 보호를 타인에게 허용하는 협정을 체결한 국왕에 의하여, (귀족도 마찬가지로) 국왕을 법적 제약 내에 기속하게 하는 이익을 가진 다른 사람들에 의하여, 그리고 군주들이 법에 구속되도록 요구하고 그에 일치하도록 행동함으로써 정당성을 획득한다는 것을 인정하는 군주에 의하여 일어났다. 앞에서의 논의가 별도로 기여한 부분이라 하더라도, 사실상 그것들은 결코 분리되었다고 할 수 없는 영향들이 뒤섞여 있었다. 그렇지만 이러한 근거들 내에서 또한 둘러싸고 있는 중세적 장식물들이 떼어내질 때에만 싹이 돋고 크게 자랄 것이다.

교회의 주도권 장악을 깨뜨린 16세기의 종교개혁(the Reformation)

---

1986), p. 57.

55) R. W. Carlyle, *Medieval Political Theory in the West* (1928), p. 457; Joseph M. Snee, "Leviathan at the Bar of Justice," in *Government Under Law*, edited by Arthur E. Sutherland (Cambridge, Mass.: Harvard Univ. Press 1956), p. 118에서 인용.

그리고 이성과 과학의 발흥에 귀기울이는 18세기의 계몽운동(the Enlightenment)으로, 단계적으로 처음에는 미미하였지만 나중에는 크게, 신성과 세속의 중세적인 뒤얽힘을 풀어내면서, 둘의 일반적인 사회문화적 분리가 나타났다. 신법과 자연법은 실정법과 분리되었으며, 앞의 둘은 국가의 문제에 관하여 그 권위를 상실하였다. 또한 —중세시기 이후에야 촉진된— 국가의 거대한 팽창으로 입법의 양과 범위의 증대 그리고 그에 따른 관습법의 비율과 특권의 감소가 나타났다. 관습, 이성 그리고 법원칙으로 구성된 법의 자율적 총체로서 보통법에 관한 영미의 견해는 19세기 후반까지 살아남았지만, 또한 내리막길을 걸었다. 입법이 새로운 법을 창설하지 아니하고 선존하는 자연법이나 관습법을 단순히 선언할 뿐이라는 오랫동안 유지되던 관념은 전적으로 폐기되었고, 법에 관한 "도구적(instrumental)" 입장으로 알려져 있는, 바라는 대로 형성되는 입법자의 의지의 산물이 법이라는 입장에 의해 대체되었다.

법의 지배에 관한 다루기 쉽지 않은 의미는 이러한 변화로부터 귀결되었다. 중세기에는 군주들은, 상당부분 자연법, 신법 및 관습법이 그것을 요구했기 때문에 실정법에 기속된다고 생각되었다. 이러한 법의 근거는 또한 실정법에 한계를 두어 통제하였다. 이들이 공유했던 중요한 특징은 이 모든 법이 군주의 범위 밖에 있었다는 것이다. 이 다른 법들이 그 중요성을 상실하자, 실정법이 스스로 서서 남게 되었다. "법이 법제정자의 명령으로 단순히 실정적인 것으로 생각되면 될수록, 입법자의 행위에 대한 제약을 두는 것은 점점 더 어려워지고, 군주제적 정부의 경우에 독재를 피하기가 점점 더 어려워졌다."[56] 이것은 모든 것을 바꾸어 놓는다. 왜냐하면 실정법이 원하는 바대로 바꿀 수 있는 의지의 문제라면, 법제정자에게 진

---

56) Figgis, *Studies of Political Thought: From Gerson to Grotius, 1414-1625*, p. 75.

정한 법적 제약은 있을 수 없다고 여겨질 것이기 때문이다. 아퀴나스는 이처럼 말하였다.

"법의 지배가 최고의 입법적 권위와 어떻게 양립할 수 있는가?,"[57] 이것은, 정부가 법의 최종적 근원일 경우에 정부가 법에 의해 어떻게 제한될 수 있는가 —혹은 제한되는지의 여부— 라는 오래된 문제이다. 이 문제에 대한 여전한 중요성과 가능한 답변은 이 책의 전반에 걸쳐서 명확하게 될 것이다.

## ○●● 부르주아의 발흥

유럽에서 중세로부터 문예부흥기와 계몽시대를 거쳐서 근대시대로 전환한 것은 법의 지배와 민주적 제도의 중단없는 전성기는 아니었으며, 자유주의의 탄생으로 절정에 이르렀다. 17세기 무렵 집중된 시기에 절대군주제가 대부분의 유럽에 유행하였다.[58] 그들의 권위는 왕권신수설(the Divine Right of the King)의 원칙에 의하여 뒷받침되었다. 신으로부터 직접 임명되었다고 주장하면서, 이 원칙은 국왕을 교회로부터 해방시키는 데에 목적을 두었다. 그 의미는 나아가 국왕에게 법을 포함한 모든 제약을 제거하였다. "따라서 그가 대표하는 제후나 국가는 신 이외에는 누구에게도 책임을 지지 아니하며, 정치적 주권은 '전술한 권한을 가진 왕권을 건드리는 모든 것에서 지구상에서 복종하지 않게 될 만큼 언제든지 자유롭다.'"[59]

---

57) Cantor, *Imagining the Law*, p. 145.
58) E. N. Williams, *The Ancient Regime in Europe* (Middlesex: Penguin 1972)을 참조.
59) Figgis, *Studies of Political Thought: From Gerson to Grotius, 1414-1625*, p. 63.

"국왕은 '법 위에 있다.' 왜냐하면 그들이 법을 만들고 그들의 행위에 대해 오직 신에게만 책임을 지기 때문이다."[60] 그들의 기속받지 않는 지배에 관한 다른 표현들 중에서 군주들은 중대한 사건들을 통할하는 국왕의 특권과, 특수한 경우에 법을 중지시키는 권한을 가진 처분권을 행사하였다.

그렇지만, 이 장의 앞에서 말한 법의 지배의 사상이 완전하게 억압되지는 않았다. 군주들이 많은 일상적인 점에서 위압적인 상황하에 법 위에서 행동하였지만, 절대주의적 선언에도 불구하고, 그들은 법적 제약 이내에서 계속 권한을 행사하였다.[61] 이러한 제약을 유지하는 데에 도움이 된 것은, 법에 따르는 것이 그들의 이익에 부합한다고 군주가 인정하는 것 이외에, 중세에 시작된 일련의 과정에서 법조인과 법관의 수가 증가하였고 전문화하였다는 것이었다. 절대군주주의 시기에 독자적인 교육제도와 지적 체계를 가지고 수세기나 된 법적 전통을 가졌던[62] 영국에서는 최소한 법원은 국왕의 간섭시도에 맞서거나 피할 수 있었다. 이 능력은 그 증거로서, 국왕 제임스 1세에게 인정된 법에 관한 최종적 권위를 무시하고 이미 법원의 권한에 속한 사건을 결정할 국왕의 권한을 부인하였던, 1607년 코크(Coke)가 선고한 판결에 있었다. "법관들은 영국의 법과 관습에 따라 사법을 집행하도록 선서한다. 국왕은 어떠한 이유도 그의 법원의 어떤 것을 배제할 수 없으며, 스스로 그 사건을 판결할 수 없다."[63] 법은 점점 많아지는 자율적인 법전문가들에 의해

---

60) Richard Pipes, *Property and Freedom* (New York: Vintage 2000), p. 136.
61) Kriegel, *State and the Rule of Law*, pp. 64-90을 참조.
62) Hogue, *Origins of the Common Law*을 참조.
63) 12 Coke's Reports 63 [1607], John Ferejohn and Pasquale Pasquino, "Rule of Democracy and Rule of Law," in Jose Maria Maravall and Adam Przeworski, eds., *Democracy and the Rule of Law* (Cambridge: Cambridge Univ. Press 2003), p. 244에서 인용.

실질적으로 형성된 기성의 정규적인 제도적 실체로 되었거나, 되어 가고 있었다. 법원은 이 제도적 복합체의 중심에 있었고 법관들은 법의 수호자이자 대변인으로 복무하였다.

중세로부터 절대군주제를 거쳐 자유주의로 전환한 근원에 관하여 상세히 설명하지는 않을 것이다. 이러한 전환은 전 유럽에서 다양한 상황과 시간에 따라 발생하였으며 그 논의는 이 책의 범위를 넘는 것이다.[64] 그렇지만, 상인계급, 즉 부르주아의 발흥이라는 한 요소는 자유주의의 발흥에 매우 중요한 역할을 하였으므로, 간략하게 언급된다.[65] 여기서의 많은 역사적 논의와 함께, 미묘한 차이를 넘어서 다른 점을 무시하면서, 이러한 발전을 넓고 포괄적으로 서술할 것이다.

12세기에 접어들면서, 경제활동의 중심으로서 도시의 발흥, 인구와 상업의 증가, 그에 따른 상인들에 의한 부의 축적은 종국에는 봉건체제라는 장애물을 깨뜨리는 발전을 촉진하였다.[66] 봉건체제는 13세기 말 무렵 그 전반적인 사회적 지배를 상실하였고 마침내 17세기 무렵 서구에서 소멸하였다. 상인들은, 토지에 기반하고 농업적이며 위계적으로 고정된 봉건질서에서 아무런 지위를 갖지 못하였다. 봉건적 범주 밖에 놓여 있으면서 그들은 자유로웠다. 그러나 이 배제는 또한 그들을 제한적으로 보호하게 하였고, 정치적 권력을 거의 주지 못하였다. 그들의 활동으로 건설되고 부유하게 되었으며

---

64) 이 전환에 대한 요약된 사회학적 설명은 Gianfranco Poggi, *The Develop-ment of the Modern State* (Stanford: Stanford Univ. Press 1978)에서 볼 수 있다.

65) Poggi, *The Development of the Modern State*, pp. 79–85.

66) Carl Stephenson, *Medieval Feudalism* (Cornell: Cornell Univ. Press 1995), pp. 97–107; Pirenne, *Economic and Social History of Medieval Europe*를 참조. 후기에 도시의 경제적 활동과 그 사회적 의미에 대한 설명은 John Hale, *The Civilization of Europe in the Renaissance* (New York: Touchstone 1993), pp. 372–392을 참조.

활기차게 된 도시들은 자치정부의 권리를 갖지 못하였다. 상인들의 활동을 금지하는 이기적인 방법으로 제한적이고 구시대적인 법과 절차를 적용하는 토지귀족계급에게 우선권과 지위 그리고 법원에 대한 통제를 부여하는 봉건제에 상인들은 점차 분노하였다. 토지는 부유하지만 금전은 부족했던 귀족들은 시기하였고, 상인들의 부를 금지하거나 짜내고자 애썼다. 주교가 그들의 종교적 권위를 보충하기 위하여 경제적 영향력과 법적·정치적 권력을 가진 대규모 토지소유자이었던 중세의 교회가 상업을 가치없는 활동이라 헐뜯고 고리대금을 금지하여 상업적 신용의 유통가능성을 우롱하면서, 상업에 반하는 태도를 취하였다.

군주들은 토지귀족들과 끊임없이 분쟁을 하고 있었다.[67] 잠재적인 경쟁자이면서, 귀족들은 봉건주군으로서 군주에게 바쳐지는 군사적 혹은 재정적 기여를 요청받을 때에 (대헌장에 따라) 저항하였다. 이 저항은 대부분의 재원을 그들의 봉건적 소유재산으로부터 강탈하였던 군주들의 재정상황과 군사적 세력을 빈약하게 만들었다. 귀족계급은 또한 전쟁수행을 후원하는 세금을 승인하기 위하여 군주가 요청하는 경우에도 고분고분하지 않았다. 이 반항자들은 몇몇 군주들에게 필요한 세수를 올리기 위하여 그들의 토지재산을 팔도록 강요하였고, 이는 군주들의 세력을 더욱 약화시켰다.

일반적으로 반대되는 그들의 통상적인 이해관계는 군주들과 상인들 사이의 무언의 동맹으로 귀결되었다. 군주들은 점차, 부유한 상인으로부터 자금을 조달하고 상업활동에 세금을 (특히 관세를) 부과하면서, 귀족법원을 돈을 버는 국가법원으로 대체하는 훨씬 더 믿을 만한 수단을 통하여 그들의 더 많은 부분의 수입을 얻었다. 그

---

67) 영국에서 귀족과 군주 사이의 재정적 및 권력다툼은 Pipes, *Property and Freedom*, Chap. 3을 참조.

리하여 가끔 상업적 대부업자인 상인의 활동을 용이하게 하는 것이 군주의 이익이 되기도 하였다. 군주들은 상인들에 이끌려, 귀족들의 반대에 반하여 자치적인 단체나 독점지역으로 되려는 도시의 시도를 지지하였다.[68] 값싼 노동력에 대한 상인들의 요구 덕택에, 부득이하게 수적으로 증대하고 있는 농노들을 작업에 돌리도록 하게 되었다. 자유는 1년 이상 도시에 거주한 누구에게나 부여되었다. "도시의 법은 사적 노예와 토지에 대한 제약을 폐지하였을 뿐만 아니라 상업과 산업의 활동을 간섭하였던 봉건영주의 권리와 재정적 요구를 사라지게 하였다."[69] "변화하는 경제적 구조라는 요소는 특히 상인들의 이해관계에서 국왕의 권위에 의하여 합리적 증거절차가 도입되었던 영국을 포함한 모든 곳에서 작용하였다."[70] 시장이나 지역장터에서의 상호 간의 거래에서 상인들이 따르고, 그들 스스로의 심판소에서 강제되던 실무와 규정들은 그 후에 법원에 의해 인정되었다.

상업이 증대하고 부가 성장하자, 그에 수반하는 인플레이션이, 쉽게 증가될 수 없었던 고정된 봉건적 임대료에 수입을 의존하고 있었던 귀족들의 경제적 힘을 약화시켰다. 부의 근원이 토지의 소유로부터 상품을 사고파는 것으로 옮겨갔을 때, 소득의 가치에서 상대적으로 감소되어 고통스러우면서도, 귀족들은 여전히 높은 사회적 신분을 가진 사람에게 기대되는 생활방식과 많은 시종들을 유지하기 위하여 요구되는 경제적인 악습에 매여 있었다. 토지소유가 여전히 부와 신분을 의미하는 상인들의 요구를 충족시키기 위하여 그리고 귀족들의 재정적 수요를 충족시키기 위하여 토지가 시장에

---

68) Pirenne, *Medieval Cities*, Chaps. 6, 7, 8.
69) Ibid., p. 141.
70) Max Weber, *On Law in Economy and Society*, edited by Max Rheinstein (New York: Simon and Schuster 1967), p. 353.

매물로 나왔다. 상업활동에 참여하거나 (위신을 위하여 금전을 거래하는 상호적인 이익의 조정인) 성공한 상인가문과 혼인하려 하지 않는 귀족들은 쇠퇴하게 되었다. 그들의 불안정한 상태에 대한 극적인 증거로서, 어떤 지역에서는 모든 귀족들이 도시의 상인들에게 빚지고 있었다.[71] 영주들은 실제로 그들의 농노들을 자유롭게 하는 데에 관심을 가지게 되었다. 왜냐하면 이 자유는 돈으로 사야 했기 때문이다. 그리고 신분상의 변화는 영주들에 유리하게 농노에 의한 전통적인 역무나 생산물의 지불로부터 임대료라는 금전적인 지불(그렇지 않으면 퇴거된다)로 효과적으로 전환하게 하였다. 영주들은 사실상 말뿐인 지주로 전환되었고, 이전에 존재했던, 이전의 농노들에 대한 수많은 책임으로부터 면제되었다.

이러한 다양한 요소들이 한 번 탄력이 붙자, 서구에서 봉건체제의 종말이 운명지워졌다. 상인들의 경제활동을 용이하게 하는 것은, 시간이 지나면서 출생에 따른 봉건사회질서의 고정된 신분으로부터 벗어나 개인적인 노력과 부의 축적으로 나아가며, 시장, 상업적 신용, 재정적 수단, 재산권, 그리고 계약의 집행 등을 중심으로 논의하면서, 전혀 새로운 사회와 법제도로 이어졌다. 위의 각본이 모든 곳에서 일어난 것은 아니며, 또 그것이 모든 이야기는 아니다.[72] 상인들이 군주를 커다란 위협으로 보았을 때, 그들은 스스로 군주에 대항하여 귀족들과 연합하였다. 가끔씩은 군주들과 귀족들이 상인과 대부업자를 맡기도 하였다. 나중에는, 장인집단으로 구성된 도시의 보호론자 조합이 (경제적 이득 덕분에 군주에 의해 혜택을 받는) 외부 상인들과 지속적인 분쟁에 휘말리었다. 근로조건과 급여를 개선하

---

71) Pirenne, *Economic and Social History of Medieval Europe*, p. 25.
72) Roberto M. Unger는 *Law in Modern Society* (New York: Free Press 1976)에서 자유주의의 등장에 대한 다양한 역사적 통로를 설명하고 있다.

기 위하여 상인들에 저항하는 노동자들은 무질서를 두려워하는 군주와 귀족들에 의해 진압되었다. 전염병, 흉년 그리고 전쟁이 간헐적으로 인구를 대량으로 죽였으며, 노동력을 부족하게 하고, 수요를 약화시키며, 상업적 진전을 중단시켰다. 그리하여 유일한 혹은 똑바른 길은 없었다. 어떤 다른 요소들이 관련되든지 간에, 이러한 발전의 최고조는, 정치와 법에서의 이해관계를 동시에 인정하는 부르주아의 발흥이었다. 이것이 자유주의의 핵심에 있다.

03

자유주의

# 3
# 자유주의

자유주의는 17세기 후반과 18세기의 전근대시기에 탄생하였다. 여느 정치이론과 같이, 자유주의에 관하여 다툼이 있는 입장들이 있다. 이는 존 롤즈(John Rawls)의 사회복지적 자유주의로부터 로버트 노직(Robert Nozick)의 자유의지론적 자유주의, 프리드리히 하이예크(Friedrich Hayek)의 보수주의적 자유주의, 이사야 벌린(Isaiah Berlin)의 다원주의적 자유주의, 에이미 구트만(Amy Gutman)의 평등주의적 자유주의 등에까지 아우른다. 이 그림은 나아가, 자유주의가 단지 정치이론과 정부제도뿐만 아니라 문화, 경제이론, 심리학, 윤리이론, 그리고 지식이론 등으로도 구성되어 있기 때문에 복잡하다.[1] 이러한 다양성과 복잡성에도 불구하고, 자유주의의 모든 견해는 법의 지배에 핵심적 지위를 넘겨준다. 그리고 오늘날 법의 지배는 자유주의에 의하여 철저히 이해되고 있다.

---

1) 이러한 다양한 요소를 포함하는 자유주의에 대한 설명은, Harry K. Girvetz, *The Evolution of Liberalism* (New York: Collier Books 1963); Roberto M. Unger, *Knowledge and Politics* (New York: Free Press 1976)를 참조.

무엇보다도 자유주의는 개인적 자유를 강조한다.2) 존 스튜어트 밀(John Stuart Mill)의 고전적 표현으로 말하면 "그 이름을 받을 만한 유일한 자유는, 우리가 다른 사람에게서 그들의 것을 빼앗으려고 시도하거나, 혹은 그것을 얻으려는 그들의 노력을 방해하지 않는 한, 우리 자신의 방법으로 우리 자신의 이익을 추구하는 것이다."3)

존 로크(John Locke)에 의하여 가장 영향을 받아 명확하게 된 자유로운 사회계약의 전통은 관념화된 용어로 법의 근원과 국가를 설명한다. (자연상태에서) 법이 없는 삶은 불안전하고 분쟁을 일으키기 쉽다. 평화를 지키는 것은 법과 불편부당한 법집행자와 재판관이 필요하다. 자율적인 개인은 질서유지의 이익에서 법의 중요부분을 공포하고 집행하도록 권한이 부여된 정부를 구성하기 위하여 상호 기속적인 협약을 체결하고자 선택하고, 그에 의해 그들의 삶을 위한 자연적 자유를 교환하며, 한편으로 그들의 기본적 권리와 자유를 보존한다. 그러한 조정에 정당성을 부여하는 것은 그들의 동의이다. 동의는 그들이 법의 명령에 복종하게 되더라도 개인의 자율성을 존중한다.

평등은, 자율적인 권리를 갖는 존재로서 모든 개인에게 허용되는 도덕적 등가물에 의하여 자유주의 내에서 자유의 동반자이다. 모든 사람은 바로 이성과 도덕적 행위를 할 본질적인 능력을 가진 인간 존재로서 동등한 존중과 존엄성으로 취급되어야 한다. 자유주의 내의 평등은 시민들이 동등한 정치적 권리를 가지고 법 앞의 평등에 대한 권리를 가진다는 것을 필요로 한다. 자유와 평등은 선의 문제

---

2) Jeremy Waldron, "Theoretical Foundations of Liberalism," 37 (no. 147), *Philosophical Quarterly* 127 (1987)을 참조.
3) John Stuart Mill, *On Liberty and Other Writings* (Cambridge: Cambridge Univ. Press 1989), p. 16.

에 관하여 정부가 중립적으로 남아 있어야 함을 요구한다. "사회의 시민들은 그 관념에서 서로 다르기 때문에, 정부가 다른 관념에 대하여 하나의 관념을 선호한다면, 정부는 그 관념들을 동등하게 취급하지 않는다. 왜냐하면 공직자들이 하나의 관념이 본질적으로 우월하다고 생각하거나 혹은 하나가 더 많은 수에 의하여 혹은 더 강력한 집단에 의하여 유지되기 때문이다."[4]

이 장은 자유주의 체제 내에서 법의 지배에 관한 역사적 및 현재의 이론에 관한 계속적인 논의의 배경을 보여주기 위하여 자유주의의 주요 주제들에 대하여 소개할 것이다. 자유주의에 관한 이 장황한 주안점을 보완하기 위하여 중요하게 잊지 말아야 할 것이 필요하다. 자유주의 체제는 법의 지배 없이는 존재할 수 없지만, (앞으로 설명되는 바처럼) 법의 지배는 자유주의 체제가 없이도 존재할 수 있다는 점이다. 앞의 두 장에서 논의된 그리스, 로마, 그리고 중세의 법의 지배에 관한 설명들 중 어느 것도 자유주의 체제와 관련되어 있지 않다. 법의 지배의 자유주의적 정향은 이 자유주의 이전의 근원들과는 현저히 다르다. 자유주의에서 법의 지배는 개인적 자유의 보존을 강조한다. 개인적 자유에 관하여 한 마디 언급이 없는 그리스나 중세의 법의 지배에 관한 이해에서는 그러하지 아니하다. 그리스의 관념에서는 자유는 집단적 자기지배를 의미하였으며, 최고성은 법에 부여되어 있었다. 왜냐하면 그것은 시민들 스스로에 의하여 달성되고 공동체의 도덕과 전통을 반영하고 강제하였기 때문이다. 중세적 이해에서 법의 지배는 탐욕스러운 국왕을 견제하는 데에 향해져 있었고, 법은 공동체의 선을 위한 것이어야 한다고 강조하였다. 두 역사적 근원에서는 개인이 아니라 공동체에 우선권이

---

4) Ronald Dworkin, *A Matter of Principle* (Harvard: Harvard Univ. Press 1985), p. 191.

주어져 있었다. 공동체를 지향하는 사회에서는, 혹은 고정된 위계적 사회에서는, 정부의 독재를 억제한다고 하여, 개인들이 원하는 것이 되거나 이를 행하도록 개인들의 자유를 고양하지는 않는다. 둘러싸고 있는 사회적 및 문화적 제약은 생각할 수 없는 것이 아니라면 그러한 자유를 현실성 없게 만든다. "프라이버시 자체, 타에 의존하지 않고 신성한 무엇으로서 개인적 영역의 의미는, 발전된 국가에서는, 그것의 모든 종교적 근거로, 문예부흥이나 종교개혁보다 거의 오래되지 않은 자유의 관념으로부터 유래한다."5) 그것이 개인주의를 강조한 덕택에, 자유주의적 사상의 기초가 되고 있는 일관된 추진력은 두려움, 즉 타인에 의한 강요의 두려움 및 특히 국가의 두려움이다.


## ◦•• 자유의 네 가지 테마

위에 언급한 친숙한 자유주의 이야기는 개인을 부러울 것 없는 상태에 놓이게 함으로써 시작된다. 그것은 자유가 개인적 안전과 사회질서의 이익에서 희생될 것을 요구하는 듯이 보인다. 결국, 법이 없다면, 개인은 절대적으로 자유로울 것이다. 자기보존을 촉진하기 위하여 자유를 포기하는 것은, 그 결과가 법적 억압에 복종하는 것이라면 의심스러운 교환이다. 그것은 옥중에서 제공되는 안전을 위하여 교도소 독방에 기꺼이 들어가는 것과 같다. 자유주의자들은, 모든 사람이 절대적으로 자유롭다면 우리가 서로에게 불러일으키는 위협으로 인해 아무도 진정으로 자유롭지 않다고 논박한다. 결코

---

5) Isaiah Berlin, *Four Essays on Liberty* (Oxford: Oxford Univ. Press 1969), p. 129.

명확하지는 않지만, 이것이 정확하다면 누군가가 법에 복종한 후에야 자유롭다고 말하는 것은 틀림없이 의심을 불러일으킨다. 법 아래에서 우리는 자유롭지 않지만, 법이 주는 이익은 맞바꿀 가치가 있다고 하는 것이 좀 더 솔직하지 않은가? 이 문제에 관해 오늘날의 민주주의는 네 가지의 답을 제시한다.

첫째, 개인은 법이 민주적으로 만들어지는 한도에서 자유롭다. 시민들은 그들이 따르도록 의무지워져 있는 규정들에 동의하였고, 사실상 창시하였다. 개인은 통치자이자 동시에 피치자이다. 그리하여 개인은 스스로를 지배한다. "누군가가 스스로에게 규정하는 법에 복종하는 것은 자유이다."[6]라고 루소(Rousseau)는 선언하였다. "사람들은 자신이 법에 따르기 때문에, 그 법의 창설자이어야 한다."[7] 더욱이, 민주주의 하에서는 추측컨대 시민들은 스스로를 억압하는 법을 제정하지는 않을 것이다. 법을 만드는 그들의 권한은 따라서 그들 자신의 가장 나은 보호일 것이다. 자기지배는 "정치적 자유(political liberty)"이다. 대의제 민주주의는 서구에서 자기지배의 현대적 표현이다. 이것은, 비록 그리스의 그것이 대의제가 아니라 직접민주주의이었다는 점에서 중요하게 다르기는 하지만, 자유에 관한 고전적인 그리스적 이해와 닮아 있다. 오늘날의 세계에서는 그것은 외부의 지배로부터 혹은 상이한 문화적 정체성이나 종교를 가진 다수집단에 의한 지배로부터의 독립을 동경하고 호소하는 수많은 사례들 뒤에 존재한다. 정치적 자유의 실현은 지배하는 정치적·법적 구조에 관한 집단적 결정에 사실상 참여하는 기회를 요구하며, 투표권 및 정치적 공무담임권, 언론·집회·결사의 자유의 보

---

6) Jean-Jacques Rousseau, *The Social Contract* (Middlesex: Penguin 1968), p. 65.
7) Ibid., p. 83.

호를 포함한다.

둘째로, 개인은 정부공직자가 선존하는 법에 따라 행동하도록 요구하는 한도에서 자유롭다. 이 요건은, 개인들로 하여금 국가의 법적 기제에 의한 강제에 따르게 될 경우를 예측할 수 있게 함으로써 자유를 증진하며, 개인들이 법에 저촉되지 않음으로써 그들의 일에 법적 간섭을 피하도록 한다. 시민들은 강제적인 정부권한을 행사하는 다른 누군가의 자의적인 의사나 판단이 아니라, 오직 법에만 복종한다. 이는 사전에 미리 명확한 용어로 공개적으로 선언된 법이 평등하게 적용되고, 명확성과 신뢰성을 가지고 해석되고 적용될 것을 필요로 한다. 이의 중요한 사례는 선존하는 법이 없는 경우에 형사처벌을 금지하는 것이다. 이것이 "**법적 자유**(legal liberty)"이다. 몽테스키외(Montesquieu)는 이를 가장 잘 서술하였다. "자유는 법이 허용하는 것이면 무엇이든 할 권리이다."[8] 법이 명시적으로 규정하지 않는 것이면 무엇이든 하는 것이 자유이다. 법적 자유는 뒤에서 상설하겠지만, 현대 자유주의적 민주주의에서 법의 지배에 관한 지배적인 이론적 이해이다.

셋째로, 개인은 정부가 개인적 자율성의 불가침의 영역을 침해하지 못하게 제한되는 한, 자유롭다. 가끔은 그 보호가 시민권이나 자유로 알려져 있고, 권리장전이나 인권선언에 포함되어 있다. 이 제한은 실체적일 수도 있고 (보호되는 영역 내에서 정부의 침해를 엄격히 금지하는 것), 혹은 단지 절차적일 수도 있다(정부가 침해가 허용되기 전에 필수불가결한 필요성을 제시하는 것과 같이 고도의 부담을 충족하여야 하는 것). 이것이 "**개인적 자유**(personal liberty)"이다. 개인적 자유는 개인들이 법에 따라 살아가는 데에 동의한 이후에조차도 그들이 보유

---

8) Baron de Montesquieu, *Spirit of Laws*, edited by J. V. Pritchard, vol. 1 (London: Bell and Sons 1914), p. 161 (Book XI, s. 3).

하는 최소한의 자율성을 구성한다. 그것은 밀의 "우리 자신의 선을 우리 자신의 방법으로 추구하는 자유"를 성취하는 것을 허용하는 데에 필요한 보호로 이루어진다. 이것은 자유로운 국가로 하여금 특정 입장의 선을 사회의 모든 사람에게 부과하지 못하도록 하는 것이다. 개인적 자유가 인정되는 경우에 그것은 그 범위가 불명확하고 내용도 다양하다. 보호되는 영역의 범위 및 그러한 범위가 어떻게 결정되어야 하는가에 관해서는 늘 그렇듯이 이견이 있다. 그것은 통상 종교와 양심, 언론의 자유와 정치적 신념의 자유, 고문이나 잔인한 형벌로부터의 자유, 개인의 삶의 추구와 가치를 결정할 자유 등을 포함한다. 프라이버시나 존엄의 영역확대에 의하여 활발한 견해들이 개진되고 있다. 미국연방대법원은 이를 다음과 같이 언급하였다. "자유는 사상, 신념, 표현 그리고 어떤 사적인 행위의 자유를 포함하는 자기자신의 자율성을 전제한다."[9] 바탕이 되는 중요한 생각은 개인들이 신체와 정신의 완전성을 정부의 간섭으로부터 벗어나게 할 권한이 있다는 것이다. 이 관념은 "자유주의적 전통에서 자유에 관한 표준적인 견해"이다.[10]

마지막으로, 자유는, 독립된 사법부에게 법의 적용이 위임되어 있는, 정부의 권한이 분리된 구획으로 전형적으로 입법, 행정, 사법(수평적 분리), 때때로 자치체, 주 혹은 지역과 중앙정부(수직적 분리)로 나뉘어 있는 경우에 고양된다. 이러한 분리는, 정부 내에서 경쟁적인 상호의존의 형태를 설정하여, 어느 하나의 기관에 전체 권력이 집중되는 것을 방지함으로써 자유를 증진한다. 다른 정부기관들

---

9) *Lawrence v. Texas*, 123 S Ct 2472, 2475 (2003) (동성애자가 정부의 간섭으로부터 자유로운 사적 합의에 의한 성적 행위에 참여할 권리를 가지고 있다고 결정하였다.).

10) Ian Shapiro, *The Evolution of Rights in Liberal Theory* (Cambridge: Cambridge Univ. Press 1985), p. 271.

로부터 사법기구를 분리시키는 것은 특히 중요하다. 법의 적용을 독립적인 사법부에 맡기는 것은 순전히 법적인 기관이 정부행위의 합법성을 견제하기에 유용하다는 것을 보장한다. 이것이 **"자유의 제도화된 보존**(institutionalized preservation of liberty)"이다. 그것은 정부권력의 효율적 분리를 통하여 시민의 자유를 실현하기 위한 가능성을 고양하기 위하여 고안된 제도적 구조와 절차를 의미한다. 이것은 자유 자체의 유형이라기보다는 자유를 고양시키기 위한 구조적 조정이라는 점에서, 이전의 셋과는 질적으로 다르다.

앞의 자유의 세 유형의 각각은 그 나름대로 자기결정의 서로 다른 미묘한 차이를 주장한다. 정치적 자유는 개인들에게 그들이 살아가는 원칙을 (집단적으로) 결정하도록 한다. 법적 자유는 개인들에게 이러한 원칙들을 알고 원하는 그리고 그에 조화되는 것이면 무엇이든 하도록 허용한다. 사적 자유는 개인들에게 그들이 되고자 원하는 사람이 되기 위하여 요구하는 최소한의 정도의 자율성을 보장한다. 그렇지만 이러한 자유 중의 어느 것도 절대적이지는 않다. 첫 번째 것은 다른 사람의 참여와 협력을 필요로 한다. 두 번째 것의 한계는 현존하는 법의 보호박탈에 의해 주어진다. 세 번째에 의해 주어진 자율성의 범위는 상응하는 다른 개인의 자율성과 국가의 필요성에 의해 기속된다. 별도의 한계설정은, 어린이, 정신지체자, 범죄자, 과거에는 여성, 노예 및 식민지 신민들에서와 같이, 자기결정이 불가능하다고 생각된 사람들에게 지워진다. 자기결정의 자유를 행사하기 위하여 사람들은 자기결정의 능력을 가져야 한다. 이러한 이유로, 의무교육과 같은 수단들은 젊은 사람들에게 그들의 자유를 침해하지 않고 부과될 수 있다.

오늘날의 자유주의적 민주주의는 앞서 제기된, 개인은 법 아래에서 어떻게 자유로울 수 있는가? 라는 회의적 질문에, 이 네 가지 주제들을 엄격히 조화시킴으로써 대답한다. 민주주의에서는, 시민들은 그에 따라 살아가는 법을 만들고(정치적 자유), 정부공직자들은 이 법에 따라 시민에 대해 행동한다(법적 자유). 첫 번째 점에서는, 그들은 스스로를 지배한다. 두 번째에서는 그들은 스스로를 위하여 정한 법에 의해 지배된다. 그러므로 시민들은 결코 다른 개인의 지배에 따르지 아니한다. 더욱이, 시민들은 법의 범위를 제한하는 개인적 자율성이라는 특별히 보호되는 영역을 갖는다(개인적 자유). 자유주의적 민주주의는 권력분립, 특히 독립적 사법부를 가진 권력분립의 형태를 이용함으로써 전형적으로 이러한 조화를 실현한다(자유의 제도화된 보존). 거의 예외가 없이(영국은 뚜렷한 일부의 예외이다), 이 조정은 성문헌법에 의하여 정해지며, 정부공직자와 시민들을 기속하고 독립된 법원에 의하여 집행된다. 명백한 바와 같이, 이 자유주의적 구성은 철저히 법적이다. 법은 자유주의 체제를 곧추 세우고 그에 형태와 안정성을 부여하는 골격이다.


## ◦•• 자유들 사이의 긴장관계

이 네 가지 대답이 가끔은 한꺼번에 이해되더라도, 이는 요구되는 것도 손쉬운 일도 아니다. 법적 자유, 개인적 자유 그리고 자유의 제도화된 보존 등은 예컨대, 이상적인 정치철학자들이 꿈꾸는 것과 같이, 비민주적인 (철학적 혹은 과학적) 엘리트에 의해 법이 제정되는 체제에서는 정치적 자유가 없이도 모두 공존할 수 있다. 사실 엘리트가 구상한 체제가 민주주의 체제보다 법적 자유와 개인적 자유를 더 많이 최대화할 수도 있다는 건전한 논의가 있을 수 있다. 이 설명이 낳는 우려는 엘리트 수호자들의 잠재적 부패가 어느 정도 제거될 수 있다 하더라도, 정치적 자유에 부수하는 중요성을 보여준다. 자기지배는 그것이 가난하게 지배되는 것을 의미할지라도 폭넓게 선호되고 있다.

법이론가들은 가끔 (법의 지배로서) 법적 자유는 정치적 자유(민주주의)가 없이도 존재할 수 있다고 주장해왔다. "단순히 법의 일반성 및 자율성과 입법·행정·사법 사이의 구별을 행하는 것은 본질적으로 민주주의적으로 중요하지 않다."[11] "비민주적인 법체제는 원칙적으로, 더 계몽화된 서구민주주의의 법체제의 어느 것보다도 더 법의 지배의 요건에 맞을 수도 있다."[12] 어떤 학자들은, 법관 측의 자기주장이 커진 덕분에, "법의 지배가 엄격한 민주주의의 상당한 영향과 확장에 대한 명쾌한 견제로 기능하였다."고 주장하였다.[13] 법의 지배와 민주주의의 관계는 부조화적이다. 법의 지배는 민주주의 없이도 존재할 수 있지만, 민주주의는 법의 지배를 필요로 한다. 왜냐하면, 그렇지 않으면, 민주적으로 제정된 법은 준수되지 않음으로써 적용단계에서 제거될 수도 있기 때문이다.

법적 자유는 개인적 자유 없이도 쉽게 존재할 수 있다. 법의 지배를 갖춘 비자유주의적 제도가 이를 보여준다. 시민들이 법에 의해 허용된 열린 공간 내에서 자유롭다고 말하는 것은 그 열린 공간이 얼마나 넓어야 하는지에 관하여 아무것도 말해주지 못한다. 법적 자유는 개인에 대한 엄격한 제한으로 인해 침해되지는 않는다. 왜냐하면 그것은 단지, 법의 내용에는 아무런 기속도 과하지 않으면서, 정부행위가 미리 선언된 법에 일치될 것을 요구하기 때문이

---

11) Unger, *Law In Modern Society*, p. 191.
12) Joseph Raz, "The Rule of Law and Its Virtue," in Robert L. Cunningham, ed., *Liberty and the Rule of Law* (College Station: Texas A&M Univ. Press 1979), p. 4.
13) Hutchinson and Monahan, "Democracy and the Rule of Law," p. 100.

다. 벤자민 콩스탕(Benjamin Constant)은 2세기 전에 자유에 관한 몽테스키외의 설명의 부적절성을 지적하면서 표현하기를 "사람들이 법이 그들에게 하도록 허용하는 모든 것을 할 수 없는 경우에는 아무런 자유가 없다는 것은 의심할 바 없지만, 자유 전체를 폐지할 만큼 많은 것들을 금지할 수 있다."[14] 억압적 법을 가진 체제는 꼼꼼하게 그 법을 준수함으로써 법적 자유를 충족시킬 수 있다. 그러한 체제에서는, 법적 자유가 칭송될수록 개인적 자유에는 더 나쁘다. 그 관계는 다시 부조화적이다. 개인적 자유는, 최소한 그것이 법적으로 강제할 수 있는 권리에 의하여 구성되는 경우에는, 법의 지배 없이는 존재할 수 없다.

아마도 자유들 사이의 조화에서 가장 어려운 문제는 개인적 자유와 정치적 자유 사이의 잠재된 충돌일 것이다. 이사야 벌린이 말하기를, "개인적 자유와 민주주의 사이에는 필연적인 관련은 없다. '누가 나를 통치할 것인가?'라는 질문에 대한 대답은 '정부가 어느 정도 나를 간섭하는가?'라는 질문과 논리적으로 구별된다."[15] 개인적 자유의 목적은 개인에 대한 정부권위의 적용을 구속하는 것이지만, 그에 반해 정치적 자유의 목적은 그 권위를 집행하기 위한 권력의 통제를 취하는 것이다.[16] 전자의 우려는 개인에 대한 독재인데, 이는 민주주의의 산물인 경우에는 참으로 독재적이다. 후자의 우려는 누가 입법을 통하여 사회적·정치적 공동체를 형성하는가를 결정하는 것이다. 이는 개인적 자유로 인해 설정된 한계에 의해 금지되는 목표이다. 가장 예리하게 말하면, 이 충돌은 두 개의 경쟁하

---

14) Leoni, *Freedom and the Law*, p. 152에서 인용.
15) Berlin, *Four Essays on Liberty*, p. 130. Berlin은, 서로 다르지만, 저자의 비교로는 각각 사적 자유와 정치적 자유 사이의 어떤 지점에서 수렴하는 "소극적" 자유와 "적극적" 자유 사이의 유명한 구별을 하였다. 용어상의 혼돈을 피하기 위하여 저자는 그의 구별을 언급하지 않았으며, 알려진 대로이다.
16) Ibid., pp. 118–172.

는 이데올로기의 전장을 의미한다. 즉 공동체의 이익상 집단적인 자기지배 대 혼자 남겨질 개인의 욕구이다. "이들은 하나의 개념에 대한 두 개의 다른 해석은 아니지만, 삶의 목적에 관한 심오하게 다르고 조화될 수 없는 태도이다. 이 주장들은 둘 다 충분히 만족 될 수는 없다."17)

자유주의자들은 전통적으로 개인의 자유가 민주주의와 충돌되게 되었을 경우에는 언제나 개인의 자유를 우월한 것으로 택해왔다. 가장 초기의 자유주의자들은 20세기까지는 널리 제도화되지 않았 던 대중적 민주주의에 반대하였다. 그들은 공포스럽게 이를 무지한 대중의 지배, 엘리트의 재산에 대한 위협, 무질서로의 초대로 이끄 는 것으로 보았다. 시민은 "그가 동의한 법 이외에 어떤 법에도 따 르지 않을 법적 자유"를 가진다는 칸트(Kant)의 주장처럼, 자유주의 자들에 의해 표명된 외견상 강한 친민주주의적 감정조차도 드러난 것보다 통상 훨씬 덜 관용적이다. 왜냐하면 칸트도, 도제, 노예, 모 든 여성, 소작인, 그리고 좀 더 일반적으로 "다른 개인의 명령이나 보호 하에 있는 모든 사람"18) 등의 모든 "수동적인" 시민들의 선거 권을 박탈하였기 때문이다. 몇몇 유명한 오늘날의 자유주의 이론가 들은 개인적 자유에 대한 가장 중대한 위협은 대의민주주의에 의해 야기된다고 주장하여 왔다.19) "가난한 유권자들이 언제 어디서든 부유한 자들을 수적으로 능가하는 한, 이론상 사적 재산권을 함부 로 다루는 민주적인 국가의 능력에 아무런 한계가 없다."20) 놀랄 것도 없이, 이러한 두려움을 고려하여, (칸트와 같은) 자유주의 이론

---

17) Ibid., p. 166.
18) Immanuel Kant, *Metaphysical Elements of Justice*, 2nd edition, translated by John Ladd (Indianapolis: Hackett Publishing 1999), pp. 120–121.
19) Leoni, *Freedom and Law*를 참조.
20) Pipes, *Property and Freedom*, p. 231.

가들은, 그들이 가끔 의미하였던 것이 실제적 동의라기보다는 오히려 사람들이 적절한 이성을 행사하고 있다면 동의할 것이라는 가상적 동의라는 형태인 법에의 동의를 주장한다.[21]

네 가지 자유 사이의 이러한 긴장은 피할 수 없지만 다루기 어렵지는 않다. 모든 자유주의적 민주주의는 이를 다양한 방법으로 해결한다. 자유주의 내에서의 또 다른 기본적인 긴장은 자유와 평등 사이의 긴장이다. 이들 두 자유주의적 가치들 사이의 긴장을 조화시키는 것은, 자유주의적 사회적 복지국가의 커다란 부담거리인데, 이후의 장에서 언급될 것이다. 왜냐하면 그것은 서구에서의 법의 지배의 쇠퇴라는 주장에서 특징을 이루기 때문이다.

## ○●● 자유주의의 사회문화적 맥락

자유주의는 18세기 계몽주의를 둘러싸고 전개된 일단의 사상들을 고려하지 않고서는 충분히 이해될 수 없다.[22] 계몽주의의 초기적 교의는 무지와 미신을 타파하기 위하여 이성과 과학을 적용하는 것이었다.[23] 아이작 뉴턴(Isaac Newton)의 물리학은 지구와 천상에

---

21) Immanuel Kant, *Political Writings* (Cambridge: Cambridge Univ. Press 1991), p. 79를 참조.
22) John Gray, *Liberalism*, 2nd edition (Minneapolis: Univ. of Minneapolis Press 1995), pp. 17–25.
23) 계몽주의와 그 의미에 관한 이 설명은 많은 문헌들, 특히 Ernst Cassirer, *The Philosophy of the Enlightenment* (Princeton: Princeton Univ. Press 1951); Carl Becker, *The Heavenly City of Eighteen Century Philosophers* (New Haven: Yale Univ. Press 1932); Peter Gay, *The Enlightenment: The Science of Freedom* (New York: Norton & Co. 1996); Norman Hampson, *The Enlightenment* (London: Penguin 1990); Isaiah Berlin, *The Roots of Romanticism* (Princeton: Princeton Univ. Press 1999) 등에 의하여 알 수 있다.

서의 모든 물체의 위치와 움직임을 예측할 수 있는 몇 가지 법칙을 제시하였는데, 이전에 불분명하였던 자연의 신비를 드러내기 위하여 특수한 과학의 힘을 보여주었다. 이 위대한 성취 이후 모든 것은 인간의 이해로 접근할 수 있다고 생각되었다. 계몽주의 **철학자들**의 뚜렷한 기여는 이성과 과학의 적용을 사회적, 정치적, 법적, 경제적, 및 도덕적 영역으로 확대하는 것이었다. 그들은 정부와 사회로 하여금 좀 더 정당하고 합리적인 존재를 낳도록 고안되게 하는 인간의 과학이 개발될 수 있다고 믿었다. 가장 야심차고 낙천적인 사람들에게는, 최종적 목적은 바로 완전한 사회의 창설이었다. 관습, 전통 및 교회의 가르침은 그때까지 권위의 주도적 원천이었지만, 이후부터는 비판적인 정밀탐구에 따르게 되었다. 정부와 법, 그리고 모든 다른 제도들은 합리적으로 정당화되어야 했고, 그렇지 않으면 폐기되었다. 지금 여기에서 개인과 사회적 이익을 구체적으로 충족하는 것이 무대중심을 차지했고, 신과 차후의 보상에 관한 성약(聖約)을 대체하였다.

16세기 종교개혁기에 자행된 기독교인들 간에 피비린내 나는 전쟁은 다가오는 계몽주의와 자유주의를 위한 길을 닦는 데에 도움이 되었다. 그것은 천년 간의 지배를 누려왔던 교회의 정통성에 공개적으로 도전하였다. 프로테스탄티즘은, 교회에 의해 중개되지 않고 신과의 개인적인 관계를 주장하여 일종의 개인주의를 장려하였다. 프로테스탄트와 카톨릭의 알력은 살육과 상호 간 기진맥진으로 최고조에 이르렀으며, 궁극적으로는 관용에 기한 휴전을 강요하였다.[24] 분쟁이라는 바로 그 사실은 종교에 의해 제공된 지식의 불안정한 기초를 증거하였다. 중세의 기독교는, 정치·법·도덕·경제 및

---

24) Thomas Munch, *The Enlightenment: A Comparative Social History* (London: Arnold 2000), pp. 132-142를 참조.

자연현상을 관통하면서 전체적 세계관으로 구성되었기 때문에, 교회 가르침에 대해 던져진 의심은 존재의 모든 요소들에 대한 좀 더 일반적인 의문으로 빠져드는 것으로부터 벗어날 수 없었다.

이 전체적 의문의 가장 필연적인 피해자는, 지금까지도 계속되고 있는 곤혹스러운 유산인 도덕적 확실성의 파괴이었다. 중세적 견해에서는, 도덕적 권리와 자연법은 (교회에 의해 해석된 바와 같은) 성경의 계시로부터, 혹은 신에 의해 사람에게 심어진 이성의 적용을 통하여 구별될 수 있었다. 계몽주의 철학자들은 도덕적 권리와 자연법의 새로운 세속적 근거는 인간성의 탐구에 대한 이성의 적용을 통하여 발견될 수 있다고 확신하였다. 그들은 이성을 보편적이라고 생각하였다. 이 노력은 이성들의 조화를 위해서는 좌절하였다.

계몽주의와 동시에 발생한 비서구세계의 탐험은 관습과 도덕제도의 예상하지 못한 다양성을 드러내었다. 공통점이 결여되어 있다면, 어떤 가치와 전통은 정당해야 하고 다른 것은 틀린 것이지만, 하나의 도덕적 제도가 다른 그것에 비하여 우월하다고 판단할 명확한 기준은 없었다. 많은 철학자들이 서구문명의 우월성을 전제하였지만, 한편으로 다른 사람들은 인간존재의 더 순수한 상태인 "원시적" 제도를 잃어버린 것으로 이상화하였다. 어떤 사람은 도덕적 신념의 공통적인 핵심은 문화들 사이의 표면상의 다름 아래에 존재한다고 주장하였다. 그러나 존재(is)와 당위(ought)를 구별한 데이비드 흄(David Hume)의 기념비적인 철학적 논증 – 규범적 명제(propositions)는 서술적인(descriptive) 명제로부터 도출될 수 없는, 성질상 다른 종류의 진술이라는 결과로서 – 은 공유된 관습이나 도덕성에 근거된 도덕적 규범을 이끌어내려는 시도를 무산시켰다. 도덕규범이 널리 추종되고 있다는 사실이, 당연히 마땅히 추종되어야 한다는 것을 의미하는 것은 아니었다. 이 철학적 문제의 실제적 지혜는 노예제도가 문화에 따라 공통적으로 시행되었고, 여성의 종속이 여전히 널리 퍼져 있다는 사실에서 알 수 있다. 더 나아가, 흄의 주장은 인간의 성질상 배타적으로 근거된 어떤 도덕적 제도를 부적합하다고 하는 듯하였다. 왜냐하면 그것은, 우리가 어떻게 **행동하여야**(ought) 하는가를 말하기 위하여, **존재**(is)에 기하여, 즉 인간으로서 우리는 누구인가라는 서술적인 명제에 기하여, 서있기 때문이다. 또 다른 어려운 문제는 인간들은 (얼핏 보기에 성질상) 악인 많은 것을 행하며, 그리하여 인간성만을 탐구하는 것은 무엇이 적절한 도덕적 행위인가를 정할 수 없다는 것이다. 자연법 최소론자들은 인간공동체에서 살아남기 위하여 필요한 조건을 둘러싸고 내세워진 것으로, 좀 더 실용적인 전략이지만, 그것은 도덕이라는 이름에 거의 걸맞지 않게 어떤 고차적인 목표를 결하고 있다. 인간의 번영에 중점을 두는 좀 더 야심찬 자연법론자들은 인간의 번영이 무엇인지를 먼저 정하여야 하며, 어떤 논쟁여지 없는 해답도 주어질 수 없는 가능한 대안적 견해들 사이에서 선택하거나 순위를 매기는 방법을 확인하여야 한다.

계몽주의의 유토피아적 제안에 대한 통렬한 반박은 낭만주의자 (the Romantics)들에 의해 가해졌다. 이들은 그들의 입장에서 특수성, 의지, 창의성, 그리고 열정 등을 옹호하면서, 보편성에 관한 바로 그 집착과 바람직함, 그리고 (흄의 도움으로) 이성의 범위를 다투었다. 그들은 문화를, 그 각각이 스스로의 고유성과 비교할 수 없는 삶의 세계와 가치들을 가진 독자적인 전체로서 찬양하였다. "그러나 우리가, 각각이 이상적인 가치집합체를 가진 문화의 유형들이 있는 만큼 많은 유형의 완전성을 가져야 한다면, 하나의 완전한 사회의 가능성이라는 바로 그 관념은 논리적으로 용납될 수 없다."25)

절대적이거나 보편적인 도덕원칙을 정립하려는 계몽주의의 시도
가 실패하면서, 많은 철학자들은, 어떤 하나의 궁극적인 선이 존재
한다거나 최소한 그것이 명확하게 확인될 수 있다는 견해를 배척하
면서, 궁극적인 선에 대한 고전적 탐구를 외면하였다. 이 논리의 한
가지 결과는 도덕적 다원주의의 인정이었다. 이는, 극단적으로 취해
질 경우에 (많은 계몽주의자 사상가들이 혐오하였던 극단인) 도덕적 회의
주의로까지 치우쳐 간다.26) 이 논리의 또 다른 반응은, 선이란 사람
들이 바라거나 쾌락을 느끼는 것이라는 관념에 근거하여, 19세기에
발흥한 공리주의적 도덕이론이었다. 따라서 사회와 그 기구들은 사
회 내에서 (고통을 뺀) 쾌락의 전체 총량을 최대화하도록 구상되어야
한다. 게다가 또 다른 반응은 절차를 강조하는 것으로 옮겨간 것이
었다. 즉 도덕원칙의 내용이 명확성을 파악하기 쉽지 않다는 것을
전제하면, 대신에 아마도 사회에 영향을 미치는 결정을 할 경우에
따라야할 공정한 절차에 관한 동의가 있을 수 있을 것이다. 자유주
의는 다음의 장에서 명확히 되는 것과 같이, 그 성향에서 사실상
절차적이다.

자유주의에서 핵심적인 자유는 이제 훨씬 더 잘 이해될 수 있다.
지적한 바와 같이, 선에 대한 어떤 사람 자신의 상을 추구하는 것
이 자유이다. 이것이 쾌락의 총량을 최대화하는 가장 나은 방법으
로 이해되든, 혹은 보편적인 도덕원칙을 인정하지 못함으로써 우리
에게 강요되는 결핍의 입장으로 이해되든, 혹은 다른 문화나 삶의
형태에 결부되어 있는 많은 선의 대안적 형태가 있다는 결론을 전

---

25) Isaiah Berlin, *The Crooked Timber of Humanity* (Princeton: Princeton
Univ. Press 1990), p. 40.
26) Hampson, *The Enlightenment*, pp. 73-127을 참조.

제하여 취하는 정당한 입장으로 이해되든,[27] 결과는 같다. 자유주의는 도덕적 다원주의를 수용하는 방법으로 구성된다.[28]

　도덕적 다원주의는 자유주의 내에서 두 가지 대안적 형태로 기능할 수 있는데, 이들은 또한 함께 공존할 수 있다. 첫 번째의 서구적 유형은 자유주의적(개인주의적) 문화 내에서 개인들 사이의 도덕적 견해의 다원주의와 관련된다. 두 번째 형태는 (자유주의적이든 비자유주의적이든) 하나 이상의 구별되는 공동체나 문화가 하나의 체제 영역 안에서 공존하는 경우에 존재한다. 각각의 경우에 자유주의 국가는 선에 대하여 대안적인 순환하는 상에 관하여 중립적이라고 주장한다. 말하자면, 국가가 다른 입장에 대하여 폭력을 영구화하거나 자유주의적 국가의 생존을 위협하는 것을 금지하거나 제재를 가할 수도 있다는 중요한 경고와 함께, 국가가 강제하는 선이나 종교로서 다른 입장에 대하여 하나의 입장을 채택하고 장려할 수는 없다. 선에 관하여 경쟁하는 입장들은 문화적 사상의 시장에서 존재하도록 ―번성하고, 개발되고, 변화하고 혹은 시들해지도록― 남겨진다. 최소한 대부분의 자유주의의 견해는 아니지만, 국가가 예술이나 음악과 같이 특정의 사회적 선을 고무하기 위하여 보조금이나 교육을 사용하는 경우에 혹은 관용과 개인적 자율성과 같은 자유주의적 가치들을 젊은이들에게 적극적으로 조장하거나 심어주는 경우에, 자유주의적 신조가 침해되지는 않지만, 국가는 어떤 특정의 일단의 가치들을 대리하여 강요하여서는 안 된다.

　명백히 중립적인 이 입장은 자유주의 체제가 완전히 중립적이라는 것을 의미하지는 않는다. 두 가지 중요한 점에서 그러하지 아니

---

27) John Gray, *The Two Faces of Liberalism* (Cambridge: Polity Press 2000)을 참조.
28) Shapiro, *The Evolution of Rights in Liberal Theory*, pp. 282-284를 참조.

하다. 서구의 자유주의 제도는, 중립성이 정부와 법체계를 확립하기 위한 **정당한** 원칙이라는 입장을 취한다.[29] 정부권력을 행사하는 자들에 의하여 이 중립성을 폐지하는 것은 허용될 수 없다. 그렇지 아니하다면, 자유주의는 스스로를 재생산할 수 없을 것이며, 이는 반자유주의적·반관용적 집단이 민주적 선거에서 활개치고 비자유주의적 제도를 설립하기에 이르는 경우에 생겨나게 된다. 자유주의 체제는, 개인적 권리에 부여된 우월성이 공동체-먼저-및-우선적(community-first-and-foremost) 지향이 실현될 수 있는 범위에 한계를 둔다는 더 나아간 점에서, 중립적이지는 않다. 이러한 이유로 위에 드리워진(overarching) 자유주의적 구조 내에 존재하는 비자유주의적인 하부 공동체는 스스로 위에 드리워진 자유주의적 구조와 충돌함을 보게 될 것이며, 그들의 공동체적 가치들을 침식하는 것을 두려워할 것이다.

강조되어야 할 것으로, 자유주의적 중립성은 국가와 법에 관한 이전의 견해들로부터 급진적으로 이동하였음을 의미한다. 고전적인 그리스의 견해에 따르면, 국가와 법은 (귀족정적, 투사적) 미덕과 공동체생활의 장려를 적절히 지향하고 있는 것으로 보여졌다. 중세적 견해에 따르면, 그들의 역할은 기독교적 삶과 지상의 공동체를 창설하고 영구화하는 것이라고 생각되었다. 두 경우에 법은 선에 대한 실질적인 입장과 공통의 목적을 가진 공통의 삶의 방식을 반영하는 것으로 이해되었다. 자유주의적 견해에 따르면, 개인들이 원하는 목표가 무엇이든지 이를 추구하도록 각각 혼자 남겨진다면 훨씬 나을 것이라는 동의를 넘어서 공통의 삶의 방식이 있다는 것은 불

---

29) Stephen Mulhall and Adam Swift, *Liberals and Communitarians* (Oxford: Blackwell 1992), pp. 9–33; Ronald Dworkin, "Liberalism," in *A Matter of Principle* (Cambridge, Mass.: Harvard Univ. Press 1985) 등을 참조.

필요하다. 오히려 공유된 가치들에 의해 통합된 공동체보다는, 그것은 상호 간의 불간섭 협약에 의해 함께 유지된 개인의 총합에 이르게 된다.

### ○●● 자유주의와 비교되는 공동체주의

자유주의를 이해하는 또 다른 방법은 여기서 간단한 용어로 제시된 공동체주의와의 대비에 의해서이다. 공동체주의는 통상 자유주의의 반대테제로서 정치이론에서 인정된다.[30] 공동체주의의 출발점은 개인이 아니라 공동체이다. 공동체는 선존하며 개인구성원의 삶과 죽음보다 오래 살아남는다. 공동체는 개인들의 집합체 자체 이상을 구성하는 실재이자 스스로 존재하는 것이다. 공동체는 각 개인의 총합적 이익 이상의 것이자 그것과는 다른, 공동체적 생활양식의 존속이라는 그 스스로의 이익을 가진다. 문화, 언어 및 공동체의 역사는 개인이 보육되는 요람이다. 개인의 정체성은 공동체 내에서의 그들의 위치에 의해 형성되고 결정된다. 선의 관념은 공동체와 그 공유된 생활양식에 의해 생겨난다. 개인의 삶의 의미는 자율적인 자기창조적 개인으로서의 자기실현으로부터가 아니라, 공동체의 공통적인 삶을 영구화하거나 그에 기여하는 데에서 그들의 역할에 의해 정해진다. 사실상 개인은 자율적이지도 자기결정적이지도 않고, 오히려 일생을 통하여 그들을 태어나게 하고 양육하며 개발시키는 공동체의 산물이다. 그들이 하는 선택은 사회적으로 만들어진 대안들 사이에서 나오며 사회적으로 유래된 가치들에 근거하고 있다. 공동체주의적 이해에서 탁월함은 따라서 개인에게보다 공

---

30) Mulhall and Swift, *Liberals and Communitarians*를 참조.

동체에 대한 다양한 방법으로 주어진다.

공동체주의적 체제에서는 법은 공유된 공동체적 가치와 이익의 반영이다. 입법은 공동체의 삶과 문화에 내재하는 그러한 가치들과 이익들을 발견하거나 선언하는 일이다.[31] 법은 철저하게 중립적이지 아니하고 공동체적 삶과 이익의 방식과 일치하며 또 강요한다. 넘치게 공유된 가치와 관습법이 있는 경우에는, 입법은 두드러지거나 양이 많을 필요가 없다. 분쟁에 대한 재판은 규정지향적(rule-oriented)이라기보다는 공동체의 이익을 촉진하는 결과를 달성하는 데에 향해져 있다. 중요하게는, 정부독재의 두려움이라는 주도적인 자유주의적 강박관념과 대비하여, 정부권력에 대한 제한이 있다는 것은 공동체주의적 체제에서는 필수적이지 않다. 국가는 개인에 반하여 설정되지 않고, 대신에 공통의 이익을 집단적으로 달성하는 데에 방해되어서는 안 되는 공동체의 확장이다.

### ○●● 자유주의와 자본주의

자유주의는 그 기원과 내용을 이유로 "부르주아" 정치이론으로 불려왔다. 로크가 명확히 한 것은 영국의 성읍과 도시에서 새롭게 발견된 상인계급의 우월성을 따르고 그와 일치하였다.[32] 앞장에서 설명한 바와 같이, 부르주아는 귀족들의 특권에 대항하여 오랫동안

---

31) 법이론에서, 법에 관한 이러한 입장은 역사법학파로 알려져 있었다. 가장 유명하게 표현된 것으로, F. von Savigny, *Of the Vocation of Our Age for Legislation and Jurisprudence* (New York: Arno 1983).

32) 이 관련에 관한 가장 심사숙고한 두 설명은 Harold J. Lasky, *The Rise of European Liberalism* (New Brunswick: Transaction 1997)과 C. B. Macpherson, *The Political Theory of Possessive Individualism* (Oxford: Oxford Univ. Press 1962)이다.

투쟁하였으며, 그들의 활동을 금지하고 그들에게 아무런 지위도 주지 않았던 법과 싸웠다. 자유와 권리 특히 로크가 그랬던 것과 같이, 자신의 노동력을 파는 권리를 포함하여 계약과 재산의 권리에 대한 보호를 옹호하는 개인주의적 정치이론은 부르주아의 이익을 반영하였다.33) 재산에 대한 권리는 그들의 자본의 축적을 조장하고 보호하였다. 임금을 위하여 일할 권리는 노동의 공급을 억제했던 봉건적 제약을 약화시켰다. 계약의 자유는 상인의 노동자 및 다른 사람과의 계약의 체결에서 정부가 간섭하는 것을 제한하였다. 계약의 집행은 그들의 거래를 위한 안전판을 제공하였다.34) 이 모든 것들 중에서, 상인들은 상업적 거래의 기대이익을 계산하고 그들의 사업체의 과실을 보장하기 위한 수단으로서 계약과 재산에 관한 권리의 집행에 있어서 예측가능성과 신뢰성을 요구하였다.35)

경제적 자유주의에 대한 과학적 뒷받침이 아담 스미스(Adam Smith)에 의하여 주어졌는데, 그는 자유로운 교환과 가격 및 임금경쟁을 인정하는 시장에서 자신의 이익을 추구하는 개인들이 (보이지 않는 손에 의한 것과 같이) 모든 사람에게 이익이 되는 상황으로 갈 것이라고 주장하였다. 개인들은 그들의 욕구와 능력에 양립하는 생산적 및 소비적 활동의 유형과 수준에 참여하기 때문에 이익이 된다. 사회는 부가 극대화되기 때문에 이익이 된다. 즉 수익을 약속하는 상품만이 요구된 양만큼 비용·가격 및 품질의 이상적인 조합에 따라 생산되며, 그것들을 (기꺼이 지불할 의사가 있는 것으로 측정된 바) 가장 잘 평가하는 사람에게 분배된다. 이러한 비평을 충족하지 못하는

---

33) Laski, *The Rise of European Liberalism*, pp. 161–196.
34) Poggi, *The Development of the Modern State*, p. 119을 참조.
35) Weber, *On Law in Economy and Society*, pp. 39–40; David Trubek, "Max Weber on Law and the Rise of Capitalism," [1972] *Wisconsin Law Review* 720을 참조.

것이면 무엇이든, 실패라는 자연적인 교정적 제재를 받게 될 것이다. 이러한 "자연적 자유"의 제도는, 불가능하지는 않더라도 비효율적이며 개인의 재산과 계약에 대한 자연적 자유를 침해하는 정부의 계획보다 훨씬 우월할 것이다.[36) 계획의 중요한 결점은 정부가 개인이 요구하는 양이 서로 다르다는 것을 알 수 있는 능력을 갖고 있지 못하다는 점이다. 반면에 시장은 셀 수 없는 자발적인 개인의 교환을 통하여 그러한 요구를 나타내는 메커니즘으로 작용한다. 따라서 정부는 재산과 계약을 보호하는 법의 구조틀을 마련하여야 하며, 건전한 통화제도를 정하고, 경쟁과 자유시장을 보장하여야 하며, 나머지 사람들을 위하여 과정 밖에 벗어나 있어야 한다. "이 원칙이 그 세대에 했던 호소는 거의 강조할 필요가 없다. 그것은 상인들에게 그가 공공의 은인이라고 하였다. 그리고 그것은 그가 부를 추구하는 중에 덜 제한될수록 더 많은 이익을 그의 동료들에게 줄 수 있을 것이라고 재촉하였다."[37) 이 경제적 주장은 모든 사람에게 그 스스로의 선을 추구하고, 이제 모든 사람의 이익에서 이 추구를 용이하게 하는 정부와 법을 만들도록 고무하는 또 다른 방법을 제시하였다. 정치적 자유주의에 의해 옹호된 자유는 특정되지는 않지만 상당한 정도의 경제적 자유주의를 의미한다. 사회의 개인들은 일상적으로 서로 간에 정확히 분리될 수 없는 사회적·정치적 및 경제적 활동으로 여념이 없다. 고안하기, 생산하기, 구매하기, 판매하기, 저축하기, 소비하기 등은 그들의 자유를 행하는 동안 자본주의 사회에서 사람들에 의해 추구되는 원초적 선들(goods)이다. 그러므로 자유주의에 의하여 옹호되는 자유는 실질적으로 경제적

---

36) Laski, *The Rise of European Liberalism*, pp. 175-191; Robert L. Heilbroner, *The Worldly Philosophers* (New York: Touchstone 1981), pp. 42-74를 참조.
37) Laski, *The Rise of European Liberalism*, p. 181.

영역에서 행해진다. 자유주의는 "자본주의 시장의 현실에 의해 요구되고 그리고 그를 정당화하는 정치학의 한 입장"이라고 표현하는 것은 적절히 결론짓는 것이다.38)

일반적인 오해를 피하기 위하여, 정치적 자유주의가 반드시 정부에 대한 자유방임적(laissez faire) 입장에 처하게 되는 것은 아니라는 점이 강조되어야 한다.39) 20세기에 가장 유명한 고전적인 자유주의의 옹호자 중의 한 사람인 하이예크는 이를 명백히 언급하였다. "아마도 어떤 주먹구구식원칙, 무엇보다도 자유방임원칙에 관한 몇몇 자유주의자들의 얼빠진 주장만큼이나 자유주의적 논제에 많이 해가 된 것은 없었다."40) 하이예크는 시장을 위한 배경이 되는 법적 구조틀을 설정하는 데에 덧붙여, 경쟁과 가격결정 메커니즘이 길을 닦고 산림벌채나 공해를 다루는 등에서만큼 공공선과 기반시설의 준비에 부족할 경우에는, 정부참여와 규제가 필요하다고 주장하였다.41) 나아가 그는, "건강과 일할 수 있는 능력을 유지하기에 충분한 최소한의 음식과 주거 및 의복이 모든 사람에게 보장될 수 있어야 한다는 것은 의심이 있을 수 없다."고 주장하였다.42) 그리고 그는 재난에 대하여 개인을 보호하기 위하여 정부보증의 사회보장제도를 옹호하였다.43) 규제가 거의 없거나 아예 없는 것을 옹호하는 요즘의 보수주의자들은, 하이예크가 잘 이해하였던, 자유주의 국가가 법을 위하여 상당한 역할을 유지한다는 것을 잊고 있다.

---

38) Shapiro, *The Evolution of Rights in Liberal Theory*, p. 303.
39) Macpherson, *The Political Theory of Possessive Individualism*, pp. 57-59를 참조.
40) F. A. Hayek, *The Road to Serfdom* (Chicago: Univ. of Chicago Press 1994), p. 21.
41) Ibid., p. 44.
42) Ibid., p. 133.
43) Ibid., p. 134.

## ﾟ●● 결론적 주의점

자유지상주의자(libertarian)는, 자유에 최상의 가치를 두는 사람으로, 법이 자유의 커다란 유지자로서 기여한다는 자유주의적 설명에 당황할지도 모른다. 자유지상주의자들은 대부분 법을 자유에 지워진 부담이라 본다. 제러미 벤담(Jeremy Bentham)은 ㅡ그 자신은 자유지상주의자는 아니지만, 법에 관한 통찰력 있는 입장을 취하는 확실한 옹호자로서ㅡ 자유가 "실정법(positive Law)에 의해 산출되는 어떤 것은 아니다. 그것은 법(Law)이 없이도 존재하며, 법(Law)의 수단도 아니다."고 주장하였다.44) 자유지상주의자들은, 사회질서에 필요한 최소한의 조건과, 그들과 무정부주의자들을 구별짓는 허용오차를 법이 설정하여야 한다고 생각한다. 더 이상 아무것도 아니다. 자유는 법이 **침묵할** 경우에 존재한다.45) 법이 적은 것은 자유가 훨씬 더 많은 것을 의미한다. 이러한 입장에서는, 법률은 민주적인 기원과는 상관없이, 언제나 위협이다. 법의 지배는 입법에 기여한다. 그리고 개인적 권리는 많은 보호를 주기에는 너무 최소이다. 오늘날의 사회이론가들은 ㅡ개인의 일에 대해 더욱 깊이 확대하면서, 국가법에 의한 사회생활의 예기치 않은 침투의 문제로ㅡ 자유주의 사회에 대한 점증하는 "정당화"를 보고해 왔다.46) 이러한 현상들이 사실상 일어나고 있다면, 크게 칭찬받는 그들의 법적 보호와는 상관없이, 입법이 드물고 법적 기제가 대부분 활발하지 못했거나 취

---

44) Jeremy Bentham, "Bentham Manuscripts, LXIX," 44, A. J. Ayer and Jane O'Grady, eds., *A Dictionary of Philosophical Quotations* (Oxford: Blackwell 1992), p. 48에서 인용.

45) Hobbes가 이 점을 말하였다. Shapiro, *The Evolution of Rights in Liberal Theory*, p. 39를 참조.

46) Brian Z. Tamanaha, *Realistic Socio-Legal Theory: Pragmatism and a Social Theory of Law* (Oxford: Clarendon Press 1997), pp. 123-127를 참조.

약했던 과거의 절대주의 시대에서보다 자유주의 사회에서 자유가 훨씬 적다고 주장될지도 모른다. 이 부담은 최소한 처음에는, 훨씬 단순했던 지난 시절의 상태와 오늘날의 자본주의, 대량사회를 비교하는 것이 부적절함을 인정함으로써, 반박될 수 있다. 그러나 논점은 진지하게 숙고할 만하다. 더욱이 그것은 함축적인 경고를 수반한다. 즉 덜 관념화되고 더 현실적인 방법으로 상황을 인지하지 못하게 할 수도 있는 이론적 설명을 정당화하는 것에 현혹되지 말라.

04

로크,
몽테스키외,
페더럴리스트 페이퍼

# 4
# 로크, 몽테스키외, 페더럴리스트 페이퍼

그 발달과 영향에 있어서 다른 어떤 것보다도 우뚝 서있는 훌륭한 초기적인 세 저서이 자유주의 체제에서의 법의 지배에 필수적인 자리매김을 하였다. 즉 로크(John Locke)의 **정부에 관한 제 2 논문**(Second Treatise of Government, 1690), 몽테스키외(Montesquieu)의 **법의 정신**(Spirit of the Laws, 1748), 매디슨(Madison)·해밀턴(Hamilton)·제이(Jay)의 **페더럴리스트 페이퍼**(The Federalist Papers, 1787-1788) 등이 그것이다. 이 장은 각 저서의 축약된 해석을 보여줄 것이다. 이들은 결정적으로 서구의 자유주의적 민주주의에서 근대적인(modern) 법의 지배를 형성하였다. 이 해석론을 따라가면서 19세기 영국에서의 법의 지배에 관하여 간략히 검토할 것이다. 영국은 특별히 언급할 만하다. 왜냐하면, 영국은 가장 오래되고 지속적인 법의 지배의 전통을 성취하였고, 로크의 고향이며, 몽테스키외에게 훌륭한 본보기를 제공하였으며, 그 문화는 **페더럴리스트 페이퍼**의 저자들에게 영향을 끼쳤고, 그리고 다이시가 법의 지배의 근대적 쇠퇴의 주장을 했던(다음 장에서 설명된다) 전통이었기 때문이다.

그것은 또한 중요한 점에서 페더럴리스트 페이퍼에서 설정된 구조 틀과 일치하지 않는 배울 점이 있는 시험적 사례이기도 하며, 법의 지배가 요구하는 것에 관한 수많은 오늘날의 일반적인 전제들과 어긋나게 작동한다. 이 장을 마무리하기 위하여 이러한 설명들에 포함된 —잘 확립된 법조직역의 존재라는— 가정이 이끌어내어질 것이다.

그러나 먼저 자유주의와 법의 지배에 영향력을 미친 17세기의 정치이론의 거장인 토마스 홉스(Thomas Hobbes)에 대해 언급하자. 비록 그가 후에 로크에 의해 발전된 사회계약의 전통을 시작하였지만, 자유주의자들은 분명히 홉스를 자유주의 이전의 사상가로 범주화하기를 더 좋아한다. 그의 설명에 따르면, 시원적인 계약에 의해 만들어진 주권자(최고권력: the sovereign)는 (자연법에 의하여 양심에 기속되기는 하지만) 기속되지 않는 권력을 행사한다. 계약 이후에 개인이 가지는 유일한 권리는 그들이 죽음으로 위협받는 경우에 주권자에 저항하는 것이다.

(군주든 의회든) 주권자는 홉스에 따르면, 감정적 뿐만 아니라 논리적 이유로 법적 한계에 복종하지 아니한다.[1] 절대주권보다 약한 어떤 것은 권위에 대한 도전을 부추김으로써 자연상태의 불확실성을 영구화할 것이고, 약정의 목적을 좌절시킨다. 질서는 지구상의 다른 고차원적 힘에 응하지 않는 승인된 유일한 권력보유자에게 모든 사람이 고개 숙일 때에만 생겨난다. 법적 제약을 무시하는 그러한 주권자에 대한 유혹은 신경쓸 필요없다. 홉스에 따르면, 주권자가 법에 기속될 수 있다고 말하는 것은 역시 비논리적이다. 그는 법을

---

1) Thomas Hobbes, *Leviathan*, edited by J. C. A. Gaskin (Oxford: Oxford Univ. Press 1996), p. 176, 215.

주권자의 명령이라고 정의하였다.[2] 법의 창조자는 그 법이 법제정자의 의사로 변경될 수 있다는 단순한 이유에서 법에 의해 제한될 수 없다. 많은 사람들이 홉스의 대척점에 있다고 여기는 아퀴나스에 공감하면서, 그는 "그 스스로에게만 기속되는 자는 기속되지 않는다."고 생각하였다.[3] 홉스는 법의 지배의 가능성에 반하여 상세한 날카로운 주장을 제기하였는데,[4] 여기서 쟝 햄프턴(Jean Hampton)의 주장을 옮긴다.

> 규정(rule)은 본질상 힘이 없다. 그것은 개인들에 의해 해석되고, 적용되고 그리고 집행되는 경우에만 생기를 갖는다. 규정이 무엇인가, 어떻게 적용되어야 하는가, 그리고 어떻게 집행되어야 하는가에 관하여 최종적으로 말하는 그 일단의 사람들은 이 규정들이 실제로 무엇인가에 관한 최종적인 통제를 한다. 그래서 사람들이 규정을 통제하지 그 역은 아니다.[5]

홉스는 해석과 적용에 즈음하여 법의 지배와 의사의 지배 사이의 바로 그 완전한 모순의 가능성을 부정한다. "어떤 구절이 아니라 어떤 사람인, 최종적인 말을 하는 누군가가 항상 있어야 한다."[6] 홉스는 또한 권력분립을 부정하였는데, 이는 분산된 주권자 내에서 분쟁을 야기할 것이며, 사회질서를 유지하는 역량을 불리하게 한다.[7]
그리하여 법의 지배의 다양한 요소들에 대한 만만치 않게 많은

---

2) Ibid., p. 175, 179.
3) Ibid., pp. 176–177.
4) Ibid., p. 215.
5) Jean Hampton, "Democracy and the Rule of Law," in Ian Shapiro, ed., *The Rule of Law* (New York: NY Univ. Press 1994), p. 16 (원문에서 강조); 또한 Michael P. Zuckert, "Hobbes, Locke, and the Problem of the Rule of Law," in Ibid., pp. 63–79도 참조.
6) Waldron, "Is the Rule of Law and Essentially Constested Concept (In Florida)?," p. 143 (Hobbes의 입장을 명확히 표명한다.).
7) Hampton, "Democracy and the Rule of Law," p. 18을 참조.

반대는 홉스에 의해 그것이 자유주의 체제의 중심주제인 것으로 명확히 되었다.

### ∘•• 법을 위한 로크의 탁월한 역할

로크의 정부에 관한 제 2 논문(Second Treatise of Government)은 자유주의 이론에 관한 한편의 가장 영향력 있는 체계화인 것으로 널리 간주된다. 그가 그린 자연상태는 홉스의 그것보다 훨씬 온건하였다. 이성에 의해 지배되어 개인들은 완전한 자유와 평등을 향유하였으며, 자연법에 의해 지배되었다. 이 자연법에 따르면, 사람은 스스로를 보존하여야 하며, 다른 사람의 삶과 자유 및 소유의 향유에 있어서 피해를 입혀서는 안 된다.[8] 이 자연적 자유 하에서 개인은 선에 대한 자신의 입장을 추구하는 데에 자유롭다.[9] 모든 사람은 또한 다른 사람에 의한 자신의 자연적 권리의 침해를 벌하고 그에 대한 배상을 구할 권리를 가진다. 비록 사람들이 일반적으로 자연의 법을 준수하더라도, 필연적으로 위반이 발생한다. 위반자에 대하여 사적으로 법을 집행할 권리는 문제를 낳는 것이다. 공정한 재판관이 없는 경우에는, 다툼은 당사자들의 만족에 이르도록 해결될 수는 없다. 왜냐하면 모든 사람은 그 자신에게 유리하게 경도되어 있기 때문이다. 분쟁은 평화와 안전을 위협하면서 고통을 줄 것이다. 이를 피하기 위하여 개인들은 정부를 형성하기 위하여 함께 모일 것이며 그것에 공공선을 위한 법을 제정하고 집행하며 적용하는

---

8) John Locke, *Second Treatise of Government* (Indianapolis: Hackett 1980) Chap. 2, pp. 8–14.
9) Leo Strauss, *Natural Right and History* (Chicago: Univ. of Chicago Press 1965), pp. 248–251.

권한을 부여하고, "이 모두는 가능한 한, 그 사회의 모든 구성원들의 재산의 보존을 위한 것이다."[10]

로크는 다음과 같이 요약하였다.

> 그리하여 각각의 특정 구성원의 모든 사적인 판단이 배척된다면, 공동체는 확립된 현재의 규정에 의하여 차이가 없는 심판관이 되게 되며, 모든 당사자에게 동일하다. 그 규정을 집행하기 위하여, 공동체로부터 권한을 가지는 사람들에 의하여 어떤 권리의 문제에 관해서도 그 사회의 어떤 구성원들 사이에 발생하는 모든 차이들을 결정한다. 그리고 어느 구성원이 사회에 반하여 범하는 그러한 범죄를 법이 정해놓은 것과 같은 형벌로 처벌한다. ...[11]

그의 구도는 제한된 목적을 위하여 개인들로부터 정부로의 제한적인 권한위임과 관련되어 있었다. 정부가 그 의무를 다하지 못하는 경우에는 개인들에 의해 취소할 수 있었다. 그는 정부가 정당하게 제정된 현재의 법에 따라 행동하도록 보장하기 위하여 ─ 비록 사법부는 아니지만 ─ 입법부와 행정부 사이의 권력분립을 상술하였다. 그리고 그는 절대군주제가 시민사회와 양립할 수 없다고 주장하였다. 왜냐하면 그러한 군주는 인민과 관련하여 자연상태를 지속시키면서, 그 스스로의 사건을 심판할 것이기 때문이다.[12] 결국, 시민사회의 합의된 성질과 일치하게끔, 로크는 입법이 다수결에 의하여 정해져야 한다고 주장하였다.[13]

로크에 따른 자유주의는 지극히 법률주의적(legalistic)이다. 이는 "법이 끝나는 곳에 독재가 시작된다."는[14] 그의 견해에서 이해된다.

---

10) Locke, *Second Treatise of Government*, Ibid., p. 47 (ss. 88-89); pp. 65-66 (ss. 123-124).
11) Ibid., pp. 46-47 (s. 87).
12) Ibid., pp. 48-51 (ss. 90-94).
13) Ibid., p. 52 (ss. 95-96).
14) Ibid., p. 103 (s. 202).

그는 법의 지배를 다른 사람의 의지에의 복종과 비교하였다. "정부 하에서 인간의 자유는, 현존의 규정을 삶의 지침으로 삼도록 하기 위하여, 그 사회의 모든 사람들에게 공통하며, 정부 내의 입법권력에 의해 만들어진다. 규정이 정하지 아니한 모든 일에서 나 자신의 의사에 따르는 자유이다. 그리고 다른 사람의 변덕스럽고 불확실하며 잘 알려지지 않은 자의적인 의사에 따르지 않는 것이다."[15] 현존의 법은 그의 구도에 필수적인 것이었다.

절대적인 자의적 권력 혹은 확립된 현존의 법 없이 통치하는 것은 어느 것도, 그들의 생명과 자유 및 재산을 보존하지 않는다면 그리고 권리와 자유에 관한 명시된 규칙에 의하여 그들의 평화와 안정을 보장하지 않는다면, 사람들이 자연상태의 자유를 중단하고 스스로를 그에 기속되게 하는 사회 및 정부의 목적과는 양립할 수 없다. ... 정부가 갖는 모든 권력에게는, 사회의 선만을 위한 것이며, 자의적이고 마음대로이어서는 안 되며, 그래서 그것은 확립되고 공포된 법에 의해 행사되어야 한다. 인민이 그들의 의무를 알 수 있고 법의 한계 내에서 안전하고 보호될 수 있다. 그리고 통치자 역시 그 법의 범위 내에 있어야 한다. ... [16]

이것은 법적 자유와 입헌적 정부에 관한 명백한 설명이다.

하지만 로크는 입법권에 관하여 어떤 실제적인 한계도 구체적으로 말하지 않았다. 그는 개인의 권리를 위한 명시적인 보호를 옹호하지 않았다. 그는 또한 별개의 부서로서 사법부의 독립을 표명하지 않았으며, 반란에 미치지는 않지만 정당하지 않는 정부의 행위를 무효화하는 (사법심사와 같은) 어떤 메커니즘을 인정하지 않았다.[17]

로크는 재산권에 특별한 중요성을 부여하였다. 제 2 논문(Second Treatise)은 그의 우월성에 관하여 의심의 여지를 두지 않았다. "그

---

15) Ibid., p. 17 (s. 23).
16) Ibid., pp. 72–73 (s. 137).
17) Zuckert, "Hobbes, Locke, and the Problem of the Rule of Law," p. 74.

러므로 인간이 공동체로 뭉치는 것과 스스로를 정부 하에 두는 크고도 중요한 목적은 그들의 재산의 보호이다."[18] 비록 그가 재산이라는 용어를 ─개인들이 스스로를 소유한다는 의미에서─ 널리 생명과 자유를 포함하는 것으로 사용하였지만, 그가 우선적으로 소유의 의미로 재산을 의미한다는 것은 의심이 없다. 로크의 "국가는 재산소유자의 사회이다."[19]

이것은 관련된 문제로 이끈다. 비록 그가 넓게 "인민"과 "자유인"을 위하여 쓰고, 그리고 그가 인간이 이성에 대한 본질적 능력을 가지고 있다고 생각하였더라도, 로크는 무제한적인 평등주의자는 아니었다. 그의 시대의 엘리트적 입장의 전형인 그의 다른 저서에서 로크는 비소유 노동계급인 하급계층의 의견을 이성을 결한 것으로 표현하였다.[20] 레오 스트라우스(Leo Strauss)는 평등에 관한 로크의 견해와 재산에 관한 관련성을 상설하였다.

그는, 평등은 시민사회와 양립할 수 없다고 생각하였다. 자기보존의 권리에 관한 모든 사람의 평등은 좀 더 이성적인 사람의 특수한 권리를 완전히 제거하지는 않는다. 반면에, 그 특수한 권리의 실행은 모두의 자기보존과 행복에 도움이 된다. 무엇보다도, 자기보존과 행복은, 시민사회의 목적이 재산의 보존이라고 할 수 있을 정도의 많은 재산을 필요로 하기 때문에, 빈자들의 요구에 대한 사회의 재산보유자들의 보호가 ─혹은 게으르고 싸움꾼인 자들에 대한 부지런하고 합리적인 사람의 보호─ 공공의 행복이나 공동선에 필수적이다.[21]

통치의 목적을 고려하는 인민은 재산을 가진 자들이었다. 로크가 옹호했던 민주주의인 입법을 위한 다수의 동의는 당시에 참정권이

---

18) Locke, *Second Treatise of Government*, p. 66 (s. 124).
19) Laski, *The Rise of European Liberalism*, p. 156.
20) Macpherson, *The Political Theory of Possessive Individualism*, pp. 194–262.
21) Strauss, *Natural Right and History*, p. 234.

제한되고 영국사회의 작은 부분이었던 (인구의 3% 정도로만 평가되었던22)) 재산보유자의 동의이었다. "로크는 재산을 가진 사람만이 시민사회의 완전한 구성원이자 다수의 구성원이라고 가정하고 있었다."23) 이것은 아마도 로크가 왜 개인적 권리의 어떤 직접적인 보호도 지지하지 않았는지를 설명한다. 필요한 동의가 재산소유자의 다수의 그것이었기 때문에, 이것은 "각자의 권리의 충분한 안전판이었다. 왜냐하면 그는 고려될 권리를 가진 모두는 하나의 공공선, 궁극적으로는 국가의 부의 최대화라는 관념에 일치되었다고 가정했기 때문이다."24)

오늘날 자유주의가 부르주아 정치이론이라는 앞에서의 주장에 살이 더 붙여져 왔다. "로크의 재산이론은 그것이 '자본주의의 정신'이라는 고전적 원칙으로 이해된다면 오늘날 곧바로 이해될 수 있다."25) 그 기초적인 것에 더 까발려서 통렬히 해석하면, 그가 채택한 제도는, 무엇보다도 재산의 보호를 위하여 재산소유자들에 의해 만들어진, 법의 최고성으로 특징지워질 수 있을 것이다. 18세기의 자유주의 사상가들 중에 탁월한 또 한 사람인 아담 스미스는 솔직담백하게 이렇게 썼다.

> 법과 정부는 이 점에서 그리고 사실상 모든 경우에 빈자를 억압하고, 그렇게 하지 않으면 빈자의 공격으로 곧 파괴될 선(goods)의 불평등을 스스로 보존하기 위한 부자들의 단결로 여겨질 수도 있다. 빈자들은 정부에 의해 방해받지 않으면 공개된 폭력으로 다른 사람을 머지않아 평등에로 돌릴 것이다.26)

---

22) Robert A. Heineman, *Authority and the Liberal Tradition* (Durham, NC: Carolina Academic Press 1984), p. 29.

23) Macpherson, *The Political Theory of Possessive Individualism*, p. 252.

24) Strauss, *Natural Right and History*, p. 257.

25) Ibid., p. 246.

26) Adam Smith, *Lectures on Jurisprudence*, edited by R. L. Meek, D. D. Raphael, and P. G. Stein (Oxford: Clarendon Press 1978), p. 208.

현대 공산주의의 아버지인 칼 마르크스(Karl Marx)는 정치적인 경제 스펙트럼에서 스미스의 반대편 극에 서있는데, 논점을 더 예리하게 만들지는 못하였다. 마르크스는 자유주의의 국가와 법을 부르주아의 재산상 이익을 위하여 작동한다고 비난하였다. "당신의 법학은 모두를 위해 법에 집어넣은 당신의 계급의 의사에 지나지 않는다."27) 마르크스의 공동연구자이었던 프리드리히 엥겔스(Friedrich Engels)는 상세히 설명하였다. "국가가 계급적대성을 견제하기 위한 필요에서 발생하였고, 또 계급 간의 투쟁이 한창 치열할 때에 발생하였던 바와 같이, 그것은 당연히 가장 강력하고 경제적으로 지배적인 계급의 국가이다. 이는 그 의미상 정치적으로도 지배적인 계급으로 되며, 피억압계급을 억누르고 착취하는 새로운 수단을 획득한다."28)

이러한 관점에서 보면 자유주의적 법의 지배는 (적어도 비엘리트에게는) 자명하게 매력적이지는 않다. 하지만, 자유주의나 법의 지배를 거부하는 혹은 로크를 비난하는 충분한 이유로서 적어도 그 시작에서, 재산소유자에 대하여 이러한 명백한 편파성을 취하는 것은 잘못일 것이다. 자유주의자들은 방어를 위해, 법이 계급분쟁의 위에 서 있어서 사실상 중립적이며, 개인과 사회는 다른 이유들 중에서도, 자유주의의 재산보존지향이 부와 자유를 최대화하기 때문에 훨씬 더 낫다고 주장하여 왔다. 이는 나중에 상세히 설명할 것이다. 이러한 고찰은 로크의 특별한 유산을 전혀 손상시키지 아니한다. 그가 지지했던 주장이나 사상은, 몽테스키외에 의해서만 필적되고, 개인적 자유라는 이익에서 자유주의와 법의 지배를 촉진하기 위하

---

27) Karl Marx and Friedrich Engels, *The Communist Manifesto* (Oxford: Oxford Univ. Press 1998), p. 21.
28) Friedrich Engels, *The Origins of the Family, Private Property and the State* (New York: International Publishers 1942), pp. 156–157.

여 다른 사람들에 의해 이전의 어떤 다른 정치이론보다 더 많이 이용되었다. 그의 도움으로 만들어진 자유주의 체제는 그의 이해나 그의 시대의 상황에 사로잡혀 있지는 않다. 하지만 이 고찰은 법의 지배와 자유주의에 의하여 제시된 최상의 이익이 사회 내에서의 재산의 분배까지만 확대되는지의 여부가 고려되어야 한다는 것을 제시한다.

### ॰●● 몽테스키외의 기여

몽테스키외는 자유가 많은 의미를 주어왔다는 생각으로 자유에 관한 그의 논의를 시작하였다. 그는 민주주의를 자유와 동등시하는 것이 "인민의 권력이 그들의 자유와 혼동되어 왔다."는 잘못이라고 주장하였다.[29] 더욱이 자유는 누군가가 원하는 것이면 무엇이든 하는 권리가 아니다. 왜냐하면 그렇다면 모든 사람은 똑같은 것을 행하는 다른 사람으로 인해 끊임없는 위협에 있게 될 것이기 때문이다. 우리들 각자는 모두가 다른 사람에게 해롭게 하는 것으로부터 제한되는 경우에만 자유를 가진다. 이때 법률은 개인이 그들이 원하는 대로 행할 수 있는 안전한 행위의 범위를 형성한다. "자유는 법이 허용하는 것이면 무엇이든 행하는 권리이다."[30] 다시 말하면 이것은 법적 자유에 대한 고전적 진술이다. "몽테스키외는 자유를 법의 지배 하에서 살아가는 삶과 동일시하였다."[31]

---

29) Baron de Montesquieu, *Spirit of Laws*, edited by J. V. Pritchard, vol. 1 (London: Bell and Sons 1914), p. 161 (Book XI, s. 2).
30) Ibid., p. 161 (Book XI, s. 3).
31) Thomas L. Pangle, *Montesquieu's Philosophy of Liberalism: A Commentary on the Spirit of the Laws* (Chicago: Chicago Univ. Press 1989), p. 109.

그러나 법적 자유(legal liberty)보다도 자유(freedom)를 보존하기 위해서는 더 많은 것이 필요하다. 왜냐하면 법은 허용할 수 있는 행위의 여지가 거의 없도록 하여 번거로울 수 있기 때문이다. 자유(liberty)는 몽테스키외에 따르면, 인민이 독재로부터 안전할 경우에만 존재한다. 군주제나 귀족정적 과두제만큼이나 민주주의도 "그 자체의 성질상 자유롭지 아니하다."고 그는 생각하였다.32) 절제있는 정부가 가장 큰 자유를 제공한다. 남용을 피하기 위하여 정부는 "권력이 권력에 대하여 견제하는" 그러한 방법으로 구성되어야 한다.33) 그의 처방은 권력분립이었다.

입법권과 행정권이 한 사람에게 혹은 동일한 집정관집단에 통합되면, 자유가 있을 수 없다. 왜냐하면 동일한 군주나 혹은 상원이 독재적인 방법으로 집행하기 위하여 독재적인 법을 제정하지나 않을까 하는 우려가 생기기 때문이다.

다시, 사법권이 입법권 및 행정권과 분리되어 있지 않다면, 자유는 있을 수 없다. 그것이 입법부와 결합되어 있다면, 신민의 삶과 자유는 자의적인 통제에 속하게 될 것이다. 왜냐하면 그렇다면 재판관이 입법자가 될 것이기 때문이다. 그것이 행정권과 결합되어 있다면, 재판관은 폭력과 억압으로 행동할 것이다.

귀족이든 인민이든 동일한 사람이나 동일한 집단이 법 제정, 공적 결정의 집행 및 개인의 소송의 재판 등의 세 권력을 행사한다면, 모든 것의 끝일 것이다.34)

독립된 사법부는 몽테스키외의 구도에서 핵심적이다. "이 생각은 사법적인 엄정성과 공적인 신뢰를 보장할 뿐만 아니라 행정부와 많은 그 요원들로 하여금 사법부에 그들의 권력, 이해관계, 그리고 핍박하는 경향을 가하지 못하게 하기도 한다. 이때 재판관(magistrate)

---

32) Montesquieu, *Spirit of Laws*, p. 161 (Book XI, s. 4).
33) Ibid..
34) Ibid., p. 162 (Book XI, s. 6).

은 가장 필요하고도 가장 적절한 보호자로 인식될 수 있다."35) 사법부는 정부와 법 그리고 개인 사이에 가장 직접적으로 만나는 지점이며, 그러므로 그것은 불법적인 정부의 행위에 대한 가장 나은 방어막으로 기여할 수 있다.36) 몽테스키외는 그들의 권력을 제한하는 수단으로, 재판관(및 배심원)이 일정한 임기 동안 재임하도록 인민으로부터 선임되어야 한다고 제안하였다. 그리고 판결은 엄정히 법에 따라 내려져야 한다고 주장하였다. "그것들이 재판관의 사적 견해라면, 인민들은 그들의 의무의 성질을 정확히 알지 못하고 사회에서 살게 될 것이다."37)

몽테스키외는 영국의 문화와 사회가 어떻게 자유주의 법체제에 대한 대응물이었는지에 관하여 상설하였다. "영국의 삶의 양식의 중요한 모습과 그 헌법의 중요 목적은 자유로운 상업의 추구이다."38) 그는 영국을 "제한되지 않고 혐오하며 부러워하고 시기하는 모든 열정과 부와 명예를 향한 갈망하는 욕구"로 특징지웠다.39) 영국인들은 기꺼이 그들의 독립을 주장하였다. 그들은 더 많은 이익이 되는 연합을 위해 친구를 쉽게 포기하였다. 거의 모든 것은 값으로 쳐서 판매될 수 있다. 인민은 부유함으로 존경받는다. 모든 사람은 그들의 마음을 말한다. 그들은 이기적인 경쟁에 참여하고 있다. 공동체의 선을 향한 지향이 없음에도 불구하고 그것은 무너지지 않는다. 왜냐하면 모든 사람은 공동의 정치적 구조틀이 작동하게 하는 데에 개인적 및 공유된 이해관계가 있음을 이해하면서, 모두에게 그들의 목적을 추구하게 하는 구조틀 내에서 일하기 때문이

---

35) Judith N. Shklar, "Political Theory and the Rule of Law," in *The Rule of Law: Ideal or Ideology*, p. 5.
36) Pangle, *Montesquieu's Philosophy of Liberalism*, p. 132.
37) Montesquieu, *Spirit of Laws*, p. 103 (Book XI, s. 6).
38) Pangle, *Montesquieu's Philosophy of Liberalism*, p. 198.
39) Montesquieu, *Spirit of Laws*, p. 331 (Boox XIX, s. 27).

다.[40] 몽테스키외의 설명에서는, 비록 그들이 자신들의 경제적 이익을 촉진하는 입법을 조성할 기회를 가질지라도, 영국인들은 너무 바쁘게 사업에 종사하여 다른 사람을 억압하는 정부기제를 이용하지 못한다.[41]

이것이 부르주아 문화이다. 거의 모든 관련 요소에서 이 사회는 미덕과 공동체를 지향하는 사회라는 고전적 이상과는 반대되었다. 그러나 몽테스키외는 그것을 경멸하지는 않았다. "상업정신은 검소함, 경제, 절제, 노동, 신중함, 평안, 질서, 그리고 규율 등의 그것을 자연스럽게 수반한다."[42] 이것은 법을 위한 문화적 배경을 제공하였는데, 이는 협약을 집행하고, 재산을 보호하며, 그 외에도 그들을 그대로 놔두면서, 거래를 용이하게 함으로써 영국시민들의 자유를 고양하였다. 몽테스키외는 상업적 문화가 훨씬 더 자유로운 문화라고 생각하였다. 비록 모든 삶의 방식이 이전될 수는 없지만, 상업은 이전될 수 있고, 이 가능성에서 몽테스키외는 다른 사회에서 자유가 확산되고 증대할 가능성을 보았다.[43]

역사가들은 몽테스키외가 영국에서의 권력분립의 실제적 범위를 오해하였고, 과장하였으며, 영국문화에 대한 그의 설명이 미덕과 명예, 그리고 (최소한 약간의) 전체에 대한 일반적 지향의 중요성을 인식하지 못했다고 비판해왔다. 그 어느 것도 중요하지 않다. 그의 권력분립의 체계화, 법의 지배의 보존으로서 사법부를 강조하는 것, 법적 자유에 대한 그의 설명, 에워싸고 있는 문화와 법 사이의 보완적인 관련이 있다는 통찰력 등은 여전히 중요하다. 더 직접적으

---

40) Pangle, *Montesquieu's Philosophy of Liberalism*, p. 147.
41) Ibid., p. 148.
42) Montesquieu, *Spirit of Laws*, p. 50 (Book V, s. 6).
43) Ibid., Books XIX and XX; Pangle, *Montesquieu's Philosophy of Liberalism*, pp. 198–199.

로는, 그의 사상은 로크의 그것과 함께, 미국헌법의 설계자들에게 중대한 영향을 끼쳤다.

## ∘●● 페더럴리스트 페이퍼

페더럴리스트 페이퍼는 "자유주의의 고전"이다.44) 알렉산더 해밀턴 (Alexander Hamilton), 제임스 매디슨(James Madison), 존 제이(John Jay)에 의해 써진 것으로, 미국헌법안의 채택을 촉구하기 위한 한편의 옹호물이었다. 그러나 그것은 정치이론상 자유주의 이론가들의 사상의 권한을 행사하는 정부구조와 일련의 제도들로 전환하는 작업을 가진 일이었다.

매디슨은 그들이 씨름했던 주된 곤혹스러움을 다음과 같이 썼다.

> 그러한 (다수의) 파벌의 위험에 대하여 공공선과 사적 권리를 보장하는 것, 그리고 동시에 대중적인 정부의 정신과 형태를 보존하는 것이 우리의 탐구가 향했던 커다란 목적이다.45)

매디슨과 해밀턴은 둘 다 여러 저서에서, 최근의 국가입법에서의 사건들에 의해 증대되어왔던 관심사인, 계약과 재산권에 대해 민주주의가 야기한 위협에 대해 공개적으로 우려를 표명하였다.46) 민주주의에 의한 남용의 역사적 사례들을 인용하면서, 매디슨은 다음과 같이 썼다. "그러므로 그것은 곧 그러한 (직접)민주주의가 혼란과 다

---

44) Gottfried Dietze, *The Federalist: A Classic on Federalism and Free Government* (Baltimore: John Hopkins Univ. Press 1965), pp. 255-256.

45) James Madison, Alexander Hamilton, and John Jay, *The Federalist Papers* (New York: Arlington House 1966), no. 10, p. 82.

46) Dietze, *The Federalist*, pp. 41-102.

툼의 도가니로 되어 왔다는 것이다. 또한 개인의 안전이나 재산권과 양립할 수 없는 것으로 판단되어 왔다. 그리고 일반적으로 그것들은 소멸 시에 폭력적이었을 만큼 그 수명에서 짧았었다."[47] 그들은 소위 민주주의의 "자기지배"가 다른 사람에 대한 누군가의 제도화된 지배의 위험을 포함하는 허구적인 어떤 것이라고 이해하였다. "왜냐하면 지배하는 자는 반드시 지배되는 자와 동일한 '사람'인 것은 아니며, 또한 민주적인 자치정부는 '스스로에 의한 각자의' 정부가 아니라, 기껏해야 '나머지 사람들에 의한' 정부이기 때문이다."[48] 파벌들이 사회에 있는 경우에는, 실제의 민주주의는 더 적은 집단에 대해 훨씬 더 대중적이거나 훨씬 더 조직화되거나 훨씬 더 강력한 자들의 지배일 수 있다.

이러한 우려에도 불구하고, 페더럴리스트 페이퍼는 정부가 민주적이어야 한다는 것을 문제시하지는 않았다. 그것은 앞서 언급한 우려를 개인적 자유의 보호를 위해 민주주의를 통제하는 방법을 구축하는 데로 돌렸다. 세 가지 메커니즘이 인정되었다. 첫째로, 직접민주주의보다 대의제 민주주의가 직접민주주의를 빗나가게 하는 열정에 저항하여 대표들로 하여금 법제정 시에 심사숙고와 지혜를 행하도록 한다. 둘째로, 두 종류의 분리가 권력으로 권력을 견제하는 수단으로서 장치된다. 주를 연방정부로부터 분리하여, 수직적 권력분립이 주들을 제약하는 데에 도움이 될 것이다. 이는 일반대중들에게 훨씬 가까우며 그래서 대중적으로 남용되기 쉽다. 입법, 행정, 사법기능을 분리하고, 입법부를 (내부적으로) 분리하여 다른 선출방법과 다른 임기를 갖는 대중적 기구와 좀 더 엘리트적인 기구로 나

---

47) Madison, Hamilton, and Jay, *Federalist Papers*, no. 10, p. 81.

48) Berlin, *Four Essays on Liberty*, p. 163. In this passage Berlin presents Mills' criticism of the idea of self-rule.

누는 수평적 분립이 그것이다.49) 이러한 다양한 분리 뒤의 살아 있는 원칙은 정부기구가 어떤 특정 집단에 장악되어 다른 사람에게 행사되는 것이 어렵도록 만드는 것이다. "사회 자체가 시민의 많은 부분으로, 이해관계로 그리고 계층으로 갈갈이 찢어질 것이다. 그래서 개인이나 소수자의 권리가 다수의 이해관계에 좌우된 결합으로부터 거의 위험에 빠지지 않을 것이다."50)

세 번째 메커니즘은 해밀턴에 의해 표명된 법률에 대한 사법심사이었다.

제한된 헌법에 의하여, 나는 입법부의 권위에 대한 어떤 특수한 예외를 포함하는 것을 이해하고 있다. ... 이러한 종류의 제한은 실제로 헌법의 명백한 취지에 반하는 모든 법률을 무효로 선언하는 것이 그 직무이어야 하는 법원이라는 수단을 통하는 이외에 다른 방법으로는 보존될 수 없다. 이것이 없이는, 모든 특정의 권리나 특권의 보존은 아무것도 아니게 될 것이다.51)

해밀턴은 사법심사를 확립하기 위하여 논리를 적용하였다. 헌법은 "기본적인 법"이다.52) 헌법의 최고성은 모순되는 법률을 무효로 할 수 없다면 손상될 것이다. 그렇지 않으면 통상의 법률은 처벌 없이 헌법적 제한을 짓밟을 수 있을 것이다. 이 추론은 설득적인 반면에, 누가 혹은 어느 기구가 무효를 선언할 권한을 가져야 하는지를 저절로 결정하지는 않는다. 이 역할을 위하여 법원을 지적하면서, 해밀턴은 사법부가 다른 부서에 아무런 위협을 주지 않는, 그 처분에서 군대나 무기를 갖지 않는 가장 약한 부서라는 신중한 주장을 하였다. 그리고 더 나아가 "법률의 해석은 법원의 적절하고도

---

49) Madison, Hamilton, and Jay, *Federalist Papers*, no. 51, pp. 320–325.
50) Ibid., no. 51, p. 324.
51) Ibid., no. 78, p. 466.
52) Ibid., no. 78, p. 467.

고유한 영역이라."고 하였다.53)

페더럴리스트 페이퍼는 명백히 권리장전을 옹호하지는 않았다. 몇 몇 잡다한 보호가 헌법에서 명백히 정해져 있었다(소급입법, 사권박탈법 및 계약의 약화 등의 금지, 그리고 인신보호영장 등). 그러나 그것은 보호되는 권리의 명시적 목록을 포함하지는 않았다. 해밀턴은 권리장전이 불필요하고 또 아마도 위험할 것이라고 주장하였다.54) 정부는 개인의 권리를 보호하기 위하여 운용되는 전체적인 헌법구도를 가지고, 오직 제한된 권한만을 가진다. 명시적인 보호를 규정하는 것은, 정부가 그렇지 않은 경우에 그러한 권한을 가지며, 권리로 기술된 것에만 보호를 축소하는 효과를 가짐을 의미할 수도 있다.55) 해밀턴의 반대에도 불구하고, 권리장전은 이미 여러 주 헌법에 포함되었으며, 곧바로 수정헌법에 의해 미국헌법에 추가되었다.56)

성문헌법, 민주적 선거, 명시적으로 규정된 개인의 권리, 권력분립 그리고 법률에 대한 사법심사 등이 오늘날 자유주의와 법의 지배에 필수적인 것으로 생각되고 있다. 존 마샬(John Marshall) 대법관은, 헌법 자체에 아무런 언급이 없음에도 불구하고 사법심사가 헌법적으로 요구된다고 판단했을 때, 헌법이 "사람이 아닌, 법의 정부"를 보장한다고 생각하였다.57) 성문헌법은 법제정자에게 법적 통제를 규정한다. 헌법이 개정을 통해 변경될 수 있더라도, 그렇게 하기 위하여 넘어야할 더 높은 장애물은 통상의 법제정이 법적인 한

---

53) Ibid., no. 78, p. 467.
54) Ibid., no. 84, pp. 512-515.
55) 이 가능성에 반박하기 위하여 수정헌법 제9조는 권리장전에 포함되었다. 이 규정은 "특정 권리를 헌법에 열거하는 것은 인민들에 의해 보유되는 다른 것들을 부인하거나 손상하는 것으로 해석되어서는 안 된다."고 정하고 있다. 그렇지만, 문제는 이 보유된 권리가 무엇을 의미하는지를 정확히 인식하고 있다.
56) Leonard W. Levy, *Origins of the Bill of Rights* (New Haven: Yale Nota Bene 2001) Chap. 1을 참조.
57) *Marbury* v. *Madison*, 1 Cranch 137, 177 (1803).

계에 따라 작용한다는 것을 의미한다. 사법심사는 이 법적 한계가 실현되는 메커니즘을 제공한다. 사법부를 법의 신탁으로 이해하면서, 이것은 법 자체를 말하는(speaking) 것으로 나타낸다. 오늘날의 자유민주주의에서는, 최고권력에게 법적 한계를 부여함에 있어서 이전에 그리스, 로마 그리고 중세시기 동안 신법이나 자연법 혹은 고대법전, 혹은 관습법에 의해 수행되었던 역할을 기속력 있는 헌법이 대신한다.

## ∘•• 영국의 경우

최소한 EU에의 가입과 유럽인권협약(ECHR)의 협력 이전에58) 그 대부분의 역사 동안 영국은 이제까지 설명한 많은 모습들을 갖지 않았다. 그것은 성문헌법, (현대적 의미에서) 명시적인 개인적 권리의 장전 그리고 사법심사를 갖지 않았다. 하지만 그것은 정평 있는 자유주의의 탄생지이며 법의 지배의 보루이다. 영국의 경우에 대한 간략한 설명은 법의 지배의 사회적 관련성에 대한 통찰력을 제공할 것이다.

수세기 동안, 일반적인 보통법이 주권적인 법제정자에게 법적 한계를 둔다고 생각되었다.59) 법은 이러한 이해에 따라, 만들어지는 것이 아니라 발견되는 것이었다. 영국 법학자들이 말하기를, 보통법은 기억할 수 없는 오랜 시간으로부터 유래된 관습의 산물이며, 법

---

58) 이 가입의 배경과 그 의미에 대해서는, Eugene Cotran, "The Incorporation of the European Convention on Human Rights into the Law of the United Kingdom," in Eugene Cotran and Adel Omar Sherif, eds., *Democracy, the Rule of Law, and Islam* (The Hague: Kluwer 1999), pp. 135–160을 참조.

59) C. H. McIlwain, "The English Common Law, Barrier Against Absolutism," XLIX *American Historical Review* 23 (1934)을 참조.

관에 의한 이성의 적용을 통해 법적 원칙을 도출해내는 것을 의미하였다. 이 주장이 신화같은 어떤 것이라는 것은[60] 잘못 짚은 것이다. 왜냐하면 그것은 가끔 반복되었고 또 널리 믿어졌기 때문이다. 이 법적 구조틀은 모든 정부행위에 적용되었다. 17세기 중·후반에 (홉스에게 영향을 미친) 영국시민전쟁과 (로크에게 영향을 미친) 명예혁명의 양 측의 연설내용도 보통법으로부터 유래한 주장으로 가득 차 있었다.[61] 당시에는 공법과 사법 사이의 뚜렷한 구분이 없었다. 예를 들면, 계약, 신탁 및 손해에 대한 책임 등에 관한 보통법원칙은 시민들 사이 및 시민과 정부공직자 사이의 행위에 똑같이 적용되었다.[62] 일반법정에서 통상의 법에 따른 정부공직자의 책임은 이러한 이해의 토대이었다.

헌법은 정부의 기본적인 권한과 한계 그리고 정부와 그 시민 사이의 관계를 규정한다. 이러한 의미에서 영국은, 대헌장과 같은 독창적인 기록물, (군주와 의회 사이의 관계에 관한) 왕위계승법(the Act of Settlement), (의회의원의 임기에 관한) 7년임기법(the Septennial Act), 인신보호법(the Habeas Corpus Act) 등과 같은 중요 법률, 그리고 특히 일반적인 보통법원칙의 체계 등으로 구성된 **불문헌법**을 수세기 동안 가져왔다. 이들은 모두 법과 정부에 관한 이해와 관습의 공유된 복합체에 의해 뒷받침되었다. 이것은 법제정자에게 한계를 두는 법이라는 의미에서 성문의 미국헌법에 기능적인 대응물로 기여하였다.[63] **보넘의사사건**(Doctor Bonham Case)에서의 코크(Coke)의 판결은,

---

60) J. G. A. Pocock, *The Ancient Constitution and the Feudal Law* (Cambridge: Cambridge Univ. Press 1957)을 참조.
61) Howard Nenner, *By Color of Law: Legal Culture and Constitutional Politics in England, 1660–1689* (Chicago: Univ. Chicago Press 1977).
62) A. V. Dicey, *Introduction to the Law of the Constitution* (Indianapolis: Liberty Fund 1982[1908])을 참조.
63) James R. Stoner, *Common Law and Liberal Theory: Coke, Hobbes, and*

그가 "보통법은 의회의 법률을 통제하고, 때때로 그것들을 완전히 무효로 판단할 것이다."라고 선언하였을 때,[64] 이러한 이해를 입증하였다. 기본적인 생각은 법원칙을 반영하는 사법(private law)의 체계인 보통법이 기본적인 법적 구조를 만든다는 것이었다. 이러한 입장에서 법률은 보통법의 완전성과 일관성에 대한 위협을 불러 일으켰다. 보통법을 훼손하는 법제정은 그러므로 재판관에 의해 엄격히 해석된다.

19세기에는, 제러미 벤담과 다른 법개혁가들의 영향 하에, 계몽주의에 의해 만들어진 견해로 일반적으로 전환하면서, 영국에서의 법에 대한 태도가 변화되었다. 법은 현재의 사회적 목적에 기여하기 위한 주권적인 입법자의 의지의 산물로 이해되기에 이르렀다. 이 이론은 홉스 및 존 오스틴(John Austin)과 견해를 같이 하는 "법실증주의(legal positivism)"라고 불린 법이론이다. 법은 발견되는 것이 아니라 만들어지는 것이었다. 그 유용성은 관습이나 전통에서의 유산보다도 더 중요하였다. 이는 법이 시대와 무관하게 변경할 수 없는 법원칙의 총체 혹은 문화나 민족의 소산을 반영한다는 견해에 대비하여, 법에 대한 도구적 견해이다.[65] 인민의 위임으로 그 권위가 유래되는 의회주권에 대한 로크의 주장이 당시 유행하였다. 법률에 대한 사법심사는 거부되었다. 법률에 표현된 인민의 의사를 번복하는 권한을 가지는 법관에 대해 아무런 정당화가 없었다. 보통법의 어느 부분도, 대헌장이나 사실상 어떤 헌법적 규정을 포함한 어떤 기본적인 법적 문서도 그러할 수 있었던 것처럼, 통상의

---

the Origins of American Constitutionalism (Lawrence: University Press of Kansas 1992); Friedrich Hayek, Law, Legislation and Liberty: Rules and Order, vol. 1 (Chicago: Chicago Univ. Press 1973), pp. 84–85을 참조.

64) Stoner, Common Law and Liberal Theory, p. 52에서 인용.

65) Brian Z. Tamanaha, A General Jurisprudence of Law and Society (Oxford: Oxford University Press 2001), pp. 44–50을 참조.

법률에 의하여 변경될 수 있었다. "의회주권은 그러므로 의심할 바 없는 법적 사실이다."[66]

당시 영국은 정부의 기본적 구조와 법적 권리 그리고 시민의 자유를 정하는 의미에서 헌법을 가지고 있었지만, 하나의 성문화된 문서도 아니고, 통상의 법제정에 대해 우월적이지도 않았으며, 사법심사에 의해 보호되지도 않았다.[67] 존 마샬(John Marshall)에 의해 표현된 법에 따르는 정부라는 일반적 의미에서, 필수적이라고 여겨졌던 특성이 완전히 결여되어 있었음에도 불구하고 법의 지배는 널리 보급되었다.

몽테스키외의 주도에 따른 하나의 설명은 수세기 동안 만들어지고 있는 영국의 문화와 사회에 두어진 깊은 어떤 것을 지적한다. 국민과 정부공직자들 사이에, 정부가 법의 제한된 구조틀 내에서 작용한다는, 널리 공유된 신념과 헌신이 그것이다. 따라서 법이 지배하였다. 법의 지배는 어떤 특수한 법적 메커니즘이 아니라, 법의 지배와 정부에 대한 특정의 기본적인 제약의 불가침성에 관한 광범위하고 의심없는 신념으로 인해 존재하였다. 법이 어떻게 스스로를 제한할 수 있는가라는 고대의 수수께끼에 대한 이 해답은 그것이 그렇지 않다는 것이다. 즉 법에 관한 태도가 그 제한을 설정한다.

하이예크는 법의 지배가 자체로 법적 원칙이 아니라, 정치적 이상이라고 하였다. "그것은 입법자가 그것에 기속된다고 느끼는 한에서만 효과적일 것이다. 민주주의에서 이것은, 다수에 의해 공유되고 의심할 바 없이 받아들여지는 공동의 이념으로서 그것이 공동체의 도덕적 전통의 한 부분을 형성하지 않는다면 효과가 없을 것이

---

66) Dicey, *Introduction to the Law of the Constitution*, p. 24.
67) 영국의 EU에의 참여와 ECHR에 대한 최근의 협력은 최소한 저자에게는 아직도 명쾌하지 않은 복잡한 방법으로 이 제도들을 변경하였다.

다."[68] 법의 지배에 관한 또 다른 선구적 이론가인 다이시는 법제정자에 대한 이러한 한계를 "법적"이 아니라, "정치적" 혹은 "도덕적"이라고 특징지웠다.[69] 그렇지만 제한되지 않는 법제정자조차도 위반되거나 쉽게 변경될 수 없는 법적 구조틀에 의해 포위당하고 있다는 중대한 점이 남아 있다고 특징지워지고 있다. 이사야 벌린이 고찰한 바와 같이, "그러므로, 영국을 비교적 자유롭게 한 것은 이론적으로 전능한 이 통일체가 그처럼 행동하는 것에서 나오는 관습 혹은 의견에 의해 제한된다는 사실이다. 중요한 것은 - 그것들이 법적이든, 도덕적이든, 혹은 헌법적이든 - 권력에 대한 제한의 형태가 아니라 그 유효성이라는 것은 명백하다.[70]

## ∘•• 전문법조인

자유주의 이론가들이 세밀하게 주의를 기울이지는 않았지만, 법의 지배에 관한 모든 자유주의자들의 설명은 확고한 법적 전통의 존재를 전제하고 있다. 알렉시스 드 토크빌(Alexis de Tocqueville)의 고전적 연구서인 **미국 민주주의**(Democracy in America)는 미국독립 반세기 후에 출간되었는데, 민주주의에 의해 제기되는 대중영합적 독재(populist tyranny)의 위험성을 강조하였다. 이 위험을 완화하기 위하여 도움이 되는 것은 토크빌에 따르면, 전문법조인이다. 합리성과 합법성의 가치에 대한 지향을 강조하는 전문화된 지식집단으로, 법조인은 생각할 수 있는 사회적 힘이다. 그는 쓰기를 "특별히 법을

---

68) Hayek, *The Constitution of Liberty*, p. 206.
69) Dicey, *Introduction to the Law of the Constitution*, pp. 26–35.
70) Berlin, *Four Essays on Liberty*, no. 2, p. 166 .

공부한 사람은 이 직종으로부터 질서의 어떤 성질, 형식성의 멋, 그리고 이념에 대한 정규적 관련을 위한 일종의 본능적인 관심 등을 이끌어낸다. 이것들은 법조인들로 하여금 자연히 혁명적인 정신과 무자비한 대중의 열정에 매우 적대적이도록 만든다."[71] 드 토크빌은, 재판관과 선출된 입법자들과 같이, 전문법조인이 법제정에 대해 행하는 조절적인 영향에 신뢰를 표명하였으며, 미국사회에서의 많은 사적이고 정치적인 분쟁들이 해결을 위해 법적 영역으로 길을 향하고 있다는 것을 재확인하였다.

다른 이론가들은 전문화된 법문화의 관련성을 인정하였다. 주디트 쉬클라(Judith Shklar)가 쓰기를

> 무엇보다도, 법률존중주의(legalism)는 전문법조인이 종사하는 영역이다. ... 분명히 도덕과 정치와는 다른, 낱낱이 나누어진 부분으로 되어 있는 전체로서의 "거기"로 법을 생각하는 경향은 그 자체의 기능에 대한 전문법조인의 입장에 가장 깊은 근거를 가지며, 실로 우리의 대부분의 사법적 제도와 절차의 근거를 형성한다.[72]

이 특징지움은, 법의 지배가 효과적으로 기능한다면 ─ 특히 법관이 법에 따르도록 되어 있다는 중요한 특징으로 ─ 필요한 기여는 법에 숙달된 사람들의 태도와 지향 내에서 발견될 것이다. 법관들은 좀 더 일반적으로 법조인이 아니더라도, 그들의 특수한 업무와 의무가 법에 충실하는 것이라는 감각으로 고취되어야 한다.

그렇지만 이론가들은 전문법조인들이 법의 산물에 영향을 미치는 스스로의 (개인적 및 집단적) 이해관계를 가지고 있다는 것을 경고하

---

71) Alex de Tocqueville, *Democracy in America* (NY: Mentor Books 1900), p. 122.
72) Shklar, *Legalism*, pp. 8-9.

였다. 벤담은 법조인들이 "인민들의 주머니로부터 가능한 한 최대한 많이 인민들의 생산활동의 산물을" 뽑아내도록 고안된 사기적인 직업에 집단적으로 종사하고 있다고 혹평하였다.[73] 사회학자인 막스 베버(Max Weber)는 전문법조인들의 금전적인 이해관계가 — 보통법의 보호라는 명목으로— 법개혁에 목적을 둔 법률을 파괴하도록 영국법원들을 이끌었다고 생각하였다.[74] 법의 지배의 요건을 완화시키는 요소들로 법조인들을 중개자이자 촉진자로서 없어서는 안되게끔 하기 위하여 법은 애매모호하고 불명확하며 접근이 어렵게 유지되었다. 이후의 장에서 언급되겠지만, 이 우려들은 전문법조인들이 법을 이들 사용자들의 편익에로 돌리면서 그들에게 가장 많은 보수를 제공하는 엘리트계급의 이익에 기여한다는 유사한 근심거리에 더해지는 것이다.

결과적으로 전문법조인들은 법의 지배의 핵심에 위치하고 있다. 오늘날의 사회에서는 법에 숙련된 사람들은 법적 활동을 독점하는 뚜렷한 사회적 세력을 형성한다. 자유주의 이론가들이 한결같이 법의 지배의 최종적 보존으로 독립적이고 중립적인 사법부에 특수한 지위를 부여하는 것을 가정하면, 법의 지배는 합법성의 가치를 행하는 이 집단이 없이는 그럴 듯하게 기능할 수 없었다. 그렇지만, 이 입장은 또한 유례없이 전문법조인, 특히 법관들에게 법의 지배를 훼손하는 상황에 놓이게 한다.

---

73) Jeremy Bentham, *A Fragment on Government* (Cambridge: Cambridge Univ. Press 1988), p. 117.
74) Weber, *On Law in Economy and Society*, p. 203.

# 05

## 보수주의자들의 경고

# 5
# 보수주의자들의 경고

19세기 말에 시작하여 20세기 후반까지 계속하여 법의 지배의 쇠퇴에 관하여 학자들로부터 큰 목소리의 반복된 경고가 있었다. 현재의 전대미문의 법의 지배의 유행이 서구에서 퇴보하였다는 것이 학자들 사이의 폭넓은 동의와 함께 일어났다는 것은 뜻밖의 역설이다. 정치적 스펙트럼의 양 극단인 우파와 좌파의 이론가들은, 비록 전자가 이 쇠퇴를 애석해하고 한편으로 후자는 그것을 찬양하였지만, 이 진단에는 동의하였다. 법의 지배가 많은 정치적·경제적 난관에 대한 특효약으로서 널리 규정되어왔음을 전제하면, 이러한 쇠퇴의 성질과 이유를 이해하는 것이 필수적이다. 정치적 권리에 대한 논의가 이 장에서 행해질 것이다.

### ∘•• 자유주의 대 사회주의

법의 지배의 파악된 쇠퇴는 지난 150년간의 자유주의와 사회주의 사이의 거대한 이데올로기 경쟁과 직접적으로 관련이 있다. 19세기 중반의 영국은 고전적 자유의 최고조이었다. 상품과 서비스의 생산과 분배 그리고 교환에서, 정부간섭의 상대적 제한과 함께, 자유시장이 널리 보급되었다. 역사가 에릭 홉스봄(Eric Hobsbawm)에 따르면,1) 이 시기 동안 경제적 진보의 동력은 철도의 발달이었다. 이는 (철도와 자동차를 건설하기 위한) 철의 생산과 (엔진의 연료로 쓰기 위한) 석탄채굴의 증대를 가져왔고, 기계설비와 공학에서 혁신을 부추겼으며, (프로젝트를 재정적으로 뒷받침하기 위한) 자본축적을 위한 새로운 금융기법들의 창안을 촉진하였다. 완성된 철도망은, 대량의 상품의 운송을 증대시키고, 운송비용을 절감하였으며, 새로운 거래시장을 개척하면서, 사람과 상품, 특히 목면과 직물을 위한 여행에 대변혁을 가져왔다. 제조업 도시들이 성장하였고, (인구증가와 더불어) 농촌에서 도시지역으로의 인구이동으로 이어지는 고용의 기회를 창출하였으며, 많은 수의 이방인들을 끌어 모아 공동체와 가족구조를 변경시켰다. 이 발전들의 각각은 후에 다양한 다른 것으로 되었다.

상업활동의 이러한 팽창은 그 대가를 불평등하게 분배하였다. 소수의 제조업 실력자들에게는 거대한 부를 창출하였고, 성공한 상인과 그들의 직업적인 살림꾼들(법조인과 은행가들)이라는 중요 상위계급들에게는 넉넉한 부를 창출하였으며, 점점 더 늘어나는 종업원, 교사, 상점점원, 기타 서비스업계에 종사하는 사람들에게는 덜 넉넉하지만 여전히 적당한 부를 창출하였다. 제철소, 방직공장, 석탄탄광 등에 배치된 다수의 일하는 노동자들에게는 아무런 부가 없이

---

1) Eric Hobsbawm, *The Age of Capital: 1848–1875* (New York: Vintage 1996). 19세기 전체는 Eric Hobsbawm의 추가된 두 저서, *The Age of Revolution: 1789–1848* (New York: Vintage 1996), 그리고 *The Age of Empire: 1875–1914* (New York: Vintage 1989)에 포함되어 있다(국내에 번역되어 있음: 역자주).

겨우 최소한으로만 음식과 주거를 창출하였다. 이 시기 동안 영국에는 예상하지 못한 정도의 새로운 부가 생겨났으며, 유럽과 미국에서는 조금 덜하지만 여전히 상당한 정도로 새로운 부가 생겨났다. 어린이를 포함하여 일하는 빈곤자들의 보트에 타고 있는 모든 사람이 열심히 노를 저어야 했고, 매 순간마다 질병, 산업재해, 혹은 실직 등 배가 뒤집히는 것으로부터 위협받으면서도, 모든 보트들이 상승되었다.

이 시기 동안 부르주아는 문화적, 경제적 및 정치적 문제에 일찍이 없었던 영향력을 누리고 있었다.

> 그들은 자본주의 그리고 경쟁적인 사적 기업, 기술, 과학 그리고 이성을 신뢰하였다. 그들은 어느 정도의 대의제 정부, 어느 정도의 시민적 권리와 자유 등이 법의 지배와 양립할 수 있고, 빈자들을 그들의 위치에 계속 두는 그러한 종류의 질서와 양립할 수 있는 한, 이것들을 신뢰하였다.[2]

거대한 식민지제국을 가진 영국은 경제적으로 그리고 정치적으로 세계를 지배하였다. 더 나아가, 영국 시민들은 비록 미국이 자유에 있어서 버금가고 부에 있어서 따라잡고 있었더라도, 다른 어떤 곳의 시민들보다도 더 많은 부와 자유를 구가하였다. 그러한 성공은, 의도적으로 애써 눈감은 자들 빼고는, 경제적·정치적 양 측면에서 모두 자유주의 이론의 정확성에 대한 자명한 증거로 여겨졌다.

자유주의는 마지막 4반세기에 처음에는 천천히, 그 후에는 점증하는 탄력을 가진 후퇴가 시작되기 전에는 그 찬양을 누리는 순간이 거의 없었다. 이 변천에 기여한 두 가지 요소가 언급할 것인데 둘 다 당시에 존 스튜어트 밀에 의해 사회주의를 심각하게 받아들

---

2) Hobsbawm, *The Age of Capital*, p. 245.

이는 어쩔 수 없는 이유로 인정되었다.3) 첫 번째 요소는 몸과 마음을 마비시키는 작업을 행하는 지독한 조건들 속에서 오랜 시간을 혹사당하는 영구히 불안정한 많은 수의 노동빈곤층이다. 그들은 나쁜 건강과 과로로 고통받았고, 과밀하고 비위생적인 주거에서 살았으며, 많은 사람들이 과도한 알콜소비로 그들의 삶을 달랬고 판에 박힌 듯 빨리 늙고 죽는 것이었다. 그리고 그들의 노동의 대가는 빈약하였으며, 가끔은 적당한 주거를 유지하고 다음날 일어나서 일하러 갈 만큼의 열량을 공급할 정도의 빵을 사기에 필요한 정도에 지나지 않았다. 마르크스와 엥겔스 모두가 명백히 알 수 있었던 노동의 소외 및 자본주의의 가혹한 칼날에 관한 이론을 개발하였을 때, 그들이 영국에 살았던 것은 우연이 아니다. 긴 안목에서 보면, 당시의 사회연구자들에게는, 권력은 다수와 함께 존재하여야 하고, 대중은 그들의 비관용적인 국가를 무한정 견디지는 못하였다. 특히 노동자들을 화나게 한 것은 그들의 삶과 전 도시에 걸쳐 더 나은 이웃으로 그들의 땀으로 생산된 보조금에 의지해 살아가는 사람들의 그것과의 사이의 결정적인 불균형이었다. 이를 중상모략하는 사람들에게는, 자본주의는 그저 가혹한 것이 아니라 불공정하다. 가장 혜택을 많이 받는 집단, 즉 자본가들은 가장 노동을 덜하며 또한 최저의 대가를 받아야 하는 것으로 보이기 때문이다.4) 더 나아가, 자유주의적 경제체제는 도덕적으로 파산하였으며, 정신적으로 피폐하고 무자비하며 이기적이고 반사회적인 입장을 기반으로 하기 때문에 결국에는 사회적인 연대감을 와해시키는 결과를 가져온다는 점에서 반대자들에게 비난받았다. "그것은 개인주의와 경쟁의 원칙

---

3) John Stuart Mill, "Chapters on Socialism," in Stefan Collins, ed., *On Liberty and Other Writings* (Cambridge: Cambridge Univ. Press 1989)을 참조.
4) Ibid., pp. 224–248.

이다. 그 각각은 스스로를 위하고 나머지 모든 사람들에 대립하는 것이다. 그것은 이해관계의 조화가 아니라, 이해관계의 대립에 근거하고 있으며, 그것에 따르면 모든 사람은 투쟁에 의하여, 다른 사람을 밀쳐내거나 그들에 의해 밀쳐져서 또 다른 자리를 찾도록 요구된다."[5] 1870년대와 1880년대에, 결국 오랫동안 잠자고 있던 정치적 힘을 보이면서 노동은 조직화되기 시작하였고, 파업이 전 유럽에 걸쳐 발발하였다.[6]

두 번째 요소는 유권자 자격의 확대이었다. 관대한 평등주의적 수사법에도 불구하고, 유럽에서의 민주주의의 실제적 현실은 투표권을 엘리트들에게 유보하였고, 이는 그들이 주도면밀하게 지켰던 특권이었다. 그렇지만, 자유주의적 민주주의 이론이라는 이데올로기, 특히 그것이 딛고 선 개인적 평등이라는 관념은, 다른 사람에게 선거권의 점진적 확대로 이어졌다.[7] 먼저 재산상의 자격이 하향되고, 그 후 무산 임금소득자를 포함하며, 결국에는 (20세기 초에) 여성에게 참가를 허용하였다. 밀은 널리 퍼져있는 공포의 기미를 언급하면서, 참정권의 더 넓은 확대라는 유사한 결과를 예견하였다.

1867년 개혁법이 노동계급의 손에 선거권을 부여하는 것이 크게 증가한 것은 오래 지속된다. ... 가장 부주의한 자에게조차도, 노동계급이 옳든 그르든, 노동계급으로서의 그들에게 영향을 미치며, 그들이 확신하고 있는 정치적 목표를 가지며, 곧 가질 것임은 주지의 사실이다. 그 정치적 목표는, 다른 권력계급의 이해관계와 견해들이 그들의 것에 반대된다. 그렇지만, 그들이 이러한 목표를 추구하는 것까지는 지금 현재 선거조직의 부족, 그들 내부의 불화, 혹은 아직은 충분

---

5) Ibid., p. 233.
6) Hobsbawm, *The Age of Capital*, pp. 108–115; Hobsbawm, *The Age of Empire*, pp. 112–141.
7) Hobsbawm, *The Age of Capital*, p. 99; Hobsbawm, *The Age of Empire*, pp. 84–111.

19세기의 마지막 4반세기에 발생한 대침체에 의해 야기된 경제적·사회적 혼란의 결과로, 일련의 개혁들이 노동하는 빈민들의 딱한 상태를 개선하기 위하여 구상되었다. "'보통사람'의 '자본가'에 대한 보호를 위한 아래로부터의 요구는, 사회의 안전과, 실직에 대한 공공수단 그리고 노동자의 최저임금 등을 위하여 목소리가 커지고 정치적으로 효과적이었다."[9] 영국에서 그리고 점차적으로 유럽의 다른 곳에서 정부에 의해 부과되거나 혹은 후원을 받는 법안들은 노동시간의 제한, 노령자연금, 건강보험, 노동자의 산업재해보상, 무상급식의 보편적 교육 등을 포함하였다. 이러한 프로그램을 집행하기 위해 만들어진 정부관료제는 바꿀 수 없을 만큼 커지기 시작하였다. 고전적 자유주의는 사회복지국가에 길을 내주었다.

사회복지법안들에 대한 저항은 다양한 형태를 띠었지만, 여기서 적절한 하나는 이러한 발전이 법의 지배의 종말을 초래할 것이라는 보수주의자들에 의해 밀어붙여진 주장이었다. 이 주장을 밀어붙인 가장 영향력 있는 두 이론가들은 영국의 헌법학의 거인인 A. V. 다이시와 오스트리아계 영국인인(오랫동안 미국에 거주하였다) 정치이론가이자, 노벨경제학상 수상자인 F. 하이예크이었다.

---

8) Mill, "hapters on Socialism," pp. 223–224.
9) Hobsbawm, *The Age of Capital*, p. 305; *The Age of Empire*, pp. 84–141도 참조.

## ∘•• 다이시로부터의 반격

정치적 이념으로서 법의 지배는 논의주제로도 되지 않을 정도로 너무 당연해서 상당히 경시되었었다. 1888년에 처음 출간된 다이시의 **헌법연구입문**(Introduction to the Study of the Law of the Constitution)은 자유주의적 민주주의 체제에서 법의 지배에 관한 최초의 뛰어난 현대적 체계화와 분석을 담고 있다.10)

다이시는 세 개의 중복되는 요소를 이용하여 법의 지배를 명확히 하였다. 그의 첫 번째이자 중요한 표현은 다음과 같다. "일반적인 법적 방법으로 성립된 법의 명백한 위반을 제외하고는 아무도 국가의 일반법원에서 신체나 재산상의 손해를 받지 아니한다. 이러한 의미에서 법의 지배는 권력자가 광범위하고 자의적이며 재량적인 구속권을 행사하는 모든 통치체제와 대비된다."11) 이 생각에는 세 가지 구별되는 사상이 혼합되어 있다. 그의 설명은 미리 존재하는 법이 없이는 어떤 처벌도 있을 수 없다는 관념에 집중된다. 그러나 그는 또한 일반법원이 사건을 다루어야할 적절한 제도라는 별개의 지적을 하였다. 영국에서 악명높은 성법원(Star Chamber: 星法院)이 특별사법재판소에 내재하는 남용가능성에 관하여 역사적으로 경고하는 데에 기여하였다. "영국에서 법의 지배는 일반법원의 재판관할권의 범위 내에 있다. 그것은 사법권의 지배이다."12) 다이시는 개인에게 제한을 가하는 정부공직자의 재량적 권한행사가 법의 지배와 양립할 수 없다고 지적하였다. 다이시에게는, 재량과 법은 서로

---

10) 용어의 기원과 다이시의 설명에의 영향에 관하여 잘 알 수 있는 설명은 H. W. Arndt, "The Origins of Dicey's Concept of the 'Rule of Law'," 31 *Australian Law Journal* 117 (1957)에 포함되어 있다.

11) Dicey, *Introduction to the Study of the Law of the Constitution*, p. 110.

12) E. Barker, "The 'Rule of Law'," [1914] *Political Quarterly* 116, 118.

정반대이다. 법관은 법이 무엇을 요구하는지를 고지하는 단순한 수도관일 뿐이다. "사법권은, 법의 권력과는 구별되는 것으로, 실체가 없으며, 법원은 단순한 법의 도구일 뿐이며, 아무것도 할 수 없다."고 미국연방대법원의 마셜 대법원장이 동일한 생각을 표명하여 서술하였다.13)

다이시에 따르면, 법의 지배의 두 번째 요소는 모든 사람이 통상의 법 앞에서 평등하다는 것이다. 그의 애초의 관심은 (군주를 제외한) 공직자가 특별한 면책이나 특권을 가져서는 안 된다는, 말하자면, 그들이 모든 다른 사람들과 다르지 않은 그들의 공적인 행위에 대해 일반법원에서 일반적인 사적 소송에 의해 책임질 수 있어야 한다는 것이었다.

다이시의 세 번째 요소는, 일반법원의 관할을 강조함으로써, 법의 지배를 뒷받침하는 근거에 대한 서술과 별개의 요소는 아니다. 그는 법의 지배를 "법원에 제기된 특수한 사건에서 사적 개인의 권리를 결정하는 판결"의 대량성과 전체성의 산물이라고 생각하였다.14) 다이시는 영국헌법이 그 양태로 인해 법의 지배로 특징지워진다고 주장하였다. 예컨대, 영국은 언론에 대한 제한의 시원적 근거가, 법관과 배심원에 의해 심리되고 그래서 직접적인 정부의 통제에 따르지 않는 일반적인 명예훼손소송이었기 때문에, 다른 어떤 나라보다도 자유로운 언론을 가지고 있다고 그는 주장하였다.15) 확립되고 분산된 성질로 인해, 일반법원에서 내려진 판결들은 매일매일 새로워졌고, 다이시는 이 보통법전통을, 그 전체로서 보아 성문헌법의 제정보다 더 안전한 자유의 근거라고 생각하였다. 왜냐하면,

---

13) *Osborn v. Bank of United States*, 22 US (9 Wheaton), 736, 866 (1824).
14) Dicey, *Introduction to the Study of the Law of the Constitution*, p. 115.
15) Ibid., pp. 146–168.

그것은 완전한 혁명이라는 있을 법하지 않은 사건에서만 전복될 수 있기 때문이다. 이 주장을 통하여 다이시는 시민을 보호하기 위한 열쇠로서 공법에 대해 사법을 우위에 두었다.

그의 책 9판의 "서문"에서 최초 출간 이후 30년간 잇따라 일어났던 변화를 검토하면서, 다이시는 투덜거렸다. "법의 지배에 대한 오래된 숭배는 영국에서 지난 30년 동안 뚜렷한 쇠퇴를 겪었다. 이 주장의 진실은 실제적인 입법에 의해, 몇몇 계급들 사이에서 법과 법관 모두에 대한 확실한 불신의 존재에 의해 그리고 사회적 혹은 정치적 목적을 획득하기 위하여 불법적인 방법을 사용하는 뚜렷한 경향에 의해 입증되고 있다."[16) 다이시의 분노의 특수한 과녁은 - 법의 지배에 대한 무시무시한 위협을 제기하면서 - 사회복지국가의 발전으로부터 귀결하는 행정행위의 확대이었다. 다이시에게 관심사이었던 것은 일반법원이 엄청난 양의 행정행위를 심사하지 못하게 하는 것 뿐만 아니라, 정책, 경영, 전문성 그리고 효율성 등 성질상 법적인 것이 아닌 쟁점과 관련이 있기 때문에 법원이 그러한 심사에 어울리지 않다는 것이었다.

행정기관은 정책위임사항을 실현하거나 사회적 프로그램을 실행하기 위하여 전형적으로 행정기관공직자에게 근거와 광범위한 권한을 부여하는 법률에 의하여 만들어졌다(또 만들어진다). 이 권한은 가끔 규제의 발령, 기속적 명령, 집행행위, 개별 사건에서의 결정 등을 포함한다. 그런 까닭에 그들은 하나의 기관 내에서 재량적 결정과 입법·행정·사법이 결합된 권한을 행하였다. 매일의 사회생활에 깊숙이 영향을 미치는 포괄적 지위를 갖는 지방정부국, 통상국, 교육국, 토지위원회, 국세위원회, 사회보장위원회, 기타 다른 행정기관들이 모두 일반법원에 의해 실질적으로 심사될 수 없는 개인에

---

16) Ibid., p. lv.

관한 결과물들을 다루었다. 그 결과는 효과적인 법적 제한이 없는 정부행위영역상의 엄청난 증가이었다.

다이시 혼자만이 이러한 우려를 가진 것은 아니었다. 1914년에 주의를 주는 또 다른 학자는 "'법의 지배'가 없어지는 것은 많은 정직한 연구자들에게는 시대의 흔적인 것으로 보일 수도 있다."17)

한마디로 말하여, 우리의 행정부는 집행만 하는 것이 아니다. 그들은 입법도 하며, 사법적 기능까지도 점점 더 많이 행하는 경향이 있다. 많은 사람에게 법의 지배로부터의 도피와 관련되고 그래서 그 본질상 잘못된 것으로 보이는 것은 바로, 지금 그러한 것처럼 상당한 영역의 법적 쟁점들을 법원의 인식으로부터 배제하는, 행정부에 의한 사법기능의 행사이다.18)

많은 의심이 제기되어 왔던19) 다이시의 상황분석이 옳은지 여부의 문제는 차치하고라도, 그의 이해의 방법 내에서는 사회복지국가와 행정기관에 의해 개인적 자유와 법의 지배에 제기된 위협은 명백하다. 많은 사람들이 동의하였다.

○●● 하이예크의 설명

**법의 지배에 관한 하이예크의 입장**

다이시 이후 반세기 후에, 하이예크는 같은 문제에 대해 좀 더

---

17) Barker, "The 'Rule of Law'," p. 116.
18) Ibid., p. 124.
19) Ivor Jennings, *The Law and the Constitution*, 5th edition (London: Univ. of London Press 1959); Paul Craig, *Public Law and Democracy in the United Kingdom and the United States of America* (Oxford: Oxford Univ. Press 1990)를 참조.

그럴싸한 사례를 역설하였다. 1944년에 출간된 시대적 고전인 The Road to Serfdom에서 하이예크는 법의 지배를 자유의 토대로 인정하였다.[20] 다이시와 마찬가지로, 하이예크는 "자의적인 행정부 강제수단의 증대와 소중한 영국적 자유의 기초인 법의 지배의 진보적 파괴 사이의 관련을 보았다."[21]

하이예크는 법의 지배에 관한 정밀하고도 매우 영향력 있는 정의를 제안하였다. "모든 학문적 성질을 벗겨내고서, 이것은 정부가 모든 그의 행위에 있어서 확정되고 이전에 공표된 규칙, 즉 당국이 주어진 상황에서 어떻게 그 강제적 권한을 사용할 것인지를 매우 확실하게 예측하고 이러한 인식에 기초하여 개인적인 업무를 계획하는 것을 가능하게 해주는 규칙에 기속된다는 것을 의미한다."[22] 이것은 "법적 자유"의 관념이다. 이러한 의미에서 법의 지배는 개인에게 활동의 범위를, 즉 법에 의해 금지되지 않는 것을 알게 함으로써 자유를 조장한다. 그 범위 내에서는 그들은 정부의 강제에 노출되지 아니하고 원하는 대로 하는 것이 완전히 자유롭다. 허용할 수 있는 행위의 한계에 대한 예측은 이 자유의 중요한 요소이다.

하이예크에 따르면, 법제도의 모든 규칙은 세 가지 특징을 갖는다. "법률은 일반적이며, 평등하고, 명확하여야 한다."[23] 일반성은 법이 어느 특정 개인을 목표로 하지 않고 추상적인 용어로 미리 정해져야 한다는 것을 요한다. 법은 예외 없이 그 행위가 적용의 정

---

20) 극좌파와 극우파의 정치적 입장에 대한 공유된 토대에 관해 잘 알 수 있는 역사적 논의는 Stephen J. Tonsor, "The Conservative Origins of Collectivism," in, Robert L. Cunningham, ed., *Liberty and the Rule of Law* (College Station: Texas A&M Univ. Press 1979)에서 볼 수 있다.

21) F. A. Hayek, "Preface 1956," in *The Road to Serfdom* (Chicago: Univ. of Chicago Press 1994), p. xliii.

22) Ibid., p. 80.

23) F. A. Hayek, *The Political Idea of the Rule of Law* (Cairo: National Bank of Egypt 1955), p. 34.

해진 요건에 해당하는 모든 사람에게 적용된다. 이 특징을 설명하면서 하이예크는 루소의 일반성에 대한 서술을 인용하였다. "법의 영역이 언제나 일반적이라고 말할 때, 나는 법이 모든 주체를 집단적으로 고려하며, 모든 행위를 추상적으로 고려한다는 것을 의미한다. 그것은 어느 개인이나 어느 특정 행위를 고려하지는 않는다."[24] 하이예크는 입법부와 사법부의 권력분립이 사실상 일반성의 특징에 의해 위임된다는 것을 추가하였다. 왜냐하면, 이러한 방법으로서만 이 법은 어느 특정 개인에게 적용되기 전에 추상적 용어로 규정될 수 있을 것이기 때문이다. 따라서 입법부와 사법부의 분리는 또한 그 의미상 법의 지배의 "필수불가결한 부분"이다.[25] **평등**은 법이 인민들 사이에 자의적인 차별을 하지 않고 모든 사람에게 적용될 것을 요구한다. (병역의무이행을 위하여 여성이 아니라 남성만의 징병제에서와 같이) 차별이 존재하는 경우에는, 정당화되기 위해서 서로 다른 취급을 하는 집단의 내부와 외부의 인민의 다수에 의해 승인되어야 한다고 하이예크는 주장하였다.[26] **명확성**은 법에 따르는 사람이 그들의 행위를 규율하기 위하여 어떤 법규정이 있으며, 그러한 규정이 어떻게 해석되고 적용될지를 확실히 예측할 수 있어야 함을 요한다. 예측가능성은 행동의 자유를 가능하게 하는 선 이해의 필수적 요소이다.

하이예크는 어떤 법제도가 이 세 특징을 완전히 갖추는 것은 불가능하다고 인정하였지만, 그럼에도 불구하고 그것들이 가깝게 될 수는 있다고 생각하였다. 이 법의 지배의 요소들은 다음과 같이 자유를 보존한다. 즉 "우리에게 적용되는 것과 무관하게 규정된 일반·

---

24) Rousseau, *The Social Contract*, p. 82.
25) Hayek, *The Constitution of Liberty*, pp. 210–212.
26) Ibid., pp. 207–208.

추상적 규정이라는 의미에서, 우리가 법에 복종할 경우에, 우리는
다른 사람의 의사에 복종하는 것이 아니며, 따라서 우리는 자유롭
다. 사람이 아니라 법이 지배한다고 말할 수 있는 것은, 법제정자가
그의 규정들이 적용될 개별 사건을 알지 못하기 때문이며, 또한 그
것을 적용하는 법관이 현재의 법체계와 사건의 구체적 사실로부터
내려지는 결론을 이끌어내는 데에 다른 선택이 없기 때문이다."27)
하이예크는 (다이시와 같이) 법과 재량 사이의 기본적인 대립을 주장
하였으며, 재량을 자의적인 의사와 동일시하였다. 이러한 이해에서
는, 역사가 프레데릭 메이트랜드(Frederic Maitland)가 말한 것처럼,
나쁜 일반법일지라도 기속되지 않은 의사보다 낫다. "변덕은 사법
이 유죄로 될 수 있는 가장 나쁜 부도덕이다. 즉 나쁘기는 하지만
잘 알려져 있는 법은 이전에 잘 알려지지 않은 규정에 기한 판결보
다 자유를 덜 침해한다."28)

하이예크는, 오늘날의 정부가 효율적으로 기능하여야 한다면 재
량을 행사하지 않을 수 없다는 것을 받아들였다. 그의 우려는 사적
인 시민과 그들의 재산에 영향을 미치는, 행정부 공직자가 행하는
더 좁은 범주의 강제적 행위와 관련해서이다. 그리고 하이예크에
따르면, 공직자에 의해 행사되는 재량이 일반성, 평등성 그리고 명
확성의 성질을 가지는 법규정에 따르는 한, 그리고 그 결정이 사법
부의 감독에 복종하는 한, 이 행위들은 반드시 법의 지배에 저촉되
지는 않는다.29) 문제는 너무도 자주 이 법적 제한이 결여되었다는
것이었다. 더욱이, 강제수단을 적용하는 것을 포함한 구체적 상황에
서 특정 정책의 성과를 달성하고자 애쓰는 행정당국은, 일반성 요

---

27) Ibid., p. 153.
28) Frederic William Maitland, *A Historical Sketch of Liberty and Equality* (Indianapolis: Liberty Fund 2000 [1875]), p. 110.
29) Hayek, *The Constitution of Liberty*, pp. 210–212.

건이 충족될 수 없기 때문에 법의 지배를 위반한다고 하이예크는 주장하였다.30) "이러한 '사회적 정의'의 추구는, 정부가 시민과 그의 재산을 특정 집단을 위하여 특정 성과를 보장할 목적을 가진 행정부의 객체로 취급하는 것을 필수적이게끔 만들었다."31) 하이예크에 따르면, 이 점에서 행정행위의 증대는 "이미 법의 지배의 이상과는 한참 멀리 떨어져 있게 만들었다."32) 하이예크는, 사회정의라는 이름으로 진보주의자들에 의해 행해진, 이 이상에 반하는 지속적 캠페인이라고 여겼던 것에 특히 놀랐었고, 이를 조롱하였다.33)

### 실질적 평등과 분배적 정의에 반대한 하이예크

행정행위에 대한 그의 공격을 역설하면서, 하이예크는 실질적 평등과 실질적 (혹은 "분배적") 정의의 상호관련된 목표가 본질적으로 법의 지배와 양립할 수 없다고 주장하였다.34) 실질적 평등은 평등이 (상황상의 차이점에 대해 전혀 배려하지 아니하고 모든 사람을 똑같이 취급하는 형식적 평등과 대비하여) 다른 상황에 처한 사람을, 그들의 상황의 불평등성을 보상하기 위하여 다르게 취급할 것을 요구한다는 관념이다. 분배적 정의는, 사회에서 몫이나 공과의 어떤 기준에 따라 결정된 공정성으로 이익의 공정한 분배나 할당이 있어야 한다는 관념이다. 이 생각은 불공정한 분배가 불평등한 상황으로 되며, 그리고 그 역도 그러하다는 것과 관련되어 있다. 좀 더 구체적인 말로

---

30) Ibid., pp. 214–215.
31) Hayek, *Law, Legislation and Liberty*, vol. 1, p. 142.
32) Hayek, *The Political Ideal of the Rule of Law*, p. 56.
33) Ibid., pp. 46–59.
34) Hayek, *The Road to Serfdom*, pp. 80–111. 비록 그가 이 주장을 어디서든 강하게 밀어부쳤지만, 가장 간결한 설명은 여전히 이 처음의 문헌이다. 또한 Hayek, *Law, Legislation and Liberty: The Mirage of Social Justice*, vol. 2 (Chicago: Univ. of Chicago Press 1976), pp. 62–100도 참조.

하면, 부유하게 태어난 자나 가난하게 태어난 자는 도덕적으로 말하여 각각 그들의 상대적인 물적 이익 혹은 불이익을 받을 만하였다고 (분배적 부정을) 말해질 수 없다. 즉 가난한 사람이 겪는 불이익을 동등하게 취급되게 하는 것은 어느 정도 상쇄되거나 고려되어야 한다(실질적 평등). 육체적 및 정신적 재능에서 그리고 양육에서의 불균형과 같이, 부의 부당한 사회적 분배에 전가될 수 없는 불평등의 다른 형태도 또한 존재한다.

분배적 정의에 대한 하이예크의 첫 번째 반대는, 어떤 것이 공정한 분배인지를 사회가 결정할 수 있는 받아들여진 가치체계가 없고, 그래서 몇몇 사람의 견해가 다른 사람을 압도해야 할 것이다.[35] 가치체계에 관한 합의가 있는 사회에서조차도, 비교될 수 없는 가치들 사이에 충돌이 일어날 것이며, 어쩔 수 없이 다수에 대한 반대자가 있을 것이다. 하이예크의 두 번째 반대는, 무수히 일어나는 상황의 다양성이 미리 정해지는 일반적 규정에 의해 규율될 수 없기 때문에 어떤 체계도 필연적으로 배타적일 것이라는 점이다. 따라서 분배적 정의는 본질적으로 법의 지배와 양립할 수 없다. 실질적 평등은 같은 이유로 법의 지배를 침해하며, 더하여 그것이 일으키는 차별적인 취급이 (형식적 의미로 이해할 때) 평등의 요건을 위반하기 때문이다. 사회가 대규모로 (관련된 복잡한 문제들은 염두에 두지 않고, 또 그것이 부자들에게 지우는 부담도 염두에 두지 않으며) 모든 자원을 똑같이 분배하고 통일적인 교육제도를 만듦으로써 모든 개인의 출발점을 똑같게 한다 하더라도, 내적인 차이점으로 인해 불평등이 즉각 발생할 것이며, 그래서 끝없는 배타적 조정은 피할 수 없을 것이다.

하이예크는 그의 입장의 불공평한 의미를 인정하고 변명없이 받아들였다.

---

35) John Gray, *Hayek on Liberty* (New York: Routledge 1998), pp. 72-75를 참조.

> 필요하고도 외견상으로만 역설적인 이것의 결과는 법 앞의 형식적 평등이 신중하게 서로 다른 사람들의 실체적 혹은 실질적 평등을 목적으로 하는 정부의 어떤 행위와 모순되고 또한 사실상 양립할 수 없다는 것이며, 분배적 정의의 실질적 이념에 직접적으로 목적을 둔 어떤 정책은 법의 지배의 파괴로 이어지게 된다는 것이다. 서로 다른 사람들에게 동일한 결과를 낳기 위해서는, 그들을 다르게 취급할 필요가 있다. ... 법의 지배가 경제적 불평등을 낳는다는 것은 부인할 수 없다. 그에 대해 주장될 수 있는 모든 것은 이 불평등이 특정의 사람들에게 특정의 방법으로 작용하고자 고안된 것이 아니라는 것이다.[36]

귀결하는 불균형이 그러한 만큼 유감스럽게도, 자유주의적 사회에서의 빈자들은 사회주의 사회에서 가정적으로 평등한 대중들보다 여전히 훨씬 더 절대적인 부를 가지고 있으며, 그들은 그들의 경제적 지위를 개선하는 주도권을 쥐는 자유를 포함하여 더 큰 자유를 향유한다고 하이예크는 주장하였다. 그리고 그는 정부가 사회의 불행한 자들에게 최소수준의 지원을 할 수 있다고 인정하였다. 왜냐하면 이것은 비강제적인 방법으로 정해질 수 있기 때문이다(그는 시장이 강제적으로 제공하지 않는 공공서비스를 공급하기 위한 과세를 고려하지 않았다[37]).

### 보통법과 입법에 대한 하이예크의 견해

언뜻 보아 법의 지배에 대한 하이예크의 견해는 실질적으로 법관법으로 구성된 보통법체계와 어울리지 않는 것처럼 보인다. 일찍부터 하이예크는 이러한 관심을 표명하였다. "판례법체계와 법의 지배의 이념 사이에 어떤 본질적인 충돌이 있다. 판례법 하에서는 법관이 꾸준히 법을 형성하기 때문에, 그가 이미 존재하는 규정을 단

---

36) Hayek, *The Road to Serfdom*, pp. 87–88.
37) Hayek, *Law, Legislation and Liberty*, vol. 3 (Chicago: Univ. of Chicago Press 1979), pp. 41–64.

순히 적용한다는 원칙은 그 체계 하에서는 법이 성문화된 곳보다 덜 완전하게조차도 전혀 다루어질 수 없다."[38]

거의 20년 후에 하이예크는, 다이시의 설명에 동조하는 방법으로 보통법을 특징지우면서, 보통법이 사실 자유와 법의 지배의 보루이었다고 주장하여 그의 입장을 변경하였다. 하이예크는 시장의 "보이지 않는 손"이라는 관념을 보통법에 적용하여, 법이 누군가의 의도적인 산물이 아닌 모두의 이익에 적용되는 자기교정적이고 자연발생적으로 성장한 질서라는 견해를 상설하였다.[39] 개인들은 누구도 만들지 않지만 모두가 그에 따라 살아가는 규범, 규칙, 관습, 그리고 관행에 의해 알려진 그리고 그에 따른 사회 내에서 서로 영향을 미친다. 이 규칙과 관행은 사회적 상호교류의 필요에 응하여 진화적 과정에서 발전한다.[40] 법은 이러한 질서의 관습과 규범의 결정체이다. 그러므로 그것은 그것이 속한 사회로부터 발산된 것이자 총체적 요소이다.[41]

하이예크에 따르면, 보통법은 개별 사건을 다루는 법관의 판결 축적에 의해 구축된다.

> 따라서 법관의 노력은 자연발생적인 질서가 성장하는 상황에 사회를 적응시키는 과정의 한 부분이다. 그는, 과거에 잘 작동하였던 것들과 같이, 좀 더 쉽게 기대치가 서로 어울리고 충돌하지 않도록 하는 그러한 규칙들을 유지함으로써 선택의 과정에 도움을 준다. 그러므로 그는 그 질서의 기관이 된다. 그러나 이 기능을 수행하면서 그가 새로운 규칙을 형성하는 경우에조차도 그는 새로운 질

---

38) Hayek, *The Political Ideal of the Rule of Law*, p. 19.
39) Hayek, *Law, Legislation and Liberty*, vol. 1, 특히 Chaps. 4 and 5를 참조. 시장과 법에 관한 Hayek의 개념에 대한 우수한 연구는 Gray, *Hayek on Liberty*를 참조.
40) Hayek, *Law, Legislation and Liberty*, vol. 1, p. 80.
41) Ibid., p. 86.

서의 창조자가 아니라 존재하는 질서의 종복일 뿐이다. 그리고 그의 노력의 결과
는, 여러 세대의 실험에 의해 얻어진 경험이 어느 누가 가진 것보다도 더 많은
지식을 구체화하는 "인간의 설계가 아닌 인간의 행위의 산물"이라는 특징적 실
례일 것이다.[42]

하이예크에 따르면, 보통법 법관들의 기본적 지향은 법규정과 정
의관념의 적용에 관하여 사회의 일반적인 기대치에 어울리는 판결
에 도달하는 것이다. 법관들은 이전에 내려진 판결들의 방식
(pattern)을 설명하는 법규정과 원칙들을 확인함으로써 이를 성취한
다. 그러한 상황에서 법관들은 법을 제정하는 것이 아니다. 왜냐하
면 그들은 존재하는 법에 이미 내재하고 있는 것을 단순히 명확히
하고 있기 때문이며, 그래서 권력분립은 침해되지 않으며, 판결은
예측될 수 없는 것이 아니다. 규정이나 원칙 혹은 공유된 정의관념
에서 어떤 해답도 얻어질 수 없는 경우에는, 법관은 가장 일반적인
동의를 얻는 규정이나 원칙을 표명함으로써 판결을 근거지운다.[43]
하이예크가 말하는 보통법의 특징은 법이 만들어지는 것이 아니라
발견된다는 오래된 중세적인 견해를 되풀이한다.

보통법에 관한 이러한 이해에 서서, 하이예크는 입법에 대해 회
의적인 견해를 표명하였는데, 이는 부분적으로는 의심할 바 없이
그가 애도했던 사회복지국가가 전적으로 입법부의 주도로 만들어졌
다는 사실 덕분이다. 그의 주된 비판은 입법자의 치유불가능한 지
식의 결여에까지 이르렀다. 입법부 주도라는 충분한 결과를 기대하
기 위하여 사회에서 일어나는 사건들에 관하여 아무도 알 수 없다.
이는 모두가 개인적인 맥락에 기초한 지식, 인센티브 그리고 이해
타산의 기능인, 사회생활을 구성하는 무수한 상호작용 때문만이 아

42) Ibid., p. 119.
43) Ibid., pp. 117-118.

니라, 모든 행위가 연이어서 헤아릴 수 없는 반작용 등을 낳기 때문이다. 보통법은 일정하게 환원하면서 —이전의 판결에 반응하는 새로운 사건의 공급— 당장의 상황에 대응하여 조금씩 형성되기 때문에 우월하며, 분쟁해결의 능력을 가지고 있고, 그래서 어떤 개인이나 집단도 가질 수 없는 지식의 전체를 상세히 검토하는 방법으로 작용한다.[44)

하이에크는 보통법의 법률적 성문화에 대해 제한적이기는 해도 적절한 역할이 있다는 것을 인정하였다. 하이에크에 따르면, 정당한 입법적 개혁을 요구하는 가장 빈번한 상황은 특정한 이해관계에 의한 보통법의 포착의 사례를 교정하는 것이다. "주인과 종, 지주와 소작인, 채권자와 채무자 그리고 오늘날에는 조직된 기업과 고객 등의 사이의 관계에 관한 법과 같은 그러한 영역에서는, 규정은 —위의 처음 두 사례에서 그랬었던 것처럼, 거의 배타적으로 법관을 공급했던 관련 집단의 하나인 경우에는 특히— 당사자의 한 쪽과 그 특수한 이해관계의 견지에서 상당히 형성되어 왔다는 것은 의심이 있을 수 없다."[45)

### 정의, 민주주의, 그리고 권리장전에 관한 하이에크의 견해

하이에크에게 정의는 재산, 계약, 불법행위, 형법상의 금지규정 등에 관한 사적인 법규정에 기생하였다.[46) 정당한 행위에 관한 규정은 우선 재산소유권과 거래가 어떻게 규율되는가에 관한 확립된 기대치를 강제하는 것과 관련이 있다. 그의 정의 기준은 아무런 도

---

44) Bruno Leoni는, 사례해결식 발전이 대규모로 마음대로 변경할 수 있는 법안 발의보다도 더 많은 확실성을 낳는다는 점에서, 보통법이 법률보다 우월하다는 관련된 주장을 하였다. Leoni, *Freedom and Law.*
45) Hayek, *Law, Legislation and Liberty*, vol. 1, p. 89.
46) Ibid., pp. 31–44.

덕적 평가를 필요로 하지 않고 일반화 이외에 아무런 기준도 충족할 필요가 없다는 점에서 사실상 공허하다. "따라서 정의는 강조하건대 구체적 사건에서 걸려있는 특수한 이해관계 혹은 결정권을 가진 사람들 계급의 이익의 균형화가 아니며, 그것이 정당하다고 여겨지는 특수한 사안의 상태를 가져오는 데에 목적이 있지도 않다."[47] 하이예크의 정의는 법의 지배의 또 다른 변형이다.

하이예크는 비록 가끔은 그 표현에서 미지근하지만, 민주주의에 대한 지지를 표명하였다. 그는 민주주의를 "자유에 대한 가장 중요한 안전판의 하나"로서 인간사회에서 발견된, 정부를 변경하는 유일한 평화적인 방법이라고 찬양하였다.[48] 그렇지만, 그는 민주주의가 쉽게 독재로 바뀔 수 있다고 강조하였다. 그는 입법과정에서 지배적인 것이 빈번히 사실상 다수의 의사의 산물이 아니라 특수한 이해관계의 산물이라고 생각하였다. 법에 관한 도구적 견해에 의해 조성된 오늘날의 민주주의는 점점 더 정치과정에서의 승리자들 사이에 정부의 전리품을 배분하는 데에 이용되는 도구로 입법을 이해하게 되었다. 그 결과는, 타인에게 호의적인 사람들로부터 빼앗아서, 그리고 빈번히 사람들을 불평등하게 취급하면서, 일반적이라기보다는 오히려 배타주의적이다. 하이예크의 해결책은 모든 입법이 법의 지배에 의해 제한되어야 한다는 것이었다. 특히, 타당한 입법에 대한 심사는 그것이 일반성, 평등성 그리고 명확성의 요건들을 충족하는 것이어야 한다.[49] 이 견제장치는, 이러한 요건들이 쉽게 충족될 수 없기 때문에, 특정 집단에 이익을 주는 모든 입법을 제

---

47) Ibid., p. 38.
48) Hayek, *Law, Legislation and Liberty: The Political Order of a Free Society*, vol. 3, pp. 1–19.
49) 그의 모델헌법은 이 역할을 행하기 위하여 특수한 기구를 제안하였다. Ibid., pp. 109–124.

거하며, 입법에서 전반적인 축소로 귀결될 것이라고 그는 생각하였다.

하이예크는 권리장전이 자유라는 주제에 유익하였다는 것을 인정하였다.[50] 그러나 그는 법의 지배가 명시적인 권리장전보다 우월하게 개인의 권리침해에 대하여 가장 효율적으로 보호하였다고 주장하였다. 왜냐하면 통치하는 자는 일반성과 평등성에서 요구되는 바와 같이, 자신에게도 적용되는 억압적 규정을 채택하기를 꺼려할 것이기 때문이다.[51] "'법의 지배의 준수를 요구하는' 그러한 조항은 그것만으로도 전통적인 권리장전이 보장하고자 의미했던 모든 것과 더 이상의 것을 이루어낼 것이다. 그리고 그로 인해 특별히 보호되는 기본적인 권리목록을 따로 열거하는 것을 불필요하게 만들 것이다."[52]

법의 지배에 확고한 요지부동의 신뢰를 표명하는 학자들은 별로 없다. 하이예크에 따르면, 법의 지배는, 법이 금지하는 것 이외에 각자가 좋아하는 것을 행하는 자유를 보존하면서, 자유의 대들보이다. 그것은 정의의 핵심이다. 그것은 민주주의를 독재로 되지 못하게 지킬 수 있는 효과적인 족쇄이다. 하이예크의 법의 지배관념은, 법의 내용에 관한 특수한 요건을 포함하지 않았다는 의미에서 실질적이 아니라 형식적이다. 그렇지만, 그는 그로부터 중요한 실질적 의미를 이끌어내었다. 법의 지배에 관한 그의 입장은 실질적 평등과 분배적 정의를 달성하기 위한 시도를 배척하였고, 말할 것도 없이 "재분배를 위한 모든 사회주의적 수단들을 불가능하게 하였다."[53]

---

50) Hayek, *The Constitution of Liberty*, pp. 216–218.
51) Ibid., p. 210.
52) Hayek, *Law, Legislation and Liberty*, vol. 3, p. 110.
53) Ibid., p. 150.

하이예크와 다이시가 잠식해오는 사회복지국가에 대응하여 법의
지배를 옹호하는 방어벽을 사람들에게 요구하는 것은, 아마도 최종
적인 평가를 하기에는 이르다 하더라도, 비참한 실패이었다. 그들의
경고를 명백히 주의하지 않아서인지, 행정국가의 성장은 빠르게 지
속하였고, 20세기를 거치면서 그들이 글을 썼던 미국과 영국 그리
고 서구 자유주의 다른 곳에서 참으로 가속하였다. 경제적·사회적
규제로의 귀결은, 제한없는 재량적 기준과 전문가에 의한 늘어난
정책결정에 더 많이 의지하게 되면서 −공해규제, 소비자보호, 노동
현장의 건강과 안전 등− 나열된 복잡한 문제들에 초점을 맞추었
다.54)

그렇지만, 이러한 팽창과 더불어, 행정행위는 또한 어느 정도의
합법화를 겪게 되었다. 미국에서 세기 중반에 제정된 행정절차법과
영국에서의 행정법의 발전은55) 행정부의 활동에 법적 견제를 제도
화하였다. 그러한 견제는 대부분 절차적이었으며, 미국에서 행정행
위를 심사하는 법관은 행정부의 추정된 전문성으로 인해 행정부의
결정을 강하게 존중하는 것을 표명하였다. 행정기관은 또한, 특히
일반법원과 유사한 독립적인 행정법원을 창설함에 있어서 선명한
내부적 기능분립을 설정하였다.

레이건과 대처의 시대에서와 같이 탈규제와 복지개혁이라는 사건
으로 간헐적으로 분출하면서, 보수주의자들에 의한 집요한 관심표

54) Theodore J. Lowi, "The Welfare State, The New Regulation, and The Rule of Law," in *The Rule of Law: Ideal or Ideology*를 참조.
55) Jeffrey Jowell, "The Rule of Law Today," in Jeffrey Jowell and Dawn Oliver, eds., *The Changing Constitution*, 3rd edition (Oxford: Oxford Univ. Press 1994)을 참조.

현에도 불구하고, 사회복지국가의 기본적인 정강정책은, 비록 그 팽창의 속도가 중단되지는 않고 느려지기는 했더라도, 상처없이 남아 있다. 정치학자들은 20세기가 거의 마감하였을 때, 법의 지배와 관련한 문제상태에 관하여 다음과 같이 요약하였다.

> 법의 지배의 결정적인 요소가 오늘날의 규제국가의 상황 하에서 붕괴되고 있다는 증거가 계속 쌓이고 있다. 모든 자본주의적 복지국가에서, 법규범에 관한 고전적인 자유주의적 관념과 양립할 수 없는 "공공의 이익에서(in the public interest)" 혹은 "선의로(in good faith)"와 같은 법적 기준처럼 법은 점점 더 애매하고 불명확한 형태를 띠고 있다. 모든 곳에서 전통적인 의회의 법제정과 상황에 특유한 행정부명령의 다루기 힘든 결합이 생기고 있다. 모든 곳에서 관료 및 사법부의 재량이 커지고 있다. 법의 지배이념의 최소한의 요구가 언제나 국가 행위는 예측가능한 형태를 띠어야 한다는 것이었다면, 오늘날의 민주주의는 이러한 기준에 거의 부응하지 못한다.[56]

---

56) Bill Scheuerman, "The Rule of Law and the Welfare State: Toward a New Synthesis," 22 Politics & Society 195 (1994).

06

급진좌파가
퇴보를 재촉하다

# 6
# 급진좌파가 퇴보를 재촉하다

서구에서 정치적 권리가 법의 지배의 퇴보를 비탄해하는 한편으로, 급진좌파학자들이 이러한 퇴보를 재촉하였다. 그들의 반대는 자유주의에 대한 공동체주의적 반동과 자유주의 체제에서 법의 지배의 소극적 의미, 특히 분배적 정의와 형식적 평등에 관련된 것에 기초해 서있다. 급진좌파가 가장 분개하고, 법의 지배가 이러한 정치적 및 경제적 체제를 지탱함에 있어서 제공하는 서비스로 공격받는 것은 자유주의와 자본주의이다. 이 장은 법의 지배에 관한 이론적 다툼이 가장 떠들썩한 미국에서 법학자들 사이에 제기된 논쟁들에 집중할 것이다. 그런 식의 신랄한 비판은 오랫동안 법의 지배에 익숙한 덕분에 그 한계도 친근하게 잘 알고 있고 또한 법의 지배의 이익을 곧잘 잊어버리게 만드는 안정감을 가진 국가에서만 제기될 수 있다.

1960년대와 1970년대는 미국에서 대규모의 사회적 격변을 목도하였다. 이는 민권투쟁, 베트남 전쟁 반대, 징병제 준수 거부, 통학버스 반대 등과 관련되어 있었고, 불길한 경제적 장래(스테그플레이션과 석유위기), 정치부패(워터게이트 사건), 성 혁명과 향정신성 마약

등에 관한 우려의 확산으로 뒤섞여 있었다. 존 F. 케네디 대통령 (John F. Kennedy)과 그의 동생이자 명백한 정치적 상속자인 로버트 케네디(Robert Kennedy)가 암살되었다. 민권운동의 지도자인 마틴 루터 킹(Martin Ruther King)이 피살되었다. 미국군인들의 시신운반용 포대와 네이팜탄을 맞은 베트남의 마을이 텔레비전 화면에 번쩍였지만, 미국은 죄가 없는 것으로 결론지어졌다. 폭탄투하와 은행강탈, 기상예보관과 시카고 7 등은 정치적 테러리즘의 낯선 유령을 가져왔다. 말콤 X와 흑표범당원들은 백인의 미국을 놀라게 하였다. 이 모든 것은 텔레비전에서 방영되었고, 미국이 철저히 빌려졌다는 확신으로 나라를 하나로 묶으면서, 광범위한 위기의 손아귀에 사로잡혔고, 이는 아마도 거대한 국가의 쇠퇴의 첫 번째 단계이었다.

법은 양측으로부터 혹평을 받으면서 이런 국가적 분열이 한창 치열한 와중에 휘말려들었다. 좌파에게는, 법은 그 권위주의적 면목을 보여주고, 권력과 특권을 보호하며, 평화로운 행진과 경찰봉, 총검이 장착된 소총, 달려드는 군견을 과시하는 화난 경찰과 연방방위군의 개입으로 응수하면서, 너무 자주 잘못된 편에 서 있었다. 우파에게는, 만연한 시민불복종이 법에 대한 경멸을 부추겼고, 참을성 있고 우유부단하게 법이 대응하는 사회적 무질서의 조짐을 보이면서 한층 더한 무법천지로 되었다. 좌파는 워렌법원(the Warren Supre Court)이 (비록 신중하기는 하지만) 사회정의에 대한 진보적 입장을 취하는 유일한 법적 기관으로 칭송하였고, 그 계승자인 버거법원(the Burger Court)이 성취된 자그마한 이익을 지워버릴까 두려워하였다. 반면에 법적 기성체제에서 많은 사람들은, 보수주의자이자 주류로서, 개인적인 정치적 견해를 추진하기 위하여 헌법을 다시 쓰는 적극주의자로 워렌법원의 대법관들을 비난하였다.[1] 양측 모두 "법적

---

1) Alexander M. Bickel, *The Least Dangerous Branch* (New York: Bobbs-

자유주의의 위기"와 법의 지배의 퇴보가 가까워졌다는 것이 명확하다고 생각하였다.[2] 그들이 살았던 고통스러운 시대는 "구질서의 붕괴와 신질서의 창조" 사이의 신기원의 전환기인 것처럼 느꼈다.[3]

비판법학운동(the Critical Legal Studies) —그 상징은 "법이 정치이다."이며, 그 목표는 "법적 자유주의"이다— 은 이러한 사회적 돌발상황으로부터 탄생하였다. 그 운동을 기초한 구성원들은 1960년대 동안 엘리트기관의 법학도들과 1970년대 동안의 신참 법학교수들이었다. 그들은 격변상황에서 법과 질서의 편에 너무 자주 정렬하였던, 자유주의에 기대는 주류 법학교수들을 그들의 과거의 동맹으로 혐오스럽게 바라보았다. 그들은 법적 자유주의를 그것이 그러했던 사기로 폭로하고자 결심하였다. 운동의 철학적 예언자이었던 로베르토 웅거(Roberto Unger)는 자유주의에 대한 이론적 비판서인 **Knowledge and Politics**(1975)와 오늘날의 자유주의 사회에서 법의 지배의 쇠퇴에 대한 심사숙고한 평가로서 **Law in Modern Society** (1976)을 출간하였다. 이 책들은 자유주의와 법의 지배에 대하여 최초의 집중공세를 퍼부었다.


○●● 급진좌파에서 본 자유와 평등

급진좌파가 그렇게 본 것과 같이, 자유주의는 자유와 평등을 약속했지만, 대신에 은밀하게 새로운 형태의 지배와 불평등으로 되었

---

Merrill 1962); Philip B. Kurland, "Egalitarianism and the Warren Court," 68 *Michigan Law Review* 629 (1970)를 참조.

2) Lester Mazor, "The Crisis of Legal Liberalism," 81 Yale Law Journal 1032 (1972).

3) Ibid., p. 1049.

으며, 그것들을 정당성으로 은폐하였다. 정부의 억압으로부터 개인의 자유를 보호하는 데에 대한 자유주의적 강박관념은 뚜렷한 공사법의 구별을 행한다. 자유주의적 경계심은 공적 권력의 독재적 적용에 대항하는 데에 향해져 있다. 다른 사람에 대한 물리적 폭력이 없고 강제적으로 그들의 재산을 취하지 않는 사적인 영역에서는, 개인들은 자유롭게 그들이 원하는 대로 행한다(그리고 가족이라는 "사적인" 범위 내에서는, 폭력조차도 혼인상의 악습의 형태로 묵인된다). 그것이 자유라는 것이다.

그렇지만, 자유는 다른 사람에게 해로운 방법으로 행사될 수 있다. 이는 사람들이 자기이익을 추구하고 자신만의 선에 관한 입장에 몰두하도록 부추겨지는 경우에 높아지는 가능성이다. 단체가 정부만큼이나 강력해지게 되면, 그리고 근로조건이 한 사람의 존재에 훨씬 넘치게 영향을 미칠 때에는, 정부가 자의적으로 강제를 적용할 수도 있는 추상적 위협이 곧바로 약화된다. 그러나 자유주의는 근로환경에서의 억압으로부터 개인을 보호하도록 거의 말하지 못할뿐만 아니라(정부의 규제권한은 건강과 안전의 문제에 한정된다), 실제로 그것은 사적 영역에서 허용할 수 없는 간섭과 같은 그러한 반보호적 장애물을 서둘러 세운다. 이와 비슷하게, 자유주의와 자본주의가 출생신분과 관련된 일신전속적인 사회적 위계에 근거한 불평등에 대한 현실적인 진입로를 만들었더라도, 부와 재능의 불평등한 분배에 근거한 새로운 불평등이 창설되었다.[4] 귀족가문이나 세습적 계급제도가 재능과 경제적 계층에 근거한 것으로 대체되었다. 부자와 빈자 사이의 불균형이라는 새로운 불평등은 과거의 불평등 하에서는 상상할 수 없는 수준에 도달할 수 있었지만, 다시 자유주의는

---

[4] Robert Unger, *Knowledge and Politics* (New York: Free Press 1976), pp. 145-190를 참조.

사적 영역에서의 간섭과 같은 정부의 보상노력에 반하는 장애물을 서둘러 세운다. 사적인 지배와, 부와 재능에 대한 불평등한 분배는 서로서로 보완한다. 부와 재능이 더 커질수록 다른 사람을 지배하는 능력도 더 커진다. 이는 다음에 더 많은 부를 낳는다. 특히 가난한 자, 능력이 덜한 자, 덜 교육받은 자 혹은 사회적 추방자들은 자유주의 하에서는 거의 주목을 끌지 못한다. 과거의 귀족정 하에서는 엘리트들은 최소한 사회적 책임의 윤리에 기속되어 있었다. 돈이 지배하는 새로운 귀족정에 있어서는 유일한 윤리는 "당신의 목표를 추구하라."이었다. 그들이 들었던 그것은 (부수적으로) 사회에도 마찬가지로 이익이라는 것이었다. 이 외에도 모든 사람은 부자가 되는 동등한 기회를 가졌기 때문에, 실패한 사람은 그들의 운명을 받아들일 만하였다.

하층민의 입장에서 보면, 모두를 위한 자유라기보다는, 자유주의는 경제적 권력을 가진 사람들인 소수의 사람들이 그렇지 못한 사람들인 다른 사람들을 지배하도록 방기한다. 법의 공적인 힘은 무절제하게 새로운 위계의 꼭대기에 있는 사람들의 요구에 언제든지 응할 수 있다. 그들은 법제도를 이용하기 위하여 그들을 대리하여 고액의 변호사들을 고용할 수 있다. 그들은 법에서 그들의 이익을 규정하기 위하여 입법자를 움직이도록 선거자금기부를 할 수 있다. 그로 인해 공적 자원은 우월적인 사적 자원을 가진 사람들에 의해 이미 향유되던 이익을 강화한다. 자유주의는 시종일관 중립적이기를 주장하면서, 결국 경제적 엘리트의 이익에 의해 그리고 그 이익으로 지배하게 된다.

앞서 지적한 바와 같이, 이러한 새로운 형태의 지배와 불평등이 자유주의에 의해 인정되는 정도까지, 그들은 자유 및 형식적 평등의 이익과 함께 오는 피할 수 없는 부수효과로서 너그러이 용서된다. 교환조건은 아마도 불행하지만 여전히 선호할 만하다고 자유주의자들은 주장한다. 정부의 지배는 육체적 고통을 가하는 것, 사망혹은 이전과 선택의 자유를 심각히 제한하는 것 등을 포함하여 절대적일 수 있다. 이들은 사적 지배에서는 허용되지 않는다. 사적 지배는 공권력의 적용을 통하여 다루어지는 것보다 사적인 힘들 사이에서 다투어지도록 남아 있는 것이 더 낫다. 왜냐하면 자유는 공직자들에게 허용할 수 있는 사적 지배의 유형과 한계에 관하여 결정하도록 허용하는 경우의 첫 번째 피해자일 것이기 때문이다. 더 나아가 경제적 불평등을 보상하는 것은, 자연적 능력에서의 차이를 전제하면, 참을 수 없는 정도의 정부의 계속적인 간섭과 관련될 것이며, 그 대가를 감소시키는 덕분에 노동의 유인책을 없애버릴 것이고, 결과적으로 경제적 파이는 줄어들게 되고, 모두를 가난하게 할 것이다. 자유주의 하에서는 개인들은 최소한 한 경제적 계층에서 다른 계층으로 옮겨갈 기회를 갖는데, 이는 신분상의 위계나 공산주의 체제의 강제적 평등에서는 배제되는 것이다. 빈자들이 부자로 되는 것보다 부자들과 그 계승자들이 부자로 남아 있는 것이 명백히 훨씬 더 쉽다고 하더라도, 인민들은 자유로이 부유하게 (가난하게) 될 수 있다. 결국 자유시장에 의해 주어진 경제적 효율성 때문에, 자유주의자들은, 자본주의 사회에서의 빈자들이 다른 경제적·정치적 체제 하에 있을 때보다 여전히 더 낫다는 것을 절대적인 물질적 수단으로 부가한다. 비판에 대한 효과적인 증거로, 전 세계에서 합법적이든 그렇지 않든 미국으로 이민하고자 절규하는 어마어마한 사람들을 보라.

이 반응은 체제 내에서 실패자들에게는 냉혹한 위안이다. 사적 억압은 충분히 한사람의 삶에 영향을 미칠 수 있다. 불평등은 그것이 어떻게 만들어지든지 간에 고통을 준다. 기금을 모으지 못한 열악한 학교에 입학하는 어린이들은 감옥에서, 미성숙한 채 사망하고, 혹은 저임금에, 애착없는 직업으로 생을 마감하기 쉬우며, 사람 많은 집이나 공원트레일러에서 사는 등의 두드러진 불균등을 아는 것은 그들의 자식들이 더 나은 삶을 살 것이라는 부모의 기대를 천천히 부수어버린다. 풍요 속의 빈곤은 특히 받아들이기 힘들며, 부자가 되는 자유의 추상적 가능성으로 도저히 납득될 수 없다. 그리고 다른 사람이나 다른 곳이 훨씬 나쁘다고 듣는 것은 아무런 위안이 되지 못한다.

이들은 한 세기도 더 된 밀의 감동적인 문장에서 말한 바와 같이, 자유주의에 관한 비슷비슷한 비난들이다.

> 법의 힘에 의해 더 이상 노예화하거나 의존적이 되지 않으면서, 더 많은 다수는 빈곤의 힘에 의해 그렇게 된다. 그들은 여전히 장소와 직업 그리고 고용주의 의사와의 합치에 묶여 있으며, 출생이라는 우연에 의해 다른 사람들이 힘들지 않게 그리고 공과와 무관하게 상속받는 향락과 정신적·도덕적 편익 모두로부터 차단된다. 이것은 지금까지 인류가 맞서 싸워온 그 어떤 것들과도 똑같은 악이라는 것임을 빈자가 믿는 것은 잘못이 아니다.[5]

평등과 자유에 관한 자유주의적 이념은 자유주의의 개혁을 위해 역설하는 수단이 될 수 있다. 평등은 감당하기 어려운 애매함을 담고 있다. 즉 "형식적 평등"은 모든 사람을 똑같이 취급하는 것을 의미한다. "실질적 평등"은 다른 상황에 있는 사람들을 그들의 상태를 동등하게 하기 위하여 그 차이점을 인정하여 다르게 취급하는 것을 의미한다. 보수주의자들은 배타적으로 형식적 평등만을 말하지만, 양자는 평등에 관한 정당하다고 인정되는 이해이다. 한 개인이나 집단이 사회적 세력 때문에 동등하지 않은 경쟁적인 지위에 있다

---

5) Mill, *On Liberty and Other Writings*, p. 227.

면, 그들을 형식적으로 평등하게 취급하는 것은 이미 존재하는 불평등을 단순히 긍정하는 것이며 그러므로 명백히 불공정하다. 좌파는 인종이나 민족에 의해 야기된 어릴 때의 교육기회나 불이익에서의 불균형을 교정하는 수단으로서 불이익을 받는 집단을 위하여 고용과 고등교육에서의 적극적 평등조치를 증진하기 위하여 이러한 주장을 이용하여 왔다. 자유도 비록 개혁론자들에게 덜 이용되기는 하지만, 이와 유사한 애매함을 포함한다. 자기결정은 개인이 그들이 원하는 대로 살아가도록 정부로부터 혼자 남겨져야 한다는 것을 의미하는 것으로 소극적인 표현으로 이해될 수 있다. 자기결정은 또한 적극적인 표현으로 정부가 개인의 자유가 충분히 향유될 수 있도록 ─자기결정을 하는 데에 필요한 수단을 얻기 위하여 그들에게 도움을 주는─ 개인에게 권한을 주도록 의무지어져 있다는 것을 의미하는 것으로 이해될 수도 있다. 또한 자유이념에 바탕을 두고 ─ 무엇보다도 고용과 공공시설의 상황에서 인종적, 민족적, 성적, 종교적 차별을 금지하면서, 다른 개인에 의한 권리의 침해로부터 개인을 보호하기 위하여─ 시민권이 사적 영역에서 한정된 제한을 과하는 데에 이용되어 왔다. 그렇지만, 이 노력은 사적 클럽에게 다른 사람을 배척하도록 허용하는 결사의 자유권 및 다른 집단에 대해 증오표현을 인정하는 언론의 자유권 등과 충돌한다. 사적 침해에 대한 미국의 시민권 보호의 드러나는 특징은, 그것들이 헌법상의 통상조항에 의해 부여된 권한에 근거하여 의회에 의해 제정되었다는 것이다. 이는 그 자체의 공과(merits)에 기하여 정당화되는 것이 아니라 차별이 주간통상(interstate commerce)을 침해하였기 때문이었다. 자유주의에 대한 비판적 반대자는 사적 지배의 자유주의적 보호와 남용을 교정하기 위한 마음내키지 않는 노력을 지적하면서, (권리와 같은) 자유주의적 이념을 이용하려는 노력을 부패하고 포기

되어야 하는 체제의 생존을 영구화하는 데에 기여할 뿐인 것으로
내쳐버렸다.

## ◦●● 법현실주의자와 법에 대한 도구적 접근

20세기 초기 30년간에 세계에서 터져 나온 같은 의견을 가진 일
단의 학자들의 표상인 법현실주의는 비판법학운동의 지적 선구자이
었다. 법현실주의자들의 공격의 당면 목표는, 보통법원칙이나 법원
칙을 완화하는 것이 자유를 침해하고 재산권을 침해하며 시장을 방
해한다는 주장에 근거를 두고 사회복지입법에 대한 법원의 저항을
제압하는 것이었다. 법현실주의자들은 법의 지배가 또한 의존하고
있던 19세기 법사상의 두 가지 중요한 버팀목을 체계적으로 비판하
였다. 개념형식주의(conceptual formalism)와 규정형식주의(rule for-
malism)이다.6)

**개념형식주의**는 계약의 자유, 재산소유권, 불법행위상의 과실과 의
무 등의 법적 관념과 원칙이 필수적인 내용을 가지고, 일관성있고
통합적인 전체 법체계를 형성하기 위하여 규정과 개념의 전체적인
복합체 내에서의 관계에 내재하고 있다는 관념이었다. 사건으로부
터 나타나는 원칙을 확인하고 명확히 하며, 거기에 법적 추론을 적
용함으로써, 이러한 개념과 규정이 구성하고 요구하는 것을 발견하
는 것은 법관의 임무이었다. 분석의 대부분은 객관적으로 결정된
개념적 필연성으로 제시되어 추상적이었다.7) 법현실주의자들은 반

---

6) 하이에크는 사회정의라는 이름으로 법현실주의자들에 의해 법의 지배이념에
   주입되는 피해에 관하여 특히 경고하였다. Hayek, *The Political Ideal of the
   Rule of Law*, pp. 46-59를 참조.
7) William M. Wiecek, *The Lost World of Classical Legal Thought* (Oxford:

대로, 법개념이 법관에 의해 결정된 함축적 이론이나 전제에 의해 채워지거나 법관에 의해 행해진 인정되지 않는 선택에 의해 결정되어, 유연하였다고 주장하였다.8) 이 점은 Lochner v. New York 판결에서 올리버 W. 홈즈(Oliver Wendel Holmes) 대법관의 반대의견에서 빛을 발하였다.9) 연방대법원은 —하루에 10시간 이하 혹은 한 주에 60시간 이하만을 허용하는— 제빵공의 근로시간에 제한을 두는 주 법률을 무효화하였다. 그 이유는 그것이 고용주와 근로자가 그들이 서로 원하는 시간을 얼마로 할지에 대하여 계약하는 고용주와 근로자의 자유를 침해하였다는 것이었다. 현실은, 뉴욕주의회가 인정하였지만 법원은 인정하지 않았는데, 근로자가 자신들의 고용기간에 관하여 흥정할 아무런 현실적인 자유를 갖지 않았다는 것이었다. 홈즈는 법관들이 자유방임적 경제이론을 규정이 없는 헌법에다 넣어서 이해하고 있다고 유명하게 통박하였다. 법현실주의자들은 법개념의 내용이, 내적 논리의 문제로 판단되는 어떤 것이 아니라 대신에 사회현실에 대한 잠재적 영향을 알고서 사회적 목적의 실현을 촉진하도록 해석되어야 한다고 하였다.

규정형식주의는 규정이 모든 사건에서 정당한 답을 정하기 위하여 법관의 편에서 재량이 없이 그리고 그들의 가치의 개입 없이 기계적인 방법으로 법관에 의해 적용된다는 관념이다. 법현실주의자들은, 법에서는 간극과 모순이 있다는 것, 규정들이 반대의 결과를 감안하는 예외를 가진다는 것, 법관이 이전에 내려진 판결에서 의미하는 바의 확립된 규정을 명확히 하는 경우에 융통성이 있다는 것, 많은 규정들이 애매모호하다는 것, 일반규정에서 구체적 사건에 적

---

Oxford Univ. Press 1998), Chap. 2를 참조.

8) Felix Cohen, "Transcendental Nonsense and the Functional Approach," 35 *Columbia Law Review* 809 (1935)를 참조.

9) 198 US 45 (1904).

용하는 경우에 하나 이상의 합리적 대안이 있을 수 있다는 것, 요약하면, 규정의 해석은 가끔 불명확하며, 결코 기계적이지 않고, 선택에 열려있으며, 법관이 가치로부터 영향을 받게 된다는 것 등을 주장한다. 이러한 선택의 개입은 규정형식주의에 의하여 감추어진다. 법현실주의자들은 법관들이 가끔 결론을 먼저 내리고 다음에 다시 돌아가 법규정을 찾아내고 판결을 뒷받침하는 법적 논증을 구성한다고 하였다. 좀 더 솔직담백하기를 촉구하면서, 법현실주의자들은 법관의 판결을 더 낮게 평가하기 위하여 이 과정이 공개적으로 일어나기를 원하였다.

법현실주의자들의 주장은, 법만이 사건을 결정한다는 것을 부인하는 것으로, 법의 지배를 위하여 행해진 주장에 관하여 중대한 의심을 제기하였다. 형식주의자들은 법개념의 개념적 필요성과 법에 따른 자유에의 기계적인 규정의 적용을 직접적으로 연결지웠다. 뛰어난 19세기의 법사상가 데이비드 D. 필즈(David Dudley Fields)는 다음과 같이 서술하였다.

제소된 문제에 관한 판결이 법관의 의사 혹은 무엇이 정당한가에 대한 그의 관념에 의존한다면, 우리의 재산과 생명은 들쭉날쭉하는 판결 혹은 변덕에 좌우될 것이다. 규정의 체계가 존재하고 그것에 합치하는 것은 결국 모든 자유로운 정부와 공화주의적 정부의 필수적 조건이다. 법은 우리의 유일한 주권자이다. 우리는 그것을 최고위에 올려놓았다.[10]

법현실주의자들의 공격을 따르면 "법의 지배"와 "사람의 지배" 사이의 비교는 이전의 언어표현이 보여주는 것만큼 예리하지는 않다.

---

10) David Dudley Field, *Magnitude and Importance of Legal Science* (1859), George Christie and Patrick Martin, *Jurisprudence*, 2nd edition (St. Paul, Minn.: West Pub. 1995), p. 713에서 재수록.

형식주의자의 이해를 대체하기 위하여, 법현실주의자들은 원하는 사회적 목적을 달성하기 위한 도구로 법을 특징지우는 도구적 견해를 옹호하였다.11) 법은 이 목적에 필요한 어떤 방법으로 형성될 수 있다. 이것은 이전에 있었던 법에 관한 견해들과는 다른 뚜렷한 변화이다. 앞장에서 지적한 바와 같이, 대부분의 서구역사에서는 법은 만들어지기보다는 발견되는 어떤 것으로, 말하자면 이미 존재하는 관습이나 공동체의 도덕, 자연법원칙, 법개념과 법원칙의 내재적 성질, 혹은 시장과 자연적 자유의 필요성 등의 반영으로 이해되었다. 법에 관한 도구적 관념은 법개혁의 깃발 아래 18세기 후반에 제러미 벤덤에 의해 처음으로 주창되었다.12)

하지만 자유주의 내에서의 법에 관한 도구적 견해는 유례없는 난관을 제기한다. 선에 관한 동의가 없는 경우에, 법이 증진하여야 하는 공유된 사회적 목적을 인정하는 것은 문제가 있다. 벤덤은 이에 구애되지 않았다. 왜냐하면 확신에 찬 공리주의자에게는 사회적 선을 달성하는 것은 개인적 만족의 총계를 최대화하는 문제이었기 때문이다. 그러나 공리주의는 (비록 가끔 연관되기도 하지만) 자유주의에 의해 반드시 인정될 필요는 없는 논쟁적인 도덕이론이다. 법현실주의자들은 가끔은 (과도하게) 사회과학이 사회적 선을 확인할 수도 있으며, 혹은 최소한 그 성취가 법을 통해 어떻게 용이하게 될 수 있는가를 낙관적으로 제시하였지만, 그 뿐이었다. 법에 관한 도구적 견해는 공동선에 대한 동의가 없는 경우에는, 법이 민주적 절차 내에서 그 자체에 아무런 통일성이 없는, 집단이익들 사이의 타협이나 경쟁의 문제라는 것을 의미한다. 전리품은 승자에게로 간다.

---

11) Robert Summers, *Instrumentalism and American Legal Theory* (Ithaca, NY: Cornell Univ. Press 1982)를 참조.
12) Tamanaha, *A General Jurisprudence of Law and Society*, pp. 44-50을 참조.

제2차 세계대전의 도래와 함께, 국내에서 선과 악 사이의 엄청난 다툼으로 제시되면서, 법현실주의자들은 그들의 주장의 가장 급진적인 함축성으로부터 후퇴하였다(혹은 최소한 침묵하였다).[13] 법현실주의자들에 의해 촉진된 법에 관한 실용주의적 및 도구적 접근은 "상대주의"라는 비난으로 덧씌워졌다. 법이 곧 정치는 아니라는 것, 법이 통일성과 구체화된 도덕원칙을 갖고 있다는 것을 재차 시인하는 것이 미국의 법제도에 피할 수 없게 되었다. 법현실주의는 비록 많은 학자들이 그 작업을 수행하고 그들의 주장의 힘이 완전히 제압될 수 없었기는 하지만, 가장 처참한 모습으로 무대에서 사라졌다.


○•• 주류의 딜레마


1954년의 연방대법원의 Brown v. Board of Education 판결은,[14] 대법원이 법적으로 인종분리를 강제하는 것을 위헌으로 무효화한 것으로, 오늘날까지 주류적 법이론을 귀찮게 하고 있다. 평등조항의 기초자들은 당시에는 보통의 현실이었던 인종분리를 무효화하는 것을 명백히 이해하지 못하였다.[15] 그 조항이 제정되자마자, 분리는 Plessy v. Ferguson 판결에서[16] 대법원에 의해 유효한 것으로 결정되었고, 아무런 후속적인 헌법개정이 없었다. 결사의 자유는 분리를 원하는 사람에 의해서나 통합을 원하는 사람에 의해서나 같은 무게

---

13) Morton Horwitz, *The Transformation of American Law: 1870–1960* (New York: Oxford Univ. Press 1992)을 참조.
14) 347 US 483 (1954).
15) Alexander M. Bickel, "The Original Understanding and the Segregation Decision," 69 *Harvard Law Review* 1 (1955).
16) 16. 163 US 537 (1896).

로 제소될 수 있었다. Brown 판결은 논란의 여지는 있지만 법원칙이나 추론된 상세한 설명이나 중립성원칙 등에 의해 지지되지는 않았다.[17] 따라서 판결은 이미 존재한 헌법 및 그 이해와 안정적으로 조화될 수 없었다. 하지만 그것은 도덕적 입장에서 보면, 최소한 법학계의 주류에 있는 많은 사람들의 입장에서도 의심할 바 없이 타당하였다. 워렌 법원의 진보적인 다른 판결들도 같은 딜레마를 제기하였다. 많은 주류 법학계가 관련되는 한, 내용상 도덕적으로는 타당하지만 순수히 법학적 방법으로는 정당화하기가 거의 불가능하였다. 명백히 대법관들의 정치적 입장의 산물인 이 판결은 격앙된 비판에 따르면, 법의 지배의 정반대이었고 그 몰락의 또 하나의 징후이었다.

워렌 법원에 의하여 초래된 개혁을 정당화하는 것은 주류적인 자유주의적 법이론가들과 맞선 도전이었다. 이 작업에 적용된 두 가지 다른 전략이 언급될 것이다. 첫째는 대법원의 판결이 진실로 법의 지배와 일치하였다고 주장하는 한편으로, 둘째는 법원이 고도의 법질서로 발전시키기 위하여 법의 지배를 수정하고 있다고 주장하였다.

로널드 드워킨(Ronald Dworkin)은 1970년대 초기에[18] 워렌 법원의 행위에 의하여 법의 지배가 전혀 위협받지 않았다고 주장하였다. 문제는 새로운 헌법해석을 선언함에 있어서 대법원의 적극주의적 입장에 관한 것이 아니었다. 오히려 법을 "법전(rule book)"으로 보는 지배적인 관념이 잘못되었다. 법은 바로 그 규정 이상의 것으로

---

17) Herbert Wechsler, "Toward Neutral Principles of Constitutional Law," 73 *Harvard Law Review* 1 (1959)을 참조.

18) Ronald Dworkin, *Taking Rights Seriously* (London: Duckworth 1977); *A Matter of Principle* (Cambridge, Mass.: Harvard Univ. Press 1985); *Law's Empire* (Cambridge, Mass.: Harvard Univ. Press 1986).

이루어져 있다. 그것은 또한 규정과 사건 내에 구체화된 혹은 그 뒤에 서있는 내재적인 도덕적/정치적 원칙들로 구성되어 있다. 이 도덕원칙들은 이전에 서술되거나 인정되지 않았을 경우에조차도 존재해 있다. 미국의 법체계는 더 넓은 관점에서 바라보면, 공동체의 도덕적 삶과 전망을 반영하는 규정과 원칙들의 일관되고 통일적인 체계를 구성한다. 드워킨의 설명에 따르면, 법관들은 원칙에 관한 판결을 내리지만, 그로 인해 정책의 문제를 결정하지는 않으며, 그들이 확인하는 원칙들은 (넓게 생각하여) 법 내에 있고, 그래서 법이 여전히 지배한다. 그리하여 도덕적으로 원칙화된 워렌 법원의 판결들은 정당하며 법의 지배와 일치하였다.

드워킨의 설명에는 두 가지 중요한 전제가 포함되어 있다. 공동체는 사실상 공유되고 일관된, 전체에 걸쳐져 있는 도덕 및 정치적 원칙을 가지고 있다. 그리고 "법전은 도덕적 권리를 포착하기 위한 공동체의 노력을 대표한다."는 것이다.[19] 드워킨의 설명은 앞서 언급된 하이예크와 유사하게, 공동체의 관습과 도덕을 대표하고, 그리고/혹은 도덕원칙과 이성을 반영하는 것으로, 관념화된 말로 법을 표현하는 오랜 전통에서 가장 최근의 것이다.[20] 그렇지만, 지극히 다원주의적 사회에서는 드워킨의 설명은 의심할 만한 대목이 있다. 왜냐하면 서로 경쟁적인 일련의 도덕원칙들이 있기 때문이다. 더욱이, 법률이 정치적 경쟁에서의 승자를 반영한다는, 법에 대한 도구적 접근법이 널리 퍼져 있는 때에는, 법이 공동체의 도덕적 권리를 대표한다는, 혹은 법이 일관된 전체를 형성할 것이라는 주장은 회의주의를 초래할 만하다. 제휴된 입장과 이해관계를 가진 동일한 집단(다수? 혹은 엘리트?) 혹은 집단들이 입법경쟁에서 상투적으로 지

---

19) Dworkin, Taking Rights Seriously, p. 269.
20) Tamanaha, *A General Jurisprudence of Law and Society*, Chap. 2를 참조.

배하지 않는다면, 대량의 법률들을 포괄하는 일관성은 쉽게 일어나지 않을 수 있다. 미국의 법적 전통이 핵심적인 일련의 정치적 원칙들을 공유하고 있다는 점에서 드워킨이 타당하다 하더라도, 혹은 다원주의에 걸쳐 있는 중첩적인 합의가 존재한다 하더라도, 기본적인 쟁점에 대한 선명한 의견불일치가 뒤에서 논의될 것이지만, 여전히 존재하므로, 이 주제에 관한 대법원 판결은 법에 관한 그의 광범위한 견해 내에 포함하기는 어려운 것 같다.

워렌 법원을 정당화하는 두 번째 전략은 다른 방식을 택했다. 법사회학자인 필립 노네(Phillipe Nonet)와 필립 셀즈닉(Philip Selznick)에 의해 저술된 Law and Society in Transition(1978)은 최근의 법의 지배의 쇠락을 인정하였지만, 그것을 억압적 법(다른 사람에 대한 일부사람의 권위주의적, 자의적 지배)으로부터 자율적 법(법의 지배)으로, 그리고 반응적 법(실질적 정의를 더 많이 고려하는 것)으로 이행하는 3단계의 변천으로 자리매김하여, 이러한 변화를 긍정적으로 해석하였다. 법의 지배는 정부의 행위에 한계를 두고 그것을 좀 더 예측가능하도록 하는 가치를 갖고 있었다. 그렇지만, 예측가능성을 고양시키는 규정의 일반성은 또한 과도한 포괄성(over-inclusiveness)과 과소한 포괄성(under-inclusiveness)으로 귀결된다. 일반적 용어로 기술된 규정은 규정 뒤에 있는 목적에 적합하지 않는 어떤 상황에 적용될 것이며, 그 목적에 적합한 어떤 것을 포괄하지 못할 것이다. 단순한 사례를 생각해보자. 최소운전연령을 16세로 정하는 것은 운전의 요구사항을 다루기에 충분한 신체적·감정적으로 성숙한 사람들의 집단에게 운전을 제한하도록 되어 있지만, 이러한 특성을 가진 16세 미만의 사람과 그렇지 못한 16세 이상의 사람이 있을 것이다. 이 경우들에 적용하면, 규정은 불공정하거나, 최소한 의도된 목적에 반하여 운용된다. 만약 법규정의 뒤에 있는 목적이나 공정성과 정의의 고려가 감안되면, 그 규정이 반드시 지켜질 필요가 없는 상황이 나타날 것이다. 법의 일반성과 평등성 그리고 명확성은 체계 내에서 그러한 사건별 결정을 인정하는 정도까지 감축될 것이다.

(두드러지게 워렌 법원을 포함하여) 오늘날의 미국법은, 노네와 셀즈닉에 따르면, 법적·사회적 질서를 뒷받침하는 목적과 원칙을 달성하는 데에 더 큰 강조를 두는 것으로 특징지워져서, 반응적 법의 단계로 이행하고 있었다. "따라서 반응적 법의 뚜렷한 징표는 규정과 정책에 있는 함축적 가치들에 대한 탐구이다."21) 반응적 법제도 하에서는 체제는 엄격히 규정지향적으로 되기보다는, 좀 더 결과지향적으로 된다. 합법성은 체제 내에서 최고의 가치로 남아 있지만, 엄격한 형식주의는 아니며, 가끔은 목적, 원칙, 정의, 공정성 등에 자리를 내어주는 그러한 것이다.

드워킨이나 노네, 셀즈닉 등이 법학계나 이론가들의 주류적 견해를 대표하였다고 생각하는 것은 잘못이다. 합의된 주류적 견해와, 법에 관한 전에 없던 오랫동안의 이론적 논쟁상태는 없었고 계속 그러하다. 드워킨과 노네 및 셀즈닉이 주류로 포착했던 것은 첫째로, 정치적 결정이 법적 결정에 아무런 역할을 하지 않는다고 실속 없이 부인하는 것을 버리고, 둘째로, 그럼에도 불구하고 여전히 지지할 가치가 있는 것이 법이라는 것을 재확인하는 메시지를 보내는 것이다. 법관이 진실로 훨씬 더 개방적으로 목적과 정의를 고려하게 되었다는 증거가 있지만, 반면에 양 이론을 뒷받침하는 직관이라는 핵심적 법적 지향을 유지하고 있다.22) 이들의 설명의 주요 차이점은, 그 외에는 대부분 공통적인데, 드워킨은 체계의 "법적" 성

---

21) Philippe Nonet and Philip Selznick, *Law and Society in Transition: Toward Responsive Law* (New York: Octagon Books 1978), p. 79.
22) Tamanaha, *Realistic Socio-Legal Theory*, Chap. 8을 참조.

격에 아무런 축소를 인정하지 않는 방법으로 상황을 해석하는 반면에, 노네와 셀즈닉은 개량적 진전으로서 축소를 받아들인다는 것이다.


### ₀●● 법의 지배의 퇴보에 대한 급진좌파의 견해

적극적인 용어로 이러한 발전을 묘사하는 방법을 탐구하는 대신에, 급진좌파는 공격적인 방법으로 나아갔다. 이데올로기적 반대자로부터 차용하면서, 로베르토 웅거는 법의 지배에 관한 그의 정의로서 다이시의 첫 번째 두 가지를 채택하였다. 즉 법은 일반적인 용어로 미리 제시되어야 한다는 것과, 일반적이고 자율적인 법원에서 사건이 심리되어야 한다는 것이다.[23] 웅거는 하이예크와 함께, "법의 지배는 진정으로 오늘날의 자유주의적 국가의 영혼이라고 언급되어 왔다."[24] 더욱이, 그는 인용하기를,[25] 사회복지국가가 "법의 지배의 형해화"를 가져오고 있다는 하이예크와 다이시의 주장을 인용하면서 동의를 표하였다.[26]

웅거는 그들이 인정하였던 문제들이 어떻게 행정의 맥락을 넘어서 법에 넘치게 영향을 미치게 되었는지를 상세히 설명하였다. 웅거에 따르면, 법에서의 두 가지 중대한 변화가 사회복지국가에 의하여 발생하였다. 첫째, 법관들은 점점 더 공정성, 선의, 합리성, 비양심성 등과 같은 폭넓은 해석이 가능한 기준을 적용하도록 요구받게 되었다. 둘째, 행정부 공직자가 아닌 법관이, 서로 다른 가치관

---

23) Unger, *Law in Modern Society*, no. 11, p. 273.
24) Ibid., p. 192.
25) Ibid., no. 40, p. 291
26) Ibid., p. 200.

계를 가진 넓은 대안적 수단들 중에서 그에게 선택하게 하는 과정으로서, 법률적으로 수립된 정책목표를 어떻게 가장 잘 달성하는가에 관하여 결정하기 위하여 점점 더 합목적적인 추론을 하도록 요구되었다. 웅거에 따르면, 이 두 가지 변화는 형식적인 법적용이라는 전통적인 사법의 역할과는 양립하지 않았고, 일반성, 평등성, 및 명확성의 성질을 가진 규정체계의 이념에서 벗어났다.

> 폭넓은 해석이 가능한 조항과 일반적 기준은 법원과 행정기관으로 하여금 일반규정에 대한 축소에 반하는, 임시적인 이익형량에 몰두하게끔 강요한다. ...[27]
>
> 목적에 적합한 법적 추론과 비형식적 정의는 또한 일반성의 이념에도 난관을 야기한다. 정책지향적 법조인은, 규정해석의 한 부분은 그것에 할당된 목적의 달성에 가장 효율적인 수단을 선택하는 것이라고 주장한다. 그러나 판결이 겨냥하고 있는 상황이 변하고 결정자에게 유용한 수단에 대한 그의 이해가 변하면, 그가 규정을 해석하는 방법도 그러해야 한다. 이러한 결과의 불안정성은 받아들여진 정책의 변동성과 해결되어야 할 특정 문제의 가변성으로 역시 증대할 것이다. 그러므로, 법의 지배의 이념과 분리할 수 없는 관념인, 개인적 권원과 의무의 안정적 영역이라는 바로 그 관념은 침식될 것이다.
>
> 실질적 정의에 대한 탐구는 훨씬 더 큰 정도로 법적 일반성을 타락하게 한다. 사회적 상황들 사이의 허용할 수 없는 불평등의 범위가 확대될 경우에는, 개별화된 취급의 필요성은 그에 대응하여 증가한다. 실질적 정의가 어떻게 정의되든 간에, 그것은 다른 상황을 다르게 취급함으로써만 달성될 수 있다.[28]

법관에게 두어진 이러한 새로운 요구들은 법의 자율성을 침식하는 부가적인 효과를 가졌다. 왜냐하면, 법관들은 판결을 내릴 때, 정의에 대한 비전문가적 감각을 판별하기 위하여 사회과학과 같은 외부적인 지식근거에 자문을 구하고, 효율성 분석에 몰두하기 위하

---

27) Ibid., p. 197.
28) Ibid., p. 198.

여 점점 더 법규정과 법적 추론의 영역 밖으로 가게 되었다. "합목적적인 법적 추론과 실질적 정의에 대한 관심이 널리 퍼지기 시작하면서, 법적 담론의 유형이 흔해 빠진 정치적 혹은 경제적 주장의 그것에 근접하고 있다."[29] 그러한 사법부의 판결의 정당성에 관하여 심각한 문제들이 나타난다. 그것은 선출되지 아니한 법관들로 하여금 입법부에 의해 행해지는 것들과 전혀 다르지 않은 종류의 판결을 하도록 하여 정치적 자유를 침해한다.

더더욱 복잡한 문제는 사고방식상의 변천이 단지 부분적으로만 달성되었다는 사실이다. 합목적적인 추론에 특유한 도구적 합리성은 규정의 적용과 결합된다. "이러한 상황에서는 법원과 행정기관은 서로 충돌하는 요구를 가진 두 개의 역할 사이에 사로잡힌다. 무엇이 법규정에 대한 정확한 해석인지를 묻는 전통적인 형식주의자인 법관의 역할과, 주어진 목표에 어떤 행위과정이 가장 효율적으로 기여할 것인지를 결정하고자 하는 효율성의 계산자로서의 역할이 그것이다."[30] 결과는 "일반화하는 규정과 특수한 판결 사이의 불안정한 동요"를 가진 법체계이다.[31]


## ○●● 공동체에 대한 동경

정치이론 내에서 일어난 자유주의에 대한 동시적인 반항에 의해 알려지면서,[32] 급진좌파 법이론가들은, 개인들 자신의 선에 관한

---

29) Ibid., p. 199.
30) Unger, *Knowledge and Politics*, p. 99.
31) Ibid..
32) Michael J. Sandel, *Liberalism and the Limits of Justice* (Cambridge: Cambridge Univ. Press 1982); Alastair MacIntyre, *After Virtue* (Notre Dame: Univ. of Notre Dame Press 1984)를 참조.

입장을 추구하는 것을 용이하게 하기 위하여 법질서를 형성하는 데에 함께 참여하는 자율적인 개인들이라는 출발선상의 전제로 인해 자유주의가 돌이킬 수 없이 손상을 입었다고 주장하였다. 비판적인 법학자들은 무수히 많은 방법에서 사회와 법에 대한 자유주의적 접근방법은 공동체의 역할을 판단하지 못했다고 주장하였다. 인민들은 공동체로 태어나고 공동체에 의해 양육되며, 언제나 공동체 내에서 존재한다. 그들은 공동체로부터 언어, 도덕, 역할 그리고 사고방식을 얻는다. 그들의 정체성은 공동체 내에서 다른 사람이 어떻게 그들을 바라보는가에 대한 기능이다. 우정과 이타심으로 표현되는 다른 사람과의 연대는 삶에 의미를 부여한다. 그들은 타인을 사랑하고 다른 사람의 사랑을 필요로 한다. 개인들은 철두철미한 사회적 존재이다. 이 모든 것들은 자유주의의 초개인주의에 의해 잊혀졌다.

비판적 학자들은 명백히 개인주의적 용어로 구축된 자유주의적 법의 지배 시스템이 그 속에 인정받기 위해 몸부림치는 공동체주의적 충동을 감추고 있다고 주장하였다. 비판적 학자인 던컨 케네디(Duncan Kennedy)는 이것이 규정 지향과 실질적 정의의 결합에서 드러난 모순인, 자유주의적 법 내에서의 "기본적인 모순"을 만들었다고 주장하였다.

나는 실질적인 문제들을 다루기 위한 두 가지 반대되는 표현방법이 있다고 주장한다. 이를 개인주의와 이타주의라고 부를 것이다. … 한 가지 형식적 유형은 명백히 정의되고, 고도로 관리가능한 일반적 규정들을 사용하는 것을 좋아한다. 다른 한 가지 유형은 상대적으로 이전에 거의 없었던 가치를 가진 특별한 결정을 내리는 공평한 기준을 사용하는 것을 지지한다. 법조인들이 사용하는 [이들] 상반되는 언어표현의 방법은 상당한 정도의 모순을 반영한다. 이 상당한 정도로, 우리 자신들 사이에서 그리고 우리 자신들 내에서도, 인간성과 사회에 대한 조화

이러한 입장에 서면, 법의 지배는, 많은 사건에서 규정과 기준의 복합체는 대비되는 결과를 인정하기 때문에, 곧바로 사기적이지는 않으며 단호하였다. 왜냐하면 그것은 공동체의 연대를 희생시켜 체계적으로 개인적 자율성을 우대하기 때문이었다.

많은 급진좌파 이론가들은 개인의 이익과 사회의 이익을 조율함으로써 자유주의 내의 모순을 해결하는 해결책이 강화된 공동체 내에 있다는 입장을 택하였다. 웅거는 그 이유를 다음과 같이 설명하였다.

공동체는 공동목적에 대한 충성에 의해 결합되어 있다. 이 공유된 목적이 단순히 특정 개인이나 집단의 선호보다는 인간성의 특성을 더 많이 표현할수록, 누군가가 그 목적을 받아들이는 것이 스스로의 특성을 더 많이 긍정하게 될 것이다. 그것은 또한 동의와 승인을 위하여 개인성의 포기를 덜 의미해야할 것이다. 그리하여 다른 사람들을 반대하는 의사보다는 보완적인 것으로 보는 것이 가능할 것이다. 이러한 목적을 촉진하는 것은 그 자신의 발전을 의미한다. 개인성의 요구와 사회성의 요구 사이의 충돌은 사라질 것이다.34)

이러한 상황 하에서는 개인적 선과 사회적 선 사이의 충돌은 없을 뿐만이 아니다. 법의 지배는 공유된 가치의 공동체에서는 더 이상 우월하지도 않다. 충돌의 상황에서 지배적인 지향은 엄격한 규정적용 대신에, 공유된 공동체 가치를 촉진하는 결과로 될 것이다. 어떤 사람의 의사가 모든 사람의 그것과 일치하고, 따라서 법관과

---

33) Duncan Kennedy, "Form and Substance in Private Law Adjudication," 89 *Harvard Law Review* 1685, 1685 (1976).
34) Unger, *Knowledge and Politics*, p. 220.

정부공직자에 의한 재량은 더 이상 문제가 되지 않고 공동선을 조장하는 능력을 고양시키는 긍정적인 모습이다.

이 이상적인 입장은 자유주의가 수용하는 현대사회의 주된 모습, 즉 다원주의라는 현실을 설명하지는 못한다. 그것은 구성원인 개인들의 이익과 선들 중에서 중요한 공통성을 요구한다(드워킨의 설명보다 훨씬 더 그러하다). 뿐만 아니라 공동체의 그것으로 개인들의 이익을 조율하는 것도 요구한다. 이 모두는 현대사회에서는 의심스러운 것이다. 웅거는 그의 입장이 작동하기 위해서는 사회가 급진적으로 변해야 한다는 것을 알고 있었다. 그렇지만, 그것들이 가져오는 알만한 부정적인 것들에도 불구하고, 개인주의와 다원주의는 또한 많은 점에서 오늘날의 사회구성원들에게는 매력적이다. 자유주의가 너무 많은 개인주의라는 과오를 범한다면, 웅거는 아마도 잠재적으로 움츠리게 하는 의미를 지닌, 너무 적은 개인주의라는 반대의 과오를 범하고 있다. 명예롭게도 웅거는 더 나은 공동체를 촉진하는 데에 내재하는 전체주의적이고 숨막히게 하는 가능성을 인정하며, 너무도 빈번히 가상적으로 공유된 모든 공동체의 가치들이 진정으로 다른 사람에 대한 누군가의 이익을 조장하는 가치들이라는 것을 알고 있었다. 그는 공동체주의적 목표가 현실과 동떨어져 있고 위험할 수도 있다는 것을 경고하였다.[35]

급진좌파는 자유주의와 법의 지배의 결점에 동의하였지만, 구체적인 대안은 거의 제안하지 않았다. "비판적 여성주의자들(Critical Feminist)"은 법규정의 내용이 이타주의, 돌봄, 사랑, 다른 사람에 대한 책임 등과 같은 현재 배제되는 가치들을 명백하게 편입하여야 한다고 촉구하였다.[36] "법실용주의자들(legal pragmatists)"은 법의

---

35) Ibid., Chap. 6.
36) Leslie Bender, "A Lawyer's Primer on Feminist Theory and Tort," 38

지배의 일반성이 맥락에 특유한 요소들과 좀 더 실질적인 정의를 더 많이 고려하는 것을 허용하도록 수정되어야 한다고 촉구하였다.[37] 거의 대부분 비판법학자들은 대체할 것을 제안하지 않으면서 자유주의와 법의 지배를 공격하였다.

비판적 이론가들은 주류 법학계로부터의 날카로운 반격을 견디어 냈는데, 그 중 가장 과도한 것은 비판을 허무주의로 비난하고 그들이 로스쿨에 적합하지 않다고 말하였다.[38] 좀 더 예민한 반응은, 소수자의 사회적 지위를 개선하기 위하여 그들에 의해 수행되는 사회적·법적 전쟁터에서 자유주의적 권리가 제공하는 필수불가결한 기여를 올바로 평가하지 못했다는 인종이론가들의 주장이었다.[39] 비판적 학자들은, 개인주의 및 공동체의 관념을 수용하기 위하여, 노네와 셀즈닉이 제시하였던 바와 같이, 사실상 일어나고 있는 것으로, 그 체계가 정의와 공정성에 훨씬 더 개방적이면서도 현저히 규정기속적으로 남아 있는 그러한 방식으로, 그들이 인정하였던 알려진 바의 모순과 불안정이 완화될 수 있는지의 여부를 심사숙고하지 못하였다. 그들의 목표는 그들이 확인한 결점들을 개선함으로써 그 체계가 더 잘 작동할 수도 있는 방법을 찾기보다는 전체 체계의 정당성을 폄하하는 것이었다.

---

*Journal of Legal Education* 3 (1988)을 참조.

37) Martha Minow and Elizabeth Spelman, "In Context," 63 *Southern Calif. Law Review* 1597 (1990); Catherine Wells, "Situated Decisionmaking," 63 *Southern Calif. Law Review* 1727 (1990)을 참조.

38) Paul D. Carrington, "Of Law and the River," 34 *Journal of Legal Education* 222 (1984).

39) Richard Delgado, "The Ethereal Scholar: Does Critical Legal Studies Have What Minorities Want?," 22 *Harvard Civil Rights–Civil Liberties Law Review* 301 (1987)을 참조.

## ◦•• 불확실성과 법의 지배

급진좌파는 법의 지배의 쇠퇴를 지적하는 것 이상을 행하였다. 그것은 법현실주의자들에 의해 처음 제기되었던 주제를 포착하여, 불확실성 명제를 역설함으로써 이 쇠퇴를 촉진하고자 하였다. 법의 불확실성에 관한 논의는, 언어의 불확실성으로부터[40] 기준의 불확실성으로, 법의 특정 영역의 불확실성으로 주제의 범위를 포괄했던 상당한 크기의 문학집단을 일으키면서, 1980년대와 1990년대 초에 특히 활성화되었다. 다행스럽게도 논의의 대부분은 무시할 수 있다. 최초의 열기가 진정되었을 때, 불확실성이 어떻게 특징지워져야 하는지 및 그것이 법의 지배의 이념을 위협하는지의 여부 등에 대부분 초점이 맞추어진 의견불일치는 그대로 남겨둔 채, 정확한 정도는 아닐지라도 불확실성의 존재에 관한 일반적인 합의가 논쟁자들 사이에서 등장하였다.

법원에 집중하는 불확실성 명제는, 중대한 일단의 사건에서 법은 하나의 올바른 정답만을 내놓지는 않는다거나, 혹은 (좀 덜 가혹하게 말하여) 적용가능한 법규정의 총체가 하나 이상의 결과와 때때로 모순되는 결과를 인정한다고 주장한다. 불확실성은 이 사건들에서의 결과를 결정하는 데에서의 법의 실패에서도 존재한다. 언급된 불확실성 덕분에 법관의 의해 내려지는 판결은 법규정 이외의 영향의 산물이어야 한다. 이 불확실성의 징후는 서로 다른 결과, 규정에서의 불일치, 이미 이용되고 있는 규정의 예외, 법적 기준의 개방성 등으로 될 수 있는 규정이 존재하는 것이다. 이 모두는 외견상 쉽게 생

---

40) 이러한 종류의 불확실성에 관하여 알 수 있는 논의는 Christian Zapp and Eben Moglen, "Linguistic Indeterminacy and the Rule of Law: On the Perils of Misunderstanding Wittgenstein," 84 *Georgetown Law Review* 485 (1996)에 있다.

각되는 것들로, 노련한 법조인이 사건의 양 측면에서 주장을 펼 수 있는 것들이다. 법관들 사이에 법에 관한 일상적인 의견불일치가 있다는 사실은 법원들 사이에 반대의견과 의견대립에서 보이는 것으로, 불확실성이 존재한다는 반박할 수 없는 증거이다.[41] 가장 눈에 보이는 예를 인용하면, 현재 지배하고 있는 렌퀴스트 대법원(the Renquist Supreme Court)은* 예측가능한 정치적 노선을 따르면서, 5-4의 표결로 많은 논쟁적인 판결을 내려왔다.

어쩌다 법관이 된 사람이 아니라, 법이 사건을 판결하기로 되어 있다. 아리스토텔레스는 사람은 열정을 가진 것으로, 법은 이성을 가진 것으로 인정하였다. 로크는 법에 의한 지배를 다른 사람의 자의적인 의사에 의한 지배와 대조하였다. 마셜 대법원장은 법관의 의사가 법에 영향을 미친다는 것을 부인하였다. 그것이 슬로건의 요점이다. 즉 "사람이 아니라, 법의 지배이다." 이 모든 설명은 더 이상 셀 수도 없이, 법관에 의한 규정의 적용을 같은 말로 표현하

---

41) 이 주제에 관한 비판적 문헌은 불확실성 및 그에 관한 실증적 증거들에 관한 일반적 주장들로 구성되어 상당히 많다. 이 설명을 이해하기에 도움이 되는 가장 쓸 만한 일반적 논문을 아래에 인용한다. 관심있는 독자들은 이 일반적 설명들을 통해 문헌을 찾을 수 있을 것이다. Joseph William Singer, "The Player and the Cards: Nihilism and Legal Theory," 94 *Yale Law Journal* 1 (1984); Allan C. Hutchinson and Patrick J. Monahan, "Politics and the Critical Legal Scholars: The Unfolding Drama of American Legal Thought," 36 *Stanford Law Review* 199 (1984); James Boyle, "The Politics of Reason: Critical Legal Theory and Local Social Thought," 133 *Univ. Pennsylvania Law Review* 685 (1985); Mark Tushnet, "Defending the Indeterminacy Thesis," 16 *Quinnipiac Law Review* 339 (1996); John Hasnas, "Back to the Future: From Critical Legal Studies Forward to Legal Realism, or How Not to Miss the Point of the Indeterminacy Argument," 45 *Duke Law Journal* 84 (1995); Duncan Kennedy, "Freedom and Constraint in Adjudication: A Critical Phenomenology," 36 *Journal of Legal Education* 518 (1986) 등을 참조.

* 2005년 이후 John Glover Roberts, Jr.가 조지 W. 부시 대통령에 의해 지명되어 제17대 대법원장으로 재직 중이다(역자주).

였다. 법관은 법을 말한다. 법관은 인격화된 법이다. 이 이미지는 다른 사람의 권위에 복종하는 것의 두려움을 이용한다. 그러나 불확실성 명제는 이면에 있는 개인이 아니라, 위엄 있는 검은 법복이 중요한 것이라는 이미지에 상처를 입힌다. 이 주장은 인간들이 해석하고 적용하는 규정에 관하여 인간들이 최종적으로 말한다는 홉스의 생각을 가장 최근에 반복하는 것이다.

불확실성 명제에 대한 반대자들에 의해 제시된 주요 반응은 법에서의 실질적인 예측가능성의 정도를 지적하는 것이었다.[42] 변호사들은 있을 법한 결과를 확실히 기대할 수 있는 많은 "쉬운 사건들(easy cases)"이 있다. 이 사건들에서는 법관들 사이에 거의 혹은 아무런 의견불일치도 없을 것이다. 그러한 사건들은 이 예측가능성으로 인해 법정절차 이전에 일상적으로 해결된다. 그렇게 해결되지 않는 사건들은 법에 관한 불확실성이 아니라 가끔은 경험적 증거에서의 흠결이나 과실의 결과이다. 왁자지껄한 불확실성에 관한 주장들은, 사실상 상당한 정도의 의견불합치를 보여주지만 전체 사건들 중에서 사소하고 오해하게 만드는 표본들을 대표하는 상투적인 많은 수의 법학교수들인 비판적 이론가들이 불복된 사건들을 과도하게 강조하기 때문에 과장되었다.

비판법학자들은 엄청난 수의 사건들이 예측가능할 수 있다는 것

---

42) 불확실성 문제를 다루는 상당한 양의 문헌들이 있다. 다음의 것들은 문헌에서 논의된 주안점들에 관한 가장 도움이 되는 근거들이었다. Lawrence B. Solum, "On the Indeterminacy Crisis: Critiquing Critical Dogma," 54 *Univ. Chicago Law Review* 462 (1987); Ken Kress, "Legal Indeterminacy," 77 *California Law Review* 283 (1989); Jules L. Coleman and Brian Leiter, "Determinacy, Objectivity, and Authority," 142 *Univ. Pennsylvania Law Review* 549 (1995); Steven J. Burton, "Reaffirming Legal Reasoning: The Challenge From the Left," 36 *Journal of Legal Education* 358 (1986); Christopher L. Kutz, "Just Disagreement: Indeterminacy and Rationality in the Rule of Law," 103 *Yale Law Journal* 997 (1994).

을 인정하였다. 그러나 그들은 세 가지의 점을 지적하였다. 첫째, 많은 수를 차지하는 쉬운 사건들은 여전히 배타적으로 법규정 이외의 영향, 즉 엘리트, 백인, 남성법관 등의 공유된 사회경제적 배경 등과 같은 요소들에 의해 결정될 수도 있다. 둘째, 다수는 아닐지라도 상당한 수의 사건들은 쉬운 사건이 아니며, 예측이 쉽지 않다. 이 사건들에서는 법관들은 어떤 것도 법규정에 의해 강제되지 않는 대안적인 가능한 결과들 사이에서 선택해야 한다. 셋째, 애초에 쉬운 사건을 포함한다고 생각되는 상황은, 다른 결과를 얻고자 하는 변호사와 법관들에 의해 수행되는 충분한 동기와 능력으로 문제있는 사건으로 전환될 수 있다. 더 나아가, 비판법학자들은, 어려운 사건(hard cases)들이 예측가능한 사건들보다 훨씬 드물게 발생하더라도 그 중요도를 더 크게 만드는, 뜨겁게 다투어지는 사회적 쟁점들과 관련되기 쉽다고 지적하였다.

불확실성 명제의 반대자들은 비판이론가들에 의한 둘째와 셋째의 주장들에 대한 해답은 이미 갖고 있었다. 그들은, 모든 법체계가 언어의 개방성, 규정의 일반성 및 모든 상황이 예측될 수 없거나 미리 준비될 수 없다는 사실로 인해, 피할 수 없는 정도의 불확실성을 가지고 있음을 지적한다. "어떤 탈것도 공원에 들어갈 수 없음"[43] 자동차나 모터자전거는 확실히 이 규정에 따라 허용되지 아니하지만, 그러나 자전거나 스케이트보드는 분명하지 않다. 공원에서 "모터달린 탈것"을 금지한다는 좀 더 세밀하게 기초된 법을 고려하라. 자전거와 스케이트보드는 허용되지만, 모터달린 휠체어는 (혹은 수동식으로 고정된 것은) 어떤가? 혹은 배터리로 작동하는 장난감자동차는 어떤가? 혹은 전쟁기념물로 공원에 영구히 설치된 오래된 탱크는?

---

43) H. L. A. Hart, The Concept of Law (Oxford: Oxford Univ. Press 1961), Chap. VII을 참조.

혹은 다친 방문객을 싣기 위하여 부른 앰뷸런스는? 일상적인 사건에서 그 적용이 비록 명확하다 하더라도, 법규정은 모든 가능한 상황에 명백한 답을 주지는 못한다. 그렇지만, 언어와 규정의 피할 수 없는 개방적 특성에도 불구하고, 사람들은 분명히 언어를 통해 소통하고 일상적으로 이해하며 규정을 준수한다는 것을 경험이 보여준다. 규정은 효과가 있다. 그것들은 어김없이 지켜지며 행위의 지침이 된다. 규정을 적용하는 주어진 상황에서 애매함과 의심이 있는 경우에는, 추론된 분석에 의해 해결된다. 그러므로 불확실성이 있다고 하더라도, 그것은 법체계의 확정성을 반드시 무효로 하지는 않는다. 불확실성에 대한 비난은 논증이 추상적 수준(그것이 가장 그럴 듯한 수준)에서 남아 있다면 성공적으로 행해질 수 없다. 그것을 효과적이도록 하는 것은 현존의 법규정이 온통 모순투성이인 것을 보여주어야 하는데, 비판이론가들은 이를 보여주지 못하였다.

법적 확실성의 옹호자들에 의한 관련된 반응은 비판학자들이 법의 지배가 요구하는 것보다 훨씬 더 높은 장애물을 두었다는 것이었다.[44] 법규정이 때때로 하나의 결과 이상을 허용하더라도, 이 결과들은 보통 법적 뒷받침의 강도에 따라 순위가 매겨질 수 있다. 강요되지 않거나 혹은 유일하게 타당하더라도, 가장 강한 선택권에 기해 내려진 판결은 여전히 법에 의해 결정될 (혹은 지침이 될) 것이다.

마지막으로, 세 번째 점에 대응하여 옹호자들은 확고한 악의를 가진 법관으로 하여금 원하는 결과를 이루기 위하여 규정을 조작하지 못하게 하는 것이 불가능하다는 것을 받아들인다. 모든 법체계는 언어와 법규정에서 잠재적인 불확실성을 이용하지 않는 성실성을 가진 법관에 의존한다. 법관들은 법에의 충실에 전념하여야 하

---

44) Solum, "On the Indeterminacy Crisis"를 참조.

고, 그들의 가장 중요한 해석적 지향으로서 법규정의 타당한 해석을 찾아내어야 한다. 부패나 부적절이 사법부를 침해하지 않는 한, 사기꾼 법관은 (모든 경우는 아니더라도) 같은 재판부에 재석하거나 더 높은 항소심 수준에서의 다른 법관들이 있어서 견제될 것이다.

가장 비판적인 학자들은 이 대응을 강하게 다투지는 않았다. 그래서 불확실성 명제에 관한 논의는 법에서 인정된 실질적인 예측가능성 정도의 원인이라는 쟁점으로 좁혀졌다. 비판학자들은 이 예측가능성의 원인을 법외의 요소, 특히, 미국에서 법관들의 공유된 사회경제적 배경(상위의 중산층 혹은 엘리트 백인 남성)으로 돌렸다. 비판학자들은 또한 법문화의 세뇌를 예측가능성의 원인으로 인정하였다.

> 법관과 이론가들에 의해 공유되는 법문화는 적절한 제도적 역할과 현재 상태가 유지되거나 변경되어야 하는 정도에 대한 공유된 인식을 내포하고 있다. 이 문화는 규정이 무엇을 의미하는가 및 관습(규정과 예외의 확인)과 정책(자유주의적 법관과 보수주의적 법관 사이의 차별화)에 대한 "상식적" 이해를 포함한다.[45]

이것이 법에서의 예측가능성에 대한 관습주의자(conventionalists)의 설명이다.

불확실성 명제에 대한 많은 반대자들은 법에서의 예측가능성에 대한 관습주의자들의 설명에 동감한다. 모든 의미는 이러한 의미에서 관습적이다. 그러므로 공유된 법적 전통으로 세뇌되는 것이 필수적이라는 것은 적절할 뿐만 아니라 피할 수 없다.[46] 법전문가들

---

45) Singer, "The Player and the Cards," p. 22.
46) Owen Fiss, "Objectivity and Interpretation," 34 *Stanford Law Review* 739 (1982); Owen Fiss, "Conventionalism," 58 *Southern Calif. Law Review* 177 (1985); St. Burton, "Reaffirming Legal Reasoning: The challenge from the Left," 36 *Journal of Legal Education* 358 등을 참조.

은 공유된 법언어, 문화, 그리고 일련의 신념 등으로 해석적 공동체를 구성하는데, 이는 규정의 해석과 적용을 안정화시킨다. 추상적으로 보아서 불확정적인 규정으로 보이는 것도 적용의 맥락에서는 확정적일 수 있다. 왜냐하면 (항소심과 같이 제도적 제한에 의해 뒷받침되는) 법적 전통 내에서 공유된 관습은 특정 해석을 받아들일 수 없는 것으로 허용하지 아니한다. 법규정은, 최소한 일반적인 그럴 듯함의 범위 내에서가 아니라, 둘러싸고 있는 법적 관습에서 허용되지 않는 방법으로 보여질 수는 없다. 위반하는 의견들은 "서술하지 않을 것이다." 이 설명은 법문화와 전통의 총체를 포함하는, 규정을 넘어선 "법"의 한 부분인 것이 의미하는 것을 확대한다.

쉬운 사건들이 많아지는 것에 대한 설명은, 법관들이 엘리트적인 배경을 공유한다는 사실로 인해 그 판결들이 예측될 수 있다는 대안적 설명과 다투어야 한다. 그 사실은 법관들로 하여금 엘리트적 지배의 이익에서와 같은 방법으로 법을 해석하고 적용하도록 이끈다. 이것은 받아들일 수 있는 법적 확실성의 원인은 아니다. 왜냐하면 그렇다면 중요한 것은 법적 전통 그 자체가 아니라 법관의 특수한 사회적 배경이기 때문이다. 추가적인 미해결의 문제는 법적 전통이 그 자체 사회적으로 엘리트의 이익에 의해 영향을 훨씬 더 광범위하게 받는지의 여부에 관하여 존재한다.

지난 세대 전후에 미국 로스쿨은 이전에 배제되었던 집단에 자리를 개방하였고, 같은 일은 사법부에도 생겨나기 시작하였다. 사건의 대다수가 예측가능하다는 것, 그리고 법적 전통이 이 통일성의 중요 이유라는 것을 인정하는 것과 결합되면 불확실성 명제는 그 힘의 대부분을 잃어버린다. 결론적인 것과는 거리가 멀지만, 경험적 연구는 연방대법원 이하의 법원에서는 비판학자들이 주장하였던 것보다 (해석상의 의견불일치로 계산했을 때) 불확실성이 적다는 것을 지적하는 것으로 보인다.[47] 오늘날 법이론학계에서는 불확실성 명제에 관한 논의는 거의 없다.

불확실성 명제는 법의 지배의 한 가지 핵심요소를 반드시 위협하지는 않는다. 예측가능성은 하이예크에 있어서 법의 지배가 자유를 보존하는 바로 그 중요한 방법이었음을 상기하라. 그것은 사람들을 법적 강제에 따르는 것을 알려주어 그들로 하여금 계획하고 행동하게 해준다. 이것이 법적 자유이다. 불확정적이고 예측불가능한 법체계는 이 점에서 실패할 것이다. 예측가능하기는 하지만 불확정적인 법체계는, 예측가능성의 근거가 무엇이든 간에, 법적 자유를 계속 보존할 것이다.

불확실성에 관한 법이론가들 사이의 논의가 실패해버렸다는 것은 그것이 공연한 야단법석이었음을 의미한다고 받아들여져서는 안 된다. 반대로, 그것은 불확실성이 법 내에서 늘 존재하는 잠재적인 것임을 확인하였다. 그것은 또한 불확실성의 가능성이 법체계의 예측가능성을 위태롭게 할 필요는 없다는 것도 확인하였다. 가장 중요한 교훈은, 만약 사적이거나 정치적인 목적을 위하여 법의 잠재적인 불확실성을 이용하는 데에 대하여 양심의 가책을 거의 갖지 않는 법관이 재판부에 배석한다면, 법은 아무런 대책이 없다는 것이다.

---

47) Tamanaha, *Realistic Socio-Legal Theory*, Chaps. 7 and 8을 참조.

# 07

형식적 이론

# 7
# 형식적 이론

이제 역사와 정치적 상황이 변천되면서, 오늘날 통용되고 있는 법의 지배의 새로운 이론적 공식을 제시할 수 있다. 서로 경쟁하는 공식은 부족하지 않지만, 이것은 학자들에 의해 "형식적 설명"과 "실질적 설명"으로 알려져 있으며, 각각은 세 가지 분명한 형태로 나타나는 두 가지 기본범주로 줄여질 수 있다. 전체를 모두 표시하면 다음과 같다.

### 〈새로운 법의 지배의 공식〉

| | 더 약화됨 ———> 나아감 ———> 더 강화됨 | | |
|---|---|---|---|
| 형식적<br>설명 | 1. 법에 의한 지배<br>- 정부행위의 도구<br>로서의 법 | 2. 형식적 합법성<br>- 일반성, 장래효,<br>명백성, 명확성 | 3. 민주주의 + 합법성<br>- 동의가 법의 내용<br>을 결정함 |
| 실질적<br>설명 | 4. 개인적 권리<br>- 재산, 계약, 프라이<br>버시, 자율성 | 5. 존엄권 및/혹은 정의 | 6. 사회복지<br>- 실질적 평등, 복지,<br>공동체의 유지 |

179

이 새로운 이론적 공식은 더 약한(thin) 설명에서 더 강한(thick) 설명으로 이행하는 진행과정에서 상세히 설명될 것이다. 이로써 저자는 더 적은 요건을 가진 공식에서 더 많은 요건을 가진 공식으로 이행함을 의미한다. 일반적으로 말하여, 각각 뒤따르는 공식은 앞서는 공식의 중요 요소들을 포함한다. 이 중요 요소들은 앞으로 가면서 누적된다.

법의 지배의 관념을 형식적인 부문과 실질적인 부문으로 나누는 것은 법이론 내에서의 기준이다. 이 대비를 서술하는 것은 간단한 설명에 대한 예비적인 지침으로 기여하기에 도움이 될 것이다.

> 법의 지배에 관한 형식적 관념은 법이 공포되는 방법에 초점을 맞춘다(그것이 적절히 권한이 있는 사람에 의한 것인가…). 생겨난 규범의 명백성(어떤 사람이 그의 삶 등을 계획할 수 있기 위하여, 한 개인의 행위를 안내하기에 충분히 명확한가)과 제정된 규범의 시간적 차원(그것은 장래를 향하는가…)이다. 하지만, 법의 지배의 형식적 관념은 법 자체의 실제적인 내용에 관한 판단은 불문에 부치고자 한다. 그것들은 그러한 의미에서, 법의 지배의 형식적 지침이 스스로에게 적합하다면, 좋은 법인지 나쁜 법인지의 여부에 관심을 두지 아니한다. 법의 지배의 실질적 관념을 받아들이는 사람들은 이것을 넘고자 애쓴다. 그들은 법의 지배가 위에 언급한 형식적 속성을 가졌다는 것을 인정하지만, 더 이상의 해석론을 취하고자 한다. 특정의 실질적 권리는 법의 지배에 근거되거나 혹은 그로부터 유래된다고 언급된다. 이 개념은 이 권리들의 기초로 사용되는데, 이 권리들은 그러한 권리들을 준수하는 "좋은" 법과 그렇지 못한 "나쁜" 법 사이를 구별하는 데에 사용된다.[1]

---

1) Paul Craig, "Formal and Substantive Conceptions of the Rule of Law," *Public Law* 467, 467 (1997). 또한 Robert S. Summers, "A Formal Theory of the Rule of Law," 6 *Ratio Juris* 127, 135 (1993)도 참조. 이 구별을 사용하는 것이 표준적이라 하더라도, 각 범주에 무엇이 포함되는지는 완전한 동의가 있지는 않다. 이 책에서 설명되는 이유에서 저자는 민주주의를 형식적 범주에 포함시키지만, Summers는 그것을 실질적 범주에 자리매기고 있다. 명확하게 하기 위한 이 범주화로부터 아무런 중요성이 나오지는 않는다. 그

기본적인 구별은 다음과 같이 요약될 수 있다. 형식적 이론들은 합법성의 적절한 근거와 형식에 초점을 맞추며, 반면에 실질적 이론들은 법의 내용에 관한 요건을 포함한다(통상 그것이 정의나 도덕원칙을 준수하여야 한다는 것). 이 구별이 유익한 반면, 그것은 엄격히 채택되어서는 안 된다. 형식적 설명은 실질적 의미를 담고 있으며, 실질적 설명은 형식적 요건을 포함한다. 분명히 말할 수 있는 이유로, 영미 법이론가들의 대다수는, 내가 "형식적 합법성"이라 이름붙인 두 번째 형식적 설명을 택하였다. 이 장은 형식적 관념을 포함하며, 실질적 관념은 다음에 이어진다.

## ∘•• 법에 의한 지배

법의 지배에 관한 가장 약한 형식적 설명은, 법이 국가가 그 직무를 행하는 수단, 즉 "정부가 무엇을 행하든, 법에 따라야 한다."는[2] 관념이다. 이 설명에 대한 더 적합한 명칭은 "법에 의한 지배"이다. 하나의 극단적 설명은 "주권자가 말하는 모든 것은, 주권자의 말이기 때문에, 법이다."[3] 이렇게 이해하면, 법의 지배는 진정한 의미를 갖지 못한다. 왜냐하면 그것은 정부에 의한 지배라는 관념으로 넘어가버리기 때문이다. "법의 지배는 모든 정부행위가 법에 의해 위임되어야 한다는 것을 의미한다. 만약 정부가 정의하는 바에 따라, 법에 의해 위임된 정부라면, 법의 지배는 정치적 이념이 아니

---

래서 자리매김에 대한 의견불일치는 염려할 필요가 없다.

2) Noel B. Reynolds, "Grounding the Rule of Law," 2 *Ratio Juris* 1, 3 (1989).
3) Franz L. Neumann, "The Change in the Function of Law in Modern Society," in William E. Scheuerman, ed., *The Rule of Law Under Siege* (Berkeley: Univ. of California Press 1996), p. 104.

라, 결국 공허한 동어반복이 되어버리는 듯하다."4) 모든 현대국가들은 이러한 좁은 의미에서 법의 지배를 갖고 있다.

정부가 법을 통해 행동한다는 것은 법의 지배이념의 한 요소이며, 이는 독일의 **법치국가**(Rechtsstaat)의 부분적 의미이지만,5) 어떤 서구의 법이론가도 법의 지배를 전적으로 법에 의한 지배라는 말로 인정하지는 않는다. 법에 의한 지배는 법의 지배전통의 **필요조건**(sine qua non)인 정부에 대한 법적 **제한**이라는 불충분한 함축적 의미를 가진다. 그럼에도 불구하고 오늘날의 몇몇 제도들은 명백히 이러한 이해를 채택한다. 중국의 법학자들은, 비록 법의 지배에 관한 이러한 입장이 중국에만 해당되는 것은 아니더라도, 이것이 법의 지배에 관하여 중국정부가 선호하는 이해라고 주장해왔다.6) "몇몇 아시아 정치인들은 법이 일반적이고 효율적인 적용에 초점을 맞추지만, 정부가 그것에 복종할 필요성은 강조하지 아니한다. 그들의 입장에서는, 법은 국가를 제한하기 위해서가 아니라 그 권력에 봉사하기 위해 존재한다."7)

## ○●● 형식적 합법성의 공허함

혹자는 법에 의한 지배를 법의 지배전통의 권위주의적 왜곡으로

---

4) Joseph Raz, "The Rule of Law and Its Virtue," in *The Authority of Law* (Oxford: Clarendon Press 1979), pp. 212-213.
5) Michel Rosenfeld, "The Rule of Law and the Legitimacy of Constitutional Democracy," 74 *Southern California Law Review* 1307, pp. 1318-1329 (2001)를 참조.
6) "Chinese Movement Seeks Rule of Law to Keep Government in Check," by Steven Mufson, *Washington Post*, 5 March 1995, A25.
7) Carothers, "The Rule of Law Revival," p. 97.

혹평하고 싶겠지만, 대부분의 법이론가들이 찬성하는 관념으로, 하이예크에 의해 지지된 형식적 합법성은 또한 무자비한 권위주의적 제도와 전적으로 일치한다. 오늘날의 선구적인 법이론가인 조셉 라쯔(Joseph Raz)는 이 점을 강조하였다.

> 인권의 부정, 대량의 빈곤, 인종분리, 성적 불평등 및 종교박해 등에 기한 비민주적 법체제는 원칙적으로 훨씬 더 계몽된 서구민주주의 법체계의 어느 것보다도 훨씬 더 낮게 법의 지배의 요건에 들어맞을 수도 있다. ... 그것은 헤아릴 수 없이 더 나쁜 법체제일 것이지만, 하나의 점에서는 우수할 것이다. 즉 법의 지배와의 일치성에서이다.[8]
> 법은 ... 법의 지배를 위반하지 않고도 노예제도를 만들 수도 있다.[9]

이 주장들은 그 표현을 쓰는 많은 사람들을 충격에 빠뜨릴 것이다. 그렇지만, 노예제도가 법적으로 시행되고 인종분리가 법적으로 부과될 때조차도 미국이 법의 지배를 준수하였다는 것이 상기되어야 한다. 법의 지배에 대한 이러한 설명이 악과 일치할 수 있게 하는 것은 법의 내용에 관하여 선이나 정당함의 별도 기준이 없다는 점이다.

라쯔는 법의 지배를 뒷받침하는 "기본적인 직관"을 인정하면서 하이예크를 따랐다. "법은 그 주체의 행위를 이끌 수 있어야 한다."[10] 그는 법의 지배의 요소들을 이 생각으로부터 이끌어내었다. 라쯔에 따르면, 이 요소들은 법이 장래효를 가지고, 일반적이며, 명확하고, 공개적이며, 상대적으로 안정적이어야 한다는 것을 포함한다. 이 목록에 대해 라쯔는, 그가 생각하기에 이러한 종류의 원칙들을 효과

---

8) Raz, "The Rule of Law and its Virtue," p. 211.
9) Ibid., p. 221.
10) Raz, "The Rule of Law and its Virtue," p. 214.

적이도록 하는 데에 필요한 여러 메커니즘을 추가하였다. 즉 독립적인 사법부, 편견없이 공개되고 공정한 심문, 그리고 입법부와 행정부 공직자들에 대한 심사와 법의 지배의 요건과 일치하는 것을 보장하기 위한 경찰재량에 대한 한계 등이다. 첫 번째 요건들은, 하이예크와 웅거에게서도 발견되는데, 법의 지배에 대한 지배적인 형식적 설명이 표준적인 서술이다.11) 한 세대 전의 뛰어난 법이론가이었던 론 풀러(Lon Fuller)는 법의 지배에 관한 매우 영향력있는 공식을 제시하였다. 그는 이를 유사한 용어로 다음을 요구하는 "합법성"으로 불렀다. 일반성, 명확성, 공개적인 공표, 시간을 넘어선 안정성, 규정과 법적 행위자의 실제적 행위 사이의 일관성, 소급효 금지, 모순금지, 불가능의 요구금지 등이다.12)

라쯔, 풀러, 하이예크, 웅거 등과 이 설명을 택하는 다른 모든 사람들은 법의 지배가 사람들로 하여금 그 가능한 법적 의미를 미리 알게 해주어 그들의 활동을 계획하게 해줌으로써 개인의 자율성과 존엄을 증진한다는 것에 동의하였다.13) 이것은 몽테스키외의 법 아래에서의 자유, 즉 법이 허용하는 것을 행하는 자유로서 법적 자유라는 관념이다. "그러나 그것은 정부의 간섭으로부터 자유로운 활동영역이 존재한다는 것과는 무관하며 인권에 대한 커다란 침해와 양립할 수 있다."14) "그것은 법이 어떻게 만들어져야 하는지에 관하여 아무것도 말해주지 않는다. 독재자에 의하여, 민주적 다수에

---

11) 또한 Summers, "A Formal Theory of the Rule of Law"; Robert S. Summers, "Propter Honoris Respectum: The Principles of the Rule of Law," 74 *Notre Dame Law Review* 1691 (1999)도 참조.

12) Lon L. Fuller, *The Morality of Law*, 2nd revised edition (New Haven: Yale Univ. Press 1969), Chap. 2.

13) Jeremy Waldron, "The Rule of Law in Contemporary Liberal Theory," 2 *Ratio Juris* 79, pp. 84-85를 참조.

14) Raz, "The Rule of Law and its Virtue," pp. 220-221.

의하여, 혹은 어떤 다른 방법으로 그것은 기본적인 권리에 관하여, 평등 혹은 정의에 관하여 아무것도 말해주지 않는다."[15] 그것은 절차적 요건만을, 법이 가져야 할 형태에 관한 제한만을 과할 뿐이다.

법의 지배에 관한 이러한 입장이 내용요건을 갖고 있지 않다는 사실은 그것을 목적의 범위에 개방적이도록 한다. 풀러는 형식적 합법성의 관념이 "법의 실질적 목적과 다르지 아니하고, 그러한 다양한 목적에 똑같이 효율적이도록 기여하기가 쉽다."고 주장하였다.[16] 이론가들은 이 중립성을 실질적 견해에 우선하여 형식적 견해를 추천하는 이유로 인정하였다. "상대적으로 형식적인 이론은 그 자체 다소 간 정치적으로 중립이며, 그리고 그렇게 제한되기 때문에, 형식적으로 받아들여지는 법의 지배를 포함할 뿐만 아니라 훨씬 더 논쟁적인 실질적 내용도 포함하는 실질적인 이론이 그러한 것보다 정치에서의 우파, 좌파 그리고 중도파 등으로부터 그 용어에서 훨씬 더 지지를 받을 만한 것 같다."[17] 실질적으로 공허한 이러한 특성은 이론가들, 세계은행과 다른 개발기구 등에 의해 보편적 적용이 쉽게끔 해주는 것으로 인정되어 왔다.[18]

법의 지배에 관한 이러한 입장을 고수하는 사람들은 두 가지 점을 제외하고는 그 요건과 의미에 관하여 실질적으로 동의한다. 두 가지 점은 평등요건을 어떻게 이해할 것인가와, 법의 지배 자체가 도덕적 선을 의미하는지의 여부이다.

평등요건에 대한 두 이해방법은 문헌에서 볼 수 있다. 하이예크

---

15) Ibid., p. 214.
16) Fuller, *The Morality of Law*, p. 153.
17) Summers, "A Formal Theory of the Rule of Law," p. 136.
18) Lawrence Tshuma, "The Political Economy of the World Bank's Legal Framework for Economic Development," 8 *Social and Legal Studies* 75, 83 (1999); World Bank, *Governance and Development* (Wash. DC: World Bank 1992).

는 평등이 사람들 사이를 자의적으로 차별하는 법의 제정을 금지하였다고 하였다. 이 제한에서의 문제는 그것이 무엇이 "자의적인 것"으로 여겨지는가를 결정할 실질적인 기준을 요구한다는 것이다. 또 다른 중대한 문제는 법이 언제나, 다르게 정해졌을 수도 있었던 많은 차별을 하고 있다는 현실이다. 예컨대, 진보적인 과세정책은 다양한 소득수준에 연동된 상이한 세율을 부과한다. 그 소득수준의 모두는 그렇지 않고 달리 부과되었을 수도 있었다. 이러한 난관 때문에, 대부분의 형식적 설명은 또 다른 의미로 평등요건을 이해한다(하이예크에 의해서도 사용되었다). 즉 법은 (그것이 무엇이 되든 간에) 그 용어에 따라, 부, 지위(정부공직자 혹은 대중), 인종 혹은 종교, 혹은 특정 개인의 기타 특성 등을 고려하지 않고, 모든 사람에게 똑같이 적용된다. 모든 사람은 그들이 누구인가를 가리지 아니하고 법 앞에 평등하다.

## ∘•• 형식적 합법성의 도덕성

의견불일치의 두 번째 영역 — 법의 지배는 도덕적 선인가? — 은 훨씬 뜨겁게 논란되고 있다. 그것은 법의 지배를 정하는 정부가 그 시민들의 복종을 받을 만한가의 여부에 관계가 있다. 풀러는 법의 지배가 개인의 자율성을 증진시킨다는 점에서 그 자체가 도덕적 선이라고 주장하였다.[19] 더 나아가, 그는, 이러한 형식적 특성을 가진 법체제들이 또한 공정하고 정당한 내용을 가진 법을 더 잘 가질 것임을 의미하는 "선과의 친화성"을 가진다고 주장하였다.[20] "공직

---

19) Fuller, *The Morality of Law*, pp. 209–210.
20) Ibid., pp. 157–159.

문화에서는 적어도, 부정의에 대한 불만에서 그리고 정부를 난처하게 하기 위하여 이용할 수 있는 약간의 긴장상태에서 시민이 호소할 수 있는 어떤 가치와 원칙이 있을 것이다."[21] 최소한으로 법의 지배의 절차적 요건은 정부로 하여금 전적으로 특별한 자의적인 방법으로 행동하지 못하게 한다. "해로운 목적에 몰두하는 독재는, 요구되는 법절차를 통하여 끊임없이 작용하는 훈련에 스스로 종속시키기 위하여 ('책략에 능하고 천박한 것 이외에')[22] 아무런 자족적인 이성을 갖고 있지 않다."[23]

그렇지만 형식적 법의 지배가 도덕적으로 중립이라는 강력한 반대주장이 있을 수 있다. 라쯔는 그것을 제시하였다.

> 좋은 칼은 무엇보다도 날카로운 칼이다. 유사하게, 법의 지배와 일치하는 것은 법의 본질적 가치이며, 참으로 가장 중요한 본질적 가치이다. 규정과 법적용을 담당하는 법원을 통하여 행위를 지도하는 것은 법의 핵심이다. ... 다른 수단들과 같이 법은 그 수단이 설정된 목적에 관하여 중립적이라는 점에서 도덕적으로 중립인 특수한 장점을 가진다.[24]

그 자체로 좋은 것도 나쁜 것도 아니지만 사람을 죽이거나 야채를 자르는 데에 사용될 수 있는 칼과 같이, 법의 도덕성은 그것이 설정된 쓰임새의 기능이다. 비도덕적인 법적 제도에 기여하는 법의 지배는 비도덕적일 것이다. 유해한 법에 관한 명확성과 적용의 일관성은 법제화된 노예제도와 같이 그 가혹한 효율성과 악의적인 결과를 강화하여 체제를 더욱 나쁘게 만든다. 이러한 관점에서 법제

---

21) Waldron, "The Rule of Law in Contemporary Liberal Theory," pp. 93-94.
22) John Finnis, *Natural Law and Natural Rights* (Oxford: Clarendon Press 1980), p. 274.
23) Ibid., p. 273 (원문에서 강조).
24) Raz, "The Rule of Law and Its Virtue," pp. 225-226.

도가 지지받을 만한지의 여부는 (비록 그것이 평가의 한 부분일 수 있어도) 그것이 법의 지배를 존중하는지의 여부의 문제가 아니라 법의 내용, 그 적용, 그 결과 등의 도덕적인 의미의 문제이다.

이 논의는 이론가들에게만의 추상적인 이해관계의 문제는 아니다. 형식적 합법성에 집착하는 권위주의적 정부도 있었다.[25] 오늘날 법의 지배에 의해 향유되는 전에 없던 정당성을 가정하면, 시민의 충성을 주장하기 위하여, 그것이 과하는 불편함을 받아들이면서, 법의 지배를 정립하는 것은 억압적 법을 가진 독재정부에게는 그럴 만한 값어치가 있을 것이다. 이 교활한 독재자들은, 억압적이더라도 법의 지배를 가진 정부가 그 대안이 더 나쁠 것이기 때문에 복종되어야 한다는 결과에 대해 영향력 있는 이론가들에 의해 제시된 주장으로 그들의 지위에 대한 지지를 모색할 것이다. 제러미 월드런(Jeremy Waldron)은 그러한 주장을 펼쳤다. "법의 지배라는 이념을 충족시키기에 가깝게 되는 체제는, 그 (명백한) 불의와 결함에 대한 불복종과 저항이 여하 간에 합법성을 존중하지 않는 정부형태로의 붕괴를 촉진하는 현실적 위험이 있다면 우리의 지지에 대한 합리적 주장을 할 수도 있다."[26] 그리하여 추악한 정부는 훨씬 더 독재적인 가능성이 있다는 것을 불길하게 지적함으로써 그 독재를 정당화하기 위하여 법의 지배를 이용할 수도 있다. 형식적 합법성을 그 자체 도덕적인 것으로 보는 것은 대중들에게는 위험한 결과를 가질 수 있다. "억압적 법은 아마도 무법천지인 억압보다는 덜 끔찍할

---

25) Robert Barro, "Dictatorship and the Rule of Law: Rules and Military Power in Pinochet's Chile," in Jose Maria Maravall and Adam Przeworski, eds., *Democracy and the Rule of Law* (Cambridge: Cambridge Univ. Press 2003), pp. 188–219를 참조. 이 군사독재는 아마도 부분적으로는 그것이 받아들이는 법이념의 힘 때문에 궁극적으로 민주정부에 그 길을 내주었다는 것이 추가되어야 한다.

26) Waldron, "The Rule of Law in Contemporary Liberal Theory," p. 94.

것이지만, 그것은 마찬가지로 끔찍할 수 있다."27)

재치있는 해법은 양 측면의 통찰력을 모두 받아들인다. 형식적 합법성은 시민들로 하여금 예측하고 계획할 수 있게 함으로써 시민들의 존엄을 고양시키는데, 의심없이 긍정적 도덕이다.28) 그렇지만, 중요한 것으로, 법에 대한 어떤 도덕적 평가와 같이, 그것이 시민의 편에서 준수할 도덕적 의무를 낳는지의 여부에 관한 어떤 결정은 또한 규정의 내용과 그 효과의 도덕적 의미를 고려하여야 한다.

형식적 합법성의 공허함은 더 넓게 지적하면, 법의 지배의 오랜 전통, 즉 주권자에 의한 독재의 억제이었던 역사적 시사에 반대되는 것이다. 그러한 억제는 정부나 주권자가 할 수 없는 어떤 것이 있다는 이해를 포함하여, 정부가 적절한 지배형태를 떠맡은 법을 제정하고 준수해야 한다는 생각을 능가하는 것이었다. 법에 의해 부과되는 제한은 자연법, 공유된 관습, 기독교적 도덕성, 혹은 공동체의 선 등에 기초하여 실질적이었다. 형식적 합법성에 모순되지 않게, 정부는 미리 선언된 (일반적이고 명확하며 특정되고 공개된) 법규정과 모순되지 않는 방법으로 정부의 원하는 바를 추구할 수 있는 한 그것이 원하는 대로 행할 수 있다. 정부가 법적으로 허용되지 않는 어떤 것을 행하고자 한다면, 그것은 먼저 단지 법적 형태의 요건에 확실히 적합하도록 법을 개정하여야 한다.

이를 염두에 두면, 형식적 합법성은 역사적인 법의 지배의 전통에서보다도 법에 의한 지배라는 생각에서 훨씬 더 많이 공통된다고 결론짓는 것은 타당하다.

---

27) Martin Krygier, "Marxism and the Rule of Law: Reflections After the Collapse of Communism," 15 *Law and Social Inquiry* 633, 641 (1990).

28) Robert P. George, "Reason, Freedom, and the Rule of Law," 15 *Regent Univ. Law Review* 187 (2002)을 참조.

## ∘•• 형식적 합법성은 규정의 문제이다

형식적 합법성에 의해 이해되는 법의 지배가 요컨대 규정의 성질이라는 것을 인정하는 것이 매우 중요하다. 관련된 일련의 함축적인 추론의 재구성은 다음과 같다. "법"은 본질적으로 규정으로 이루어져 있다(규정은 법이 택하는 특유의 형태이다). 규정의 기능(과 정의)은 행위에 대한 일반적 지침으로 기여하는 것이다. 일반성(generality), 명확성(특정성: certainty), 명백성(clarity), 그리고 장래효(prospectivity) 등의 특징은 모두 규정의 성질과 관련되어 있다. 일반성은 특정 "질서"와 비교하여 그것이 규정임을 의미하는 것의 한 요소이다.[29] 그것은 규정을 따르거나 특별한 행위를 하는 것 혹은 상황에 특유한 결정을 하는 것 사이에 중요한 차이이다. 불특정하거나 불명확한 규정은 행위를 인도함에 있어서 제한적인 효과를 갖는다. 소급적인 규정은 자가당착의 어법이다. 왜냐하면 그것은 준수될 수 없기 때문이다. 규정들은 어떤 종류의 내용으로 구성될 수 있다. 법의 지배는 어떤 종류의 내용에도 개방되어 있다. 규정은 본래 형식적이다. 그래서 법은 본래 형식적이다. 그래서 법의 지배도 본래 형식적이다.

그러므로 형식적 합법성의 성질은 모든 규정들이 가진 것과 동일한 특성들이다. 규정과 규정준수에 대한 철학적 및 사회학적 분석은 법의 지배에 관한 형식적 설명과 같은 고찰과 요소들을 강조한다.[30] 결국 별개의 이념으로서 형식적 법의 지배에 관하여 특유한

---

29) Frederick Schauer, *Playing By the Rules: A Philosophical Examination of Rule-Based Decision-Making in Law and Life* (Oxford: Clarendon Press 1991), Chap. 2 ("Rules as Generalizations").

30) Schauer, Playing by the Rules; Frederick Schauer, "Formalism," 97 *Yale Law Journal* 509 (1988); Robert S. Summers, "The Formal Character of Law," 51 *Cambridge Law Journal* 242 (1992); Weber, *On Law in Economy and Society* 등을 참조.

것은 아무 것도 없다. 그것은 (법적) 규정에 관한 것이다.31)

이 마지막 사항을 염두에 두는 것은 형식적 법의 지배에 관하여 학자들이 행한 주장들을 평가하는 데에 좀 더 주의깊게 도움이 될 것이다. 막스 베버(Max Weber)는 자본주의가 시장거래에 필요한 안전성과 예측가능성을 제공하기 위하여 형식적인 규정지향적 법체계를 요구한다고 주장하였다. 법의 지배에 관한 하이예크의 형식적 접근법은 개인적 자유에 대한 열쇠로서 규정준수의 예측가능성에 관한 같은 종류의 주장을 혹평하였다.32) 자본주의, 자유주의 그리고 법의 지배는 그리하여 법의 지배가 사회주의 경제체제나 사회복지국가의 맥락에서는 작동할 수 없다는 하이예크의 주장을 허용하면서, 밀접하게 함께 감싸진다.

그렇지만, 사회복지체제는 사회주의체제와 마찬가지로, 기능하기 위해서는 규정에 의존한다. 규정이 존재하고 법체계에 의하여 이행되는 경우에 형식적 합법성은 작동한다.33) 핵심적 문제는, 어떤 영역에서 혹은 어떤 활동에 관하여 법규정이 지배하는가이다. 형식적 합법성은 이 문제에 관하여 말할 것이 아무것도 없다.34) 그것은 규정에 기속되어야할 정부활동의 정도나 유형에 관하여 아무런 명령도 제시하지 아니한다. 이것들은 사회적 선택의 문제이다. 결정은

---

31) Shklar, *Legalism* ("legalism is the morality of rule following"), p. 87; Antonin Scalia, "The Rule of Law as a Law of Rules," 56 *Univ. Chicago Law Review* 1175 (1989) 등을 참조.

32) David Trubek, "Max Weber on Law and the Rise of Capitalism," [1972] *Wisconsin Law Review* 720을 참조.

33) Summers, "A Formal Theory of the Rule of Law," pp. 136–137을 참조. 법의 지배가 사회주의와 양립할 수 있다는 적극적 주장은 Christine Sypnowich, "Utopia and the Rule of Law," in *Recrafting The Rule of Law*에서 찾아볼 수 있다.

34) Timothy A. O. Endicott, "The Impossibility of the Rule of Law," 19 *Oxford Journal of Legal Studies* 1, 12 (1999) ("법적 관점에서는, *무엇이 규제되어야 하는가*라는 질문에 반드시 명쾌한 답변은 없다.")을 참조.

예측가능성과 개인적 자율성이 언제 높이 평가되는가에 관하여, 주어진 사회적 교류의 무대에 법규정을 적용하는 비용과 편익에 관하여, 규정이 어느 정도로 그리고 어느 범위에서 적합하고 효율적이며 사회적으로 이익이 되는지의 여부에 관하여 행해져야 한다. 규정은 둘러싸고 있는 경제적 혹은 정치적 체제의 성질과 무관하게 사회적으로 이익이 되는 모든 환경에서 적용될 수 있다. 역사적인 법의 지배전통은 국가의 독재를 억제하는 것을 강조하면서, 형식적 합법성이 최소한 엄격한 정부의 강제에 종속적인 그러한 영역에서, 말하자면, 최소한으로 형사처벌의 맥락에서 적용되어야 한다는 것을 지적하였다.

하이예크와 웅거가 제시한 것에 반하여, 사회복지국가가 반드시 법의 지배를 위협하지는 않았다. 그것은 상세한 법적 제약에 의해 갇혀 있지 않은 정부행위의 영역을 창설하였다. 이들 중 많은 것들은 정부에 의해 후원되는 프로그램과 관련된 새로이 제정된 법안들을 포함하였다. 이전에 법이 규율하던 문제들, 특히 형법의 적용에 관련된 것들, 공공질서나 타인 그리고 타인의 재산에 대한 대부분의 범죄들은 행정부 관료제의 성장에 의해 간섭되지 않았다. 만약 있다면, 하이예크가 쓴 이후, 형법의 범위와 적용에서의 증가가 있었다. 이는 형식적 합법성의 범위의 감소가 아닌 확장, 즉 행동의 자유를 증진하기보다는 오히려 실제적으로 감소시켰던 그러한 확장을 초래하였다. 확실히 많은 행정부의 법안들은 벌금과 같은 형사제재와 유사한 징벌적 요소를 포함하지만, 이것들은 종종 규정지배적 구조틀 내에 있다.

정부활동의 전반적 확대 덕분에 그 대부분은 재량적 판단이 행해질 것을 요구하면서 정책지향적인 것으로, 법규정에 기속되는 정부행위의 전체 비율이 감소되어 왔다. 그렇지만, 하이예크는 이러한 발전에 관하여 불평하기 위하여, 형식적 합법성이 그 적용의 정도나 상황이 아니라 법이 취해야할 형태에만 초점을 맞추는 것과 같이, 형식적 합법성에 호소할 수는 없다. 행정부의 맥락 이외에 사법의 영역에서 공정성, 합리성과 같은 제한없는 기준을 사용하는 것이 증가되어 왔다. 법관들이 개별 사건에서 정의를 달성하는 데에로 지향하는 것이 증대되었다. 하지만 이러한 변화들은 법체계의 전반적인 규정기속적인 성격을 바꾸지는 못하였다. 또한 예측가능성의 정도에서 어떠한 중대한 감소로도 이어지지 않았으며, 상업거래에 어떠한 명백한 반대의 결과도 갖지 않았다. 만약 있다면, 오늘날의 불만은 너무 많은 법에 관한 것이지 – 엄청난 양의 법이 형식적 합법성을 충족시킨다– 너무 적지는 않다.

서구사회는 한 세기 이상 동안 사회복지국가가 사실상 형식적 합법성과 관련될 수 있다는 것을 긍정하였다. 행정부의 재량은 입법부의 위임과 절차적 요건에 의해 부과된 제한 이내에 포함될 수 있다. 법관에게 공정성이나 합리성 같은 광범위한 기준을 적용하도록 혹은 정책을 결정하거나 이익형량에 관여하도록 요구하는 것은 그와 달리 현저하게 규정에 기초한 법체계의 법적 성격을 어쩔 수 없이 파괴하지는 않는다. 예측가능성은 사회 내에서 혹은 법문화 내에서 광범위한 기준의 적용을 알려주는 공유된 배경적인 해석이나 관습이 있다면 여전히 있을 수 있다. 정부공직자의 지향이, 규율하는 규정이 존재할 때 규정기속적으로 남아 있는 한, 정책목표를 촉진하기 위하여 정부공직자들에게 허용된 재량은 꼭 그렇게 무법천지인 억압으로 곤두박질쳐 미끄러져 내려가는 출발점은 아니다. 법학자 마틴 크뤼기어(Martin Krygier)는 이전에 동유럽 공산주의자들과 친하였는데, "한편으로 전제정에서 발견되는 무제약적인 정치적 주의주의(voluntarism)와 법의 도구적 사용 사이, 그리고 다른 한편으로 정치적 민주주의 및 관료주의적 간섭을 혼합한 복지국가와 강하고도 오랜 법적 전통 사이에 차이가 있는 세계가 있다."35)

## ••• 민주주의와 형식적 합법성

법의 지배에 관한 세 번째의 마지막 형식적 설명은 형식적 합법성에 민주주의를 부가한다. 형식적 합법성과 같이 민주주의는 법의 내용이 무엇이어야 하느냐 하는 것에 관하여 아무 것도 설명해주지 못한다는 점에서 실질적으로는 공허하다. 그것은 법의 내용을 어떻게 결정하는가를 정하는 결정과정이다.

서구의 정치사상에서 공통적으로 반복되는 것은, 많은 사람들 중에서 아테네 민주주의자에 의해 창시되고 루소와 칸트에 의해 반복된 것으로, 자유가 스스로 만든 법에 따라 살아가는 것이라는 것이다. 이는 정치적 자유의 관념이다. 형식적 합법성과 민주주의 사이의 관련에 대하여 가장 정교한 설명을 했던 철학자 위르겐 하버마스(Jürgen Habermas)에 따르면, "오늘날의 법질서는 자기결정이라는 생각으로부터만 그 정당성을 이끌어낼 수 있다. 시민들은 언제나 그들이 수범자로서 복종하는 법의 창조자로서 스스로를 이해할 수 있어야 한다."36) 법은 피치자의 동의로부터 그 권위를 획득한다. 법관, 정부공직자, 그리고 시민은 (그들의 대표자에도 불구하고) 사람들에 의해 제정된 바의 법을 준수하고 적용하여야 한다. 이 추론에 따르면, 형식적 합법성, 특히 적용의 확실성과 평등성이라는 요건은 민

---

35) Martin Krygier, "Marxism and the Rule of Law: Reflections After the Collapse of Communism," 642 (1990).
36) Jurgen Habermas, *Beyond Facts and Norms*, translated by William Rehg (Cambridge: MIT Press 1996), p. 449.

주주의로부터 그 권위를 취하며 민주주의에 기여한다. 형식적 합법성이 없이는 민주주의는 책략에 빠질 수 있다(왜냐하면 정부공직자들이 법을 무효화할 수 있기 때문이다). 민주주의가 없이는 형식적 합법성은 그 정당성을 잃어버린다(왜냐하면 법의 내용이 정당한 수단에 의해 결정되지 않았기 때문이다).

하버마스는 서구의 자유주의적 민주주의 내에서의 이 조합을, 오늘날의 신념과 조건들을 가정하여, 유일한 정당한 해결책으로 특징지웠다.[37] 자연법에 대한 신뢰의 상실과 도덕적 다원주의라는 사실은 우리에게 아무런 대안을 남겨주지 않는다. "규범의 내용이 일치하여야 하는 선험적 원칙이 아니라, 민주적인 기원이 법률에 그 정당성을 부여한다. '법의 정의는 그것이 생겨난 특수한 절차에 의해 보장된다.'"[38] 이러한 해결책에 따라 그는, "실정법의 정당성은 절차적 합리성으로 표현된다."고 주장하였다.[39] 이는, 법의 도덕적 정당성을 판단할 고차원의 기준이 없는 경우에, 좋은 절차에 따라 제정된다면 법도 좋다. 합리적인 민주적 메커니즘은 법에 영향을 받는 모든 사람에게 참여할 평등한 기회를 주어야 하고 모든 사람의 동의를 보장하여야 한다.

어떤 종류의 동의가 요구되는가에 관하여 지속적인 쟁점들이 제기된다. 이 쟁점들은 만장일치의 동의를 요하는 직접민주주의에서는 제기되지 않지만, 특정 대규모 집단에서 법을 만드는 것은 가능하지 않다. 칸트(Kant)는 (엄격히 한정된) 모든 시민의 동의가, 실제로 의견요구를 받을 때 무엇을 동의하는지를 의미하는 것이 아니라, 대신에 그들이 이성에 합치하여 법을 제정한다면 무엇을 동의하는

---

37) Ibid., Chaps. 3, 4, 5, 6
38) Ibid., p. 189.
39) Ibid., p. 453.

가를 의미한다고 주장하였다.[40] 하버마스는 명백히 만장일치를 요구하였다. "법의 정당성은 궁극적으로 소통적인 타협에 의존한다. 합리적 담론의 참여자로서 법에 따른 제휴자들은 다툼이 있는 규범이 영향받을 수 있는 모든 사람들의 동의와 맞아떨어지는지 혹은 맞아떨어질 수 있는지의 여부를 심사할 수 있어야 한다."[41] 그렇지만 최종적 분석에서 하버마스는 불가능하지는 않더라도 실제적이지 않는 사실상의 만장일치 동의를 진정으로 의미하지는 않았다. 다른 어떤 것들 중에서도, 개인의 정치적 자유를 지지하는 만장일치의 요건이 현명한 것인지도 명확하지 않다. 왜냐하면 그것은, 집단에게 이익이 되거나 타협을 거부하는 사람의 동의를 보장하는 대가로 불균형적인 보상을 이끌어내는 제안들을 차단하면서, 나머지 사람들을 인질로 잡아둘 수 있기 때문이다. 이 학자들은, 실제로 현실에서 달성될 것임을 사실상 기대하지 않으면서 영향을 받는 모든 사람이 동의하는 법을 제정하려고 법체계가 애써야 하는 목표를 제의하면서, 조절적인 이념을 제시하고 있었다.

　로크는 이 쟁점들에 대해 실용주의적 입장을 견지하였다. 직접참여와 만장일치를 요구하는 것은 마비상태에 대한 처방이며, 그래서 대의민주주의와 다수결원칙이 도움이 되어야 할 것이다. 각 시민에게 요구되는 것은 민주적 메커니즘에 따라 지배되기 위한 개별적인 동의이다. 즉 만들어진 각각의 법의 내용에 관한 동의가 아니라 법의 내용에 관하여 결정하는 데에 유용한 절차에 관한 동의이다. 한 쟁점에 대해 지는 쪽에 있는 한 사람이나 집단이 또 다른 쟁점에서 우세하게 되는 공정한 기회를 가지는 한, 그 체제는 자유롭다.

　결론적으로, 법의 정당화의 절차적 방법으로서 민주주의에 호소

---

40) Kant, *Political Writings*, pp. 78-80.
41) Habermas, *Beyond Facts and Norms*, p. 104.

하는 것은 형식적 합법성의 그것과 동일한 제한을 가져다준다. 형식적 합법성이 악법을 시행할 수 있는 것과 같이, 법의 내용을 결정하기 위하여 민주적 절차를 이용하는 체제도 악법을 만들 수 있다. 민주적 전통을 갖지 않는 혹은 그것을 만들기 위한 노력이 없는 사회에서 민주적 메커니즘이 실행된다면 혹은 적대적인 하부문화와 공동체가 공존한다면, 민주주의는 사회의 조직화된 파벌이나 하부집단이 정부권력의 세력을 장악하는 수단으로 기여할 수도 있으며, 그렇다면 법은 민주주의에 의해 부여된 정당성을 주장하는 한편으로, 특정의 의제를 추진하는 데에 이용된다. 형식적 합법성은 이것이 일어나는 것을 막을 수 없다. 또한 법의 지배가 주어진 체제에서 예측가능성의 정도를 결정하는 유일한 요소는 아니라는 것이 인정되어야 한다. 민주적 체제는 공적인 분위기나 태도에서 극적인 진폭을 나타낼 수 있다. 그러므로 법의 지배를 가진 민주적 체제는 법의 지배를 갖지 않은 권위주의 체제보다도 덜 명확하며 덜 예측가능하고 훨씬 더 독재적일 수 있다.[42] 이는 후자를 추천하는 이유가 아니라, 둘러싸고 있는 사회적·정치적·경제적·문화적인 복합체의 모든 요소가 문제라는 것을 인식해야 하는 이유이다. 민주적 입법부는 원할 때에는 언제나 법을 개정하는 권한을 가지기 때문에, (자연법, 관습법인) 법의 지배가 영속적인 규정의 총체로 구성되었던 고전적 및 중세적 이해에서는 있지 않았던 방법으로 법의 명확성을 지속적으로 위협한다.[43]

민주주의는 도덕적으로 선한 법을 만드는 아무런 확신도 주지 않는 둔감하고 다루기 어려운 메커니즘이다. (최소한 이론상으로) 개인

---

42) Gerard Alexander, "Institutionalized Uncertainty, The Rule of Law, and the Sources of Democratic Stability," 35 *Comparative Political Studies* 1145 (2003).

43) Leoni, *Freedom and Law.*

적인 시민의 정치적 자유를 옹호하는 것은 제쳐두고, 아마도 사소한 것이 아니라, 그 가장 강력한 정당화는 현재 예상할 수 있는 어떤 다른 체제보다도 덜 위험스럽다는 것이다. 확실히 그것은 정치 지도자를 바꾸기 위하여 고안된 가장 나은 방법이기는 하지만, 그것은 법을 어떻게 가장 잘 만들 것인가 와는 전적으로 별개의 문제이다. 이것은 결코 위안 삼아 인정하는 것은 아니다. 민주주의가 법의 정당성의 근거로 인용되는 경우, 그리고 형식적 합법성의 가치가 정당성에 대한 추가적인 이유로 제시되는 경우, 복종에 대한 법의 도덕적 주장은 중요하게 보일수도 있다. 그렇지만 잊지 말아야 할 것은, 이 형식적 메커니즘의 어떤 것도 제정되고 시행되는 법이 내용이나 효과에서 도덕적일 것임을 보장하지는 않는다는 점이다.

# 08

## 실질적 이론

# 8
# 실질적 이론

○●● 개인적 권리

법의 지배에 관한 모든 실질적 설명은 형식적 법의 지배의 요소들을 포함하되, 다양한 내용적 설명을 부가하면서 더 나아간다. 가장 일반적인 실질적 설명은 법의 지배 내에 개인적 권리를 포함한다. 로널드 드워킨(Ronald Dworkin)은 이에 대해 재미난 주장을 하였다.

나는 법의 지배의 두 번째 관념을 "권리(rights)"관념이라 부를 것이다. 그것은 여러 면에서 법전(rule book)관념보다 훨씬 더 야심적이다. 그것은 시민들이 서로서로에 관하여 도덕적 권리의무를 가지고 있으며, 전체로서의 국가에 대한 정치적 권리를 가지고 있다. 그것은 이 도덕적 및 정치적 권리들이 법원이나 다른 유사한 유형의 사법제도를 통해, 실천가능한 한 개개의 시민들의 요구로 집행될 수 있도록, 실정법에서 인정되어야 한다고 주장한다. 이 관념에 기한 법의 지배는 개인적 권리에 대한 정확한 공적 관념에 의한 지배라는 이념이다. 그것은, 법전관념이 그러한 것과 같이, 법의 지배와 실질적 정의 사이를 구별하지 아니한다. 반대로 그것은 법의 이념의 일부분으로서, 법전에 있는 규정이 도덕적 권리를 포착하고 집행할 것을 요구한다.[1]

드워킨은 이 권리들이 실정법에 의해 부여되지는 않지만, 대신에 실정법의 배경이자 필수적 요소를 형성한다고 주장하였다.

그는 공동체 내에서 그러한 권리들의 근거를 확인함으로써 형이상학에 호소하기를 피하였다. 법전은 "도덕적 권리를 포착하기 위한 공동체의 노력을 의미한다."[2] 하지만 법전은 이러한 권리들의 배타적 근거는 아니며, 법전은 침묵할 수 있거나 모순적인 해석을 낳을 수도 있다. 그러한 상황에서는 현존하는 규정과 원칙들의 총체와 양립할 수 있는 상위의 정치적 원칙을 구성하고 적용함으로써, "당사자의 배경이 되는 도덕적 권리에 가장 적합한" 결정을 내리는 것은 법관의 책임이다.[3] 이 원칙들은 규정을 능가할 수 있으며, 규정들 사이의 외관상의 충돌을 해결할 수도 있다. 이 작업에 종사하는 경우 법관은, 입법자가 체제를 뒷받침하고 공동체를 고취하는 정치적 원칙들과 일치하여 행동하고 있었다면, 그들이 했었어야 하는 것을 묻는다. 드워킨은 그의 권리관념에 대한 명확한 반대를 알고 있었다. "그들이 어떤 도덕적 권리들을 가지는지는 공동체 내에서 논쟁적이라는" 것은 "흔히 있는 일"이다.[4] 그렇다면, 법관은 널리 알려진 정치적 원칙들을 어떻게 명료하게 설명할 것인가? 드워킨은 규제적 원칙의 적용이 보통은 명확할 것이라는 믿음에 근거하였다.

법관이 충분히 예리하고 헌신적으로 쟁점을 연구하는 경우에만

---

1) Ronald Dworkin, "Political Judges and the Rule of Law," 64 *Proceedings of the British Academy* 259, 262 (1978).
2) Ibid., p. 269.
3) Ibid., p. 268.
4) Ibid., pp. 263-264.

타당한 법적 해답이 발견될 수 있는 그러한 최고의 정치적·도덕적 수준에서 이 주제에 관한 사회의 견해들이 조리에 맞다고 말하는 것은, 궁극적으로 논쟁의 다툴 여지가 있는 성질을 부인한다. 도덕철학자인 알라스테어 매킨타이어(Alastair MacIntyre)는 최근에 "이 세상에서 어떤 사실도 도덕적 의견불일치의 범위와 깊이, 때로는 충분히 기본적인 쟁점에 관한 의견불일치보다 더 명백하지는 않은 것 같다."고 말하였다.5) 예컨대, 오늘날의 미국사회는 낙태, 고용과 교육상의 적극적 평등실현조치, 동성애의 권리, 사형제도, 증오언론, 포르노에 대한 접근, 종립학교의 공개모금 등 권리라는 이름으로 법적 영역에서 제기되고 있는 모든 것들에 관하여 깊이 나뉘어져 있다. 더 나아가, 논쟁은 권리의 내용을 넘어 적절한 구제방법에 관한 의견불일치에까지 이르고 있다. 예컨대, 상당한 집단, 특히 미국남부에서 동의하지 않더라도 시민들의 다수는 법적으로 강제하는 인종분리를 무효화한 연방대법원의 브라운(Brown) 판결을 지지했을 수도 있는 반면, 백인시민의 명백한 다수는 인종분리학교에 대한 처방으로 구역 밖으로 어린이들을 버스통학하게 하는 것을 격렬히 반대하였다.6) 낙태에 대한 저항은 병원에 폭탄을 투하하고 의사를 살해하는 정도까지 이르렀다. 적극적 평등실현조치와 동성애 취급에 대한 투쟁은 정치적 및 법적 영역의 모든 수준에서 벌어지고 있다.

이것들은 지엽말단적인 문제들이 아니라 미국에서 그리고 다른 자유주의 사회들에서 횡행하고 있는 정치적 원칙과 도덕의 핵심으

---

5) Alastair MacIntyre, "Theories of Natural Law in the Culture of Advanced Modernity," in E. B. McLean, ed., *Common Truths: New Perspectives on Natural Law* (Wilmington, Del.: ISI Books 2000).

6) D. Adamany and J. Grossman, "Support for the Supreme Court as a National Policymaker," 5 *Law and Policy Quarterly* 405 (1983)을 참조.

로 바뀌는 논쟁들이다. 공동체가 도덕적 감정으로 나누어지게 되면, 법규정, 정치적 원칙들, 혹은 공동체의 도덕성 등의 집합체가 조리에 맞거나 내적으로 일관될 것이라는 확신의 이유가 거의 없을 것이다. 아마도 하나 혹은 다수의 공동체의 도덕적 입장은 존재하지 않는다. 서로 다른 도덕적 입장들은 서로 다른 시기에 혹은 서로 다른 문제로 법에 관한 경쟁에서 성취해낼 것이다. 더욱이 법을 제정하도록 권한이 부여된 사람들은 언제나 혹은 가장 먼저 공동체의 도덕성을 믿음직스럽게 반영하는 법을 만들도록 동기가 부여된다는 것이 전제되어서는 안 된다. 우호적인 법률을 확보하는 특수한 이해관계의 영향은 잘 알려져 있다.

이 반대들은 드워킨에게뿐만 아니라 개인적 권리를 포함하는, 법의 지배에 관한 모든 실질적 설명에도 일격을 가한다. 이러한 권리들이 무엇을 의미하는가를 결정하는 데에 논쟁적이지 않는 방법은 없다. 평등, 자유, 프라이버시, 재산권, 계약의 자유, 잔인한 형벌로부터의 자유 등 모든 일반적 이념들은 그 의미와 범위에 있어서 논쟁의 여지가 있다. 특정의 적용의 맥락에서는 권리들 간의 충돌이 제기될 수 있다. 그리고 어떤 권리도 절대적이지 않다. 그래서 권리만을 찾아서는 답이 있을 수 없는 사회적 이익에 대한 고려가 언제나 포함되어야 한다.

드워킨의 접근법이 갖는 가장 골치 아픈 결과는 그것이 논란이 있는 문제들을 정치적 영역으로부터 배제할 염려가 있고 그것들을 법관에게 떠넘긴다는 것이다.

## ◦•• 권리의 반민주주의적 함의

개인적 권리는 어쩔 수 없이 반민주주의적 의미를 가진다. 서구의 모든 자유주의적 민주주의는 균형을 잡으려 노력하고 있다. 이 노력은 법의 지배에 대한 싸움에 의해 형성되어 왔다. 이에는 두 가지 상호관련되지만 뚜렷이 구별되는 국면이 있다. 민주주의에 부과된 한계, 그리고 법관에게 부여된 권한이다.

지적한 바와 같이, 초기 자유주의자들은 민주주의에 대해 상반되는 태도를 가졌다. 자기지배라는 의미로 이해된 자유, 즉 정치적 자유는 시민들이 스스로를 지배하도록 권한이 부여된다고 주장한다. 그러나 다수의 억압으로부터 자유로운 재산권 및 (처음에는 인종적 혹은 종족적 집단이 아닌, 종교집단과 부자들에게 붙여진 딱지인) 소수자의 권리로 이해된 자유, 즉 개인적 자유는 대중적 민주주의(popular democracy)를 두려워한다. 초기 자유주의의 전성기에는 기회가 주어지면, "가난한 다수가, 부가 골고루 분배될 때까지, 부자인 소수로부터 부를 빼앗는 법률을 통과시킬 것이라고" 널리 추측되었다.[7] 자유주의와 그것에 기여하는 법의 지배에게는, 대중적 민주주의의 공포가 지배하였다. 결과적으로, "법의 지배는 민주적인 통치보다도 훨씬 더 개인적 자유에 관련되고 기속된다."[8] 개인적 권리들은 서로 충돌하게 될 때에는 민주주의를 이긴다. 개인적 권리들이 대중적으로 제정된 헌법이나 권리장전에 명시적으로 포함되는 경우에는 민주주의는 여전히 지배하고 있다고 말할 수 있다. 왜냐하면 그러한 조항들은 그 자체 민주적인 세력의 산물이기 때문이다. 이러한

---

7) Frederic William Maitland, *A Historical Sketch of Liberty and Equality*, p. 153.

8) Allan C. Hutchinson and Patrick Monahan, "Democracy and the Rule of Law," in *The Rule of Law: Ideal or Ideology*, p. 100.

종류의 한계는 대중에 의해 대중에게 자기부과되며, 대중들이 원한다면 (헌법개정에 의해) 그들에 의해 배제될 수 있다. 그리하여 권리를 옹호하는 법률을 무효로 하는 것은 반민주주의적이지 않다. 그렇지만, 이 해답은, 로크로부터 드워킨에 이르기까지 —신으로부터 주어진, 혹은 인간으로서 우리들의 지위에 부수한 것으로서, 혹은 도덕적 공동체의 구성원으로서— 헌법규정이나 법률에서 명시적으로 인정하는 것과는 무관하게 개인들이 이러한 권리들을 갖고 있다고 주장하는 많은 권리이론가들에게는 효과적이지는 않다.

반민주주의적 반대견해의 또 다른 그럴 듯한 반응은 개인적 권리가 민주주의의 완전성을 보존하기 위하여 요구된다는 것이다. 말하자면, 자유로운 사람들만이 민주주의의 자기결정을 행사할 수 있다는 것이다. 자유는 무엇보다도 자기결정이지만(민주주의), 진정으로 자기결정하기 위해서는, 그는 먼저 자유로워야 한다(개인적 권리). 이러한 입장에서는, 재산권, 자유로운 결사의 권리, 언론의 자유 등은 모두 민주주의가 전제로 하는 자기결정하는 개인을 실현하기 위한 필수적 전제조건이다.[9] 민주주의는 그러므로 민주주의의 더 큰 이익을 위하여 개인적 권리에 의해 제한된다. 그렇지만, 이 설명은 역사적으로 민주주의를 개인적 권리 다음으로 자리매김했던 자유주의적 전통을 뒤엎는다. "민주적인 통치의 존재와 범위는 그것이 개인의 자유를 고양시키는 데에 더 잘 기여하는 한에서만 정당화될 수 있다. 그것은 진정으로 자유로운 국가로 칭송받으며 행진하는 최근의 신참자이다."[10] 권리와 민주주의의 이러한 조화의 취약점은 완전한 개인적 권리의 목록과 범위가 민주주의에 대한 기능적 편익에 의하여 정당화될 수는 없으며, 자유로운 사회에서 그러한 권리에

---

9) Robert A. Dahl, *On Democracy* (New Haven: Yale Univ. Press 1998)을 참조.
10) Hutchinson and Monahan, "Democracy and the Rule of Law," p. 100.

부수된 독립적 가치에 대해 정의를 행하지 못한다는 것이다.

개인적 권리에 관한 별개의 관심표명은 빈민주주의적 의미의 두 번째 국면으로, 법관에게 부여된 권한과 관련된다. 권리는 자기적용적이지는 않다. 누군가는 개인적 권리가 특수한 적용의 맥락에서 무엇을 의미하는가를 말해야 한다. 누군가는 그 권리가 법제정권한에 부과하는 한계를 확인하여야 한다. 대부분의 서구 자유주의적 민주주의에서는 권리의 내용에 관하여 마지막으로 말하는 것이 법관에게 부여되어 있다. 이들은 법률에 대한 사법심사로 알려진 직무에 종사하면서 전형적으로 일반법원, 헌법재판소 혹은 인권재판소에 재직한다. 법관이 선출되지 않는 경우에는, 이것은 민주주의에 책임지지 않는 일단의 개인들에게 민주적인 법률을 거부할 권한을 부여한다.

아무것도 권리의 해석에 대한 최종적 선언이 사법부에 부여된다고 위임하지 않는다. 대신에 그것은 의회와 같은 민주적 기구에 주어지거나 이 목적을 위하여 설치된 심사평의회에 주어질 수 있다. 그렇지만 이 권한을 법원에 할당하는 것이 점점 더 일반적으로 되었다. 법과 법적 권리의 해석은 사법부의 전문적 영역이라고 생각되고 있다. 더 나아가 의도적으로 반다수결주의로 되면서, 권리가 민주적으로 책임있는 기구에 위임되어서는 안 된다는 것이 논리적으로 요구되는 듯이 보인다. 왜냐하면 그것은 권리의 목적을 좌절시키기 때문이다.

권리의 내용과 함의가 이미 명백하다면 이러한 권한배분으로부터 아무런 우려가 제기되지 않겠지만, 이미 지적된 바와 같이, 그것은 그리 흔한 일이 아니다. 여기서 제6장에서 논의된 불확실성 문제가 가장 예리하다. 법관이 권리의 내용을 채우기 위하여 그들 자신의 주관적 입장을 고려한다면, 체제는 더 이상 법의 지배가 아니라 법관이 되는 사람의 지배일 것이다. 한 법관을 상이한 입장을 가진 다른 사람으로 대체하거나 법관을 다르게 뒤섞어버리면 결과는 달라질 것이다. 그것은 결국 보통사람들과 그 대표자들을 통할하는 플라톤적인 수호자의 손아귀로 되어버린다. 옹호자들은 반민주주의 및 주관성에 대한 이러한 비난으로부터 법의 통일성을 지키기 위하여 세 가지의 주된 통로 중의 하나를 추구한다. 몇몇 법학자들은 민주적인 동의주장과 일치하여, 권리를 입안하고 인준한 대표자들과 유권자들의 의도에 충실하게, 법관들이 권리의 순수한 의미에 따라 이를 해석한다고 주장한다. 법관의 임무는 가치에 관한 주관적 문제에 답하는 것이 아니라, 사실에 입각한 문제이다. 즉 그 문구들이 무엇을 의미하는가이다. 그리고 그 탐구결과를 지지하여 권리를 정한 사람들이 무엇을 의도하였는가이다. 이러한 해석적 지향에 의하여 법관의 주관성은 제거된다. 개개의 법관이 아닌 법적 권리가 규율하며, 그 권리를 정한 시민들의 정치적 자유는 지켜진다.

불행하게도 특정의 적용의 맥락에서 권리의 순수한 의미는 때때로 명확하지는 않다. 가끔은 순수한 의미와 원래의 의도는 다른 방향을 가리킨다. 이 접근법과 관련한 세 가지 문제들이 드러난다. (특히 한 두 세기 전에 정해진 권리들에 대한) 의도의 입증은 때때로 분명하지 않거나 존재하지 않는다. 의도가 전혀 없었을 수도 있다(현안인 문제가 제정 당시에는 심사숙고되지 않았다). 혹은 유권자들 사이에 다양한 의도가 있었을 수도 있다. 현안이 된 문제들을 직접적으로 다루는 대신에, 법관들은 역사적 문제와 씨름하고 그들이 법관자격을 잃게 되는 심리상태에 관하여 심사숙고한다.

또 다른 전략은 드워킨에 의하여 세워진 입장을 뒤따른다.[11] 그

---

11) 드워킨의 입장에 대한 우수한 개관은 Brian Bix, *Jurisprudence: Theory and Context*, 3rd Edition (Durham, NC: Carolina Academic Press 2004), Chap. 7

는 법관들이 규율하는 원칙들에 대한 그들 자신의 주관적 입장을 고려하는 것을 부인하고, 대신에 법규정의 복합체에 내재하는 공동체에 잠재하거나 드러나 있는 원칙들을 찾고자 노력하여야 한다고 한다. 이 원칙들의 근거는 공동체이기 때문에, 이 작업은 드워킨에 의해 성질상 민주적인 것으로 이해된다.12) 입법부와 같이 법원은 정치과정에 참여하고 이를 반영하는 정치적 제도이다.13) 법관들은 민주주의가 특히 정확히 정치체를 뒷받침하는 원칙들을 대표하거나 정의를 실현하지 못하고 있는 상황 하에서 권리를 집행하고자 걸어들어가야 한다. 이 주장에 따르면, 법관들은 법률이 개인적 권리를 침해하였다는 이유로 민주적 법률을 무효화할 때에조차도 실제적으로 민주주의를 옹호한다. 이 주장에 회의적인 사람들은, 다원주의적 공동체 내에서 서로 모순되거나 경쟁하는 원칙들이 배회하고 있다는 앞서 언급한 주장에 더하여, 그것은 여전히 법관 자신의 원칙으로부터 분리시키기 어려운, 공동체의 원칙들에 대한 법관의 입장이다. 법관의 사적 입장이 권리의 내용을 형성하는 데에 결정적 역할을 한다는 의심은 법관이 때때로 그들 자신들 사이에 이데올로기적 근거인 듯이 보이는 것에 관하여 의견이 일치하지 않는다는 것을 고려하는 것을 억제하기 어렵다. 미국연방대법원에 대한 연구들은 특정 범주의 사건들에서 법관의 사적 견해와 그들의 판결 사이에 상당한 상호관련이 있음을 보여주었다.14) 나아가 법의 지배를 뒷받침하는 제도구성, 특히 사법부의 독립의 목적이 법관들이 배타적으

---

에서 찾아볼 수 있다.

12) Dworkin, "Political Judges and the Rule of Law"를 참조.

13) Allan C. Hutchinson, "The Rule of Law Revisited: Democracy and Courts," in *Recrafting the Rule of Law*를 참조. 이 논문은 법원의 행위를 민주주의와 합치하는 것으로 이해하는 것으로, 이전 논문에서 법의 지배가 민주주의에 대한 제한이라고 주장했던 Hutchinson의 방향전환을 보여주고 있다.

14) Tamanaha, *Realistic Socio-Legal Theory*, Chap. 8을 참조.

로 법에 근거하여 판결을 내리기 위하여 정치세력으로부터 그들을 격리시키는 것인 때에는 법관을 민주적 행위자로 특징짓는 것은 이상하다. 사실 법관들은 정치적으로 행동하고 있는 것처럼 보일 때에는 일반적으로 비난받는다. 드워킨의 반응은, 법관이 판결을 정치적 "원칙"에 반하는 것으로서 정치적 "정책"에 근거하게 하는 경우에만 이 비난이 그럴 만하다는 것이다. 그리고 전자는 그가 민주주의와 양립하는 것으로 옹호하는 것이다. 그것은 선을 긋고 지속적으로 유지하기에 매우 이해하기 어려운 경계선이다.

세 번째 통로는 권리의 함축적 의미가 명확하지 않는 경우에, 법관은 쟁점이 된 권리에 대한 (모든 것을 고려한) 가장 정당하다고 인정되는 해석임을 논리정연하게 정당화하는 판결을 뒷받침하면서, 그가 올바른 판결이라고 믿는 것을 신의성실에 맞게 행하여야 한다. 그것은 민주적 권위로부터의 유감스러운 일탈이긴 하지만, 어떤 제도가 구성되는가와 상관없이 어쩔 수 없는 것이다. 추정컨대, 법관의 입장은 둘러싸고 있는 사회적·법적 문화에 의해 형성될 것이며, 그래서 판결은 벗어날 수 없을 것이다. 이 반응의 장점은 불확실성을 가정하면 솔직담백하며 가장 실용적인 해법일 수도 있다. 그렇지만, 그것은 이러한 종류의 판결이 법관에게 그렇게 하도록 하는 것이 적절한지에 관하여 새로운 문제를 제기하면서, 명백히 법적이지는 않다는 것을 인정하고 있다.

전술한 세 통로들 중 어느 것도 주관성의 비난에 대하여 활발히 대응하려고 하지는 않는다. 즉 자연법의 문제로서든 혹은 타당한 도덕철학이든 권리들은 객관적이며, 법관의 직무는 이 객관적인 의미를 드러내는 것이라는 점이다. 두 세기 혹은 더 전에는 이러한 입장은 일반적이었다. 미국독립선언은 확신에 차서 다음과 같이 주장하였다. "우리는, 모든 사람이 평등하게 태어났으며, 그들이 특정의 양도할 수 없는 권리를 창조주로부터 부여받았고, 이들 중에서 생명, 자유, 행복추구권이 있다는 이 진리를 자명하다고 생각한다." 자연권이 "과장스러운 넌센스"라는[15] 벤덤의 의미심장한 표현으로 요약되는 오늘날의 회의론은 이 길을 상당히 유용하지 못하다고 생각한다. 몇몇 학자들은 아무도 성공적으로 많은 동의를 얻지 못하는 정도까지 그 입장을 계속 심화시킨다.[16] 다시 우리가 스스로 빠져 있는 딜레마는 법의 지배이념의 중심적인 요소가 애초에 더 이상 유지할 수 없는 신뢰에 기초하여 해석되었기 때문에 발생하였다.

의미심장하게, 미국과 다른 모든 곳에서 권리분석의 실제적 실행은 위의 가능성 네 가지 모두의 혼합물이다. 옹호하기 어렵기 때문에 언제나 솔직하게 인정되지 못하는 마지막 하나는 많은 이들의 믿음을 계속 붙잡고 있으려 여전히 애쓰고 있다. 각각은 그것을 추천하는 어떤 것을 가지고 있다. 아무도 회의적인 반론에 면제되어 있지 않다. 이것이 현재의 상황이다.

마지막으로 옹호자들은, 권리의 해석과 민주적 법률의 사법적 무효화에 관한 문제가 이것이 플라톤적인 수호자에 의한 지배와 마찬가지라고 할 만큼 그렇게 자주 일어나지는 않는다고 단언한다. 판단된 많은 수의 사건들과 비교하여, 그 빈도는 하찮은 것이다. 그렇다 하더라도, 그것이 사회가 소중히 여기고 가장 의견이 나뉘어 있는 문제에 관해 일어날 경우에는 어울리지 않게 중대하다. 자기지배는 다른 누군가에 의해 가장 가슴을 울리는 판결이 내려지는 경우에는 무너지고 만다.

아마도 더 큰 위험은 사법부 자체에 있다. 정치를 권리해석의 피

---

15) Jeremy Bentham, "Anarchial Fallacies," *Works II*, p. 501; Ayer and O'Grady, *A Dictionary of Philosophical Quotations*, p. 47에서 인용.
16) Finnis, *Natural Law and Natural Rights*를 참조.

할 수 없는 요소라고 생각하고, 의견대립이 있는 사회적 판결들을 내리기 위하여 법관이 가지는 과도한 권한을 보면서, 정치세력들은 사법부를 그들의 입장에 충성하는 사람들로 채우기 위한 시도에서 임명과정에서 후보심사를 위하여 조직적으로 이데올로기적 리트머스를 적용할 수도 있다. 이것의 징후는 미국연방사법부에 관하여 현재 일어나고 있다. 오랫동안 지속된다면 이것은 명백히 법적 기관으로서의 그 신뢰성을 손상시키면서 철저히 사법부를 정치화할 우려가 있다. 미국연방대법원의 한 대법관은, 조지 W. 부시가 대통령으로 당선되는 과정에 명백히 정치적인 대법원의 판결에 관한 실망감을 표하면서, 선거에서 명백한 패배자는 "법의 지배의 공정한 수호자로서의 법관에 대한 전 국민의 확신이었다."고 말하였다.17)

○●● 정치의 사법화

오늘날 법의 지배에 관한 독일의 입장인 **법치국가**(Rechtsstaat)는 민주주의와 개인적 권리 사이의 긴장을 극적으로 표명한다. **법치국가**의 관념은 여러 단계를 거쳐 왔다.18) 일찍부터 그것은 모든 사람의 평등한 자유를 보장하는 형식적 권리를 강조하는 칸트의 자유주의에 영향을 받았다. 19세기 중반부터 20세기 중반을 거치기까지, 그것은 법에 의한 지배로 더 많이 이해되게 되었다. 그렇지만 나치 정부에 의해 법으로 저질러진 잔학행위와 나치의 테러에 대한 방어 장치로서 기여해야할 법의 실패는 제2차 세계대전 이후 **법치국가**의

---

17) *Bush v. Gore*, 531 US 98, 129 (2000) (Stevens J.).
18) Rosenfeld, "The Rule of Law and the Legitimacy of Constitutional Democracy," pp. 1318-1329를 참조.

이해에서 뚜렷이 변화하게 되었다. 제2차 세계대전 이후 독일의 자기비난의 시기에는 널리 퍼져 있던 법에 대한 법실증주의적 이해는 법관과 법학교수들이 국가독재에 참여하는 데에 일차적인 원인으로 비난받았다. 법과 권리가, 국가가 그것들이 무엇이라 말하는 것이라면, 법실증주의가 취하는 것처럼 국가행위에 법적 제한을 둘 방법은 없어 보인다.

독일의 전후 헌법인 기본법(the Basic Law)은 실질적 내용을 법의 지배로 강력하게 재주입하여 이를 변경하였다. 라이너 그로테(Rainer Grote)는 이 변화를 다음과 같이 요약하였다.

> 법의 지배의 실질적 요소에 관한 관심은 기본법의 가장 중요한 특징 중의 하나이다. 합법성의 원칙, … 법정에서 공정한 심문을 받을 권리, … 소급적 형법의 금지와 같이 널리 인정되는 형식적 및 절차적 요소들의 상당수를 포함하는 한편으로, 동시에, 모든 국가행위를 지도하는 원칙으로서 인간의 존엄에 대한 존중과 보호를 규정함으로써 법의 지배에 관한 단순히 형식적인 이해를 넘어서고 있다. … 개인의 존엄의 보호는 기본법에 의해 창설된 헌법질서 중의 최고의 가치로 인정되고 있다. … 제1조 제2항은 모든 공동체의 기초이자, 전 세계의 평화와 정의의 기초로서 침해할 수 없고 양도할 수 없는 인간의 권리를 인정하고 있다. 그로써 국가에 의해 공식적으로 인정되기 이전에 그리고 그 인정여부와 상관없이 존재하는 이 권리들의 보편적이고 초법적인 성격을 인정하고 있다. … 결국 그것은, 국가의 자유주의적인 성격과 연방제 구조를 형성하는 핵심적 보장은 장래의 헌법개정으로 폐지될 수 없다는 것을 보장하고자 노력하고 있다. 무엇보다도 제79조는, 훨씬 더 특수한 각각의 기본적인 권리보장의 핵심요소로서 인간의 존엄의 불가침성을 포함하는 제1조와 제20조에 규정된 기본원칙에 영향을 미치는 기본법의 개정을 (완전히 새로운 헌법을 채택하는 경우를 제외하고) 어떤 경우에도 허용할 수 없다고 선언하고 있다.[19]

---

19) Ranier Grote, "Rule of Law, Rechtsstaat and Etat de droit," in Christian Starck, ed., *Constitutionalism, Universalism and Democracy-Comparative Analysis* (Baden-Baden: Nomos Verlagsgesellschaft 1999), p. 286 (강조 부가).

이 개인적 권리들을 실현하기 위하여 특수한 헌법재판소가 창설되었다. "요약하면, 기본법 하에서 법의 지배는 기본권 개념을 위한 간략한 표현으로 나타나고, 이는 의회민주주의와 강력한 사법부의 역할이라는 구조를 내에서 정치권력 각 분야에 의해 실현된다."[20]

이 특성들은 입법부의 범위를 넘어, 존엄권에 관해서는 헌법개정의 범위조차도 넘어서 법의 지배의 관념 내에서 확고히 개인적 권리의 보존을 자리잡게 하고 있다. 권리가 헌법의 인정여부와 무관하다는 선언은 권리를 법제정자와 대중들 위에 올려놓는다는 법실증주의의 비난이다. 입법권과 좀 더 일반적으로 정부행위에 제한이 있는지의 여부에 관하여 더 이상 의심이 없다. 유일한 문제는 그 한계의 내용과 적용에 관한 것이다. 사실 이 해석은 그 종교적 기반이 없이 자연법적 한계의 형태로 살아남았다. 그것은 법의 지배에 관한 중세적 이해를 부활시켜서 사법기구에게 실행하도록 하였다.

이 접근법으로부터 귀결하는 오직 두 가지 결과는 서로 관련될 것이다. 첫째는 존엄권(the right to dignity)이 모든 종류의 주제를 포함하여 정부에 소극적 및 적극적 의무를 부과하면서, 특히 헌법재판소의 재판관들에 의하여 폭넓은 해석으로 되기 쉬운 것으로 입증되었다는 것이다.[21] 다시 한 번, 법관들이 법을 적용하는 상황에서 그러한 권리의 내용과 함축적 의미를 어떻게 특정하느냐에 관한 불확실성의 문제가 혼란스러운 문제들을 제기한다.[22] 둘째는 많은 정치적 논쟁들이 헌법적 문제로 전환되어 버렸다는 점이다. 말하자

---

20) Ibid., p. 288. 또한 Ulrich Karpen, "Rule of Law," in Ulrich Karpen, ed., *The Constitution of the Federal Republic of Germany* (Baden-Baden: Nomos Verlagsgesellschaft 1988)도 참조.
21) Grote, "Rule of Law, Rechtsstaat and Etat de droit," p. 289.
22) Habermas, *Between Facts and Norms*, pp. 240-253를 참조.

면 "독일에서 정치의 현저한 사법화 현상"이 있었던 것이다.23) 이
권리확장의 결과는 의회의 "입법재량의 감소"이었다.24) 법의 지배
에 관한 이러한 이해를 통해 민주주의의 범위인 정치의 영역은 사
법권에 의해 제한되고 그에 호의적으로 되고 있다.

이 현상은 결코 독일에만 한정되는 것은 아니다. "유럽 전역에
걸쳐서 국내 및 초국가적 법원들이 전통적으로 정부에 의해 결정되
던 중요하고도 논쟁적인 사회문제들을 결정하는 데에 상당히 적극
적이고 중요한 역할을 하기 시작하였다."25) 공산주의 이후의 많은
동유럽국가들에서 법관들은 법의 지배에 관한 실질적 이해라는 이
름으로 공격적으로 법률을 무효로 하였다.26) 정치적으로 세분화하
여 점점 더 독단적으로 판결을 내리는 법원들이 라틴 아메리카에서
도 마찬가지로 나타나기 시작하였다.27) 오늘날 전 세계에 걸쳐서
헌법재판소에 의한 법률의 사법심사를 널리 채택하는 물결에 편승
하여, "사법권의 전 지구적 확산"이라는 뚜렷한 경향이 있다.28)

그것이 악용되는 권위주의적 제도의 대가로 일어난다면 이 현상
은 별로 놀랄 만하지 않을지도 모른다. 그러나 그것이 민주적인 제
도를 희생하여 혹은 사법부가 사회경제적 엘리트 또는 어떤 다른
대표되지 않는 하부집단 출신의 구성원에 의해 불균형적으로 충원
된다면, 정치적 자유의 자기지배에 대한 중대한 위협을 제기할 수

---

23) Grote, "Rule of Law, Rechtsstaat and Etat de droit," p. 288.
24) Ibid., p. 291.
25) John Ferejon and Pasquale Pasqino, "Rule of Democracy and the Rule of
    Law," in *Democracy and the Rule of Law*, p. 249.
26) Kim Lane Scheppele, "When the Law Doesn't Count," 149 *Univ.
    Pennsylvania Law Review* 1361 (2001)을 참조.
27) Jose Maria Maravall, "The Rule of Law as a Political Weapon," in
    *Democracy and the Rule of Law*, pp. 261-301을 참조.
28) C. Neal Tate and Torbjörn Vallinder, *The Global Expansion of Judicial
    Power* (New York: NY Univ. Press 1995)을 참조.

도 있다. 좀 더 요점에 다가가면, 그러한 권한을 사법부에 부여하는 것은 외부압력에 위협당하고 두드러지게 개인이나 집단의 의제에 자극되며 부패하거나 혹은 전문성 또는 경험이 결여되어 있는 등으로, 법의 지배 자체에는 해로울 수도 있다.[29]

## ∘•• 형식적 합법성, 민주주의 그리고 개인적 권리

이들 사이에 앞서 언급한 긴장관계에도 불구하고, 법의 지배라는 문구가 언급되는 경우에 전형적으로 형식적 합법성과 함께 민주주의와 개인적 권리를 포함한다고 이해되고 있다.[30] 이 3자는 이 입장에서는 개념적으로 필연적일 필요는 없다. 그것들은 통일된 보완적 묶음으로 자유주의적 민주주의에서 함께 묶여진다. 영국법학자 앨런(T. R. S. Allan)은 법의 지배에 관한 그의 완고한 실질적 관념을 대신하여 이와 같은 주장을 하였다.

"법의 지배"라는 용어는 무엇보다도, 법질서의 어떤 안정성과 준수를 함께 주는 기본적인 원칙과 가치의 총체를 의미하는 것 같다. … 법의 지배는 기준, 기대감, 영감 등의 혼합물이다. 그것은 개인적 자유와 자연적 정의에 관한 전통적 생각들, 더 일반적으로는, 정부와 피지배자들 사이의 관계에서 정의와 공정성의 요건에 관한 생각들을 포함한다. 실체적 공정성과 절차적 공정성은 쉽게 구별될 수는 없다. 각각은 각 개인의 존엄을 존중하도록 전제되어 있다. …
법의 지배라는 생각은 또한 어쩔 수 없이 특정의 기본적인 제도적 장치와 연

---

29) Leighton McDonald, "Positivism and the Formal Rule of Law: Questioning the Connection," 21 *Australian Journal of Legal Philosophy* 93, pp. 105–106 (2001)을 참조.

30) Norman S. Marsh, "The Rule of Law as a Supra-National Concept," in A. G. Guest, ed., *Oxford Essays in Jurisprudence* (Oxford: Oxford Univ. Press 1961), p. 244를 참조.

관되어 있다. 정의와 공정성에 관한 우리 신념의 핵심에 가깝게 존재하는 평등의 기본관념은 입법과정에서 모든 성인시민들에게 평등한 목소리를 요구한다. 보편적 참정권은 오늘날 법의 지배의 중요한 요소라고 말해도 좋다.[31]

앨런은 영국의 법의 지배에 관한 이해에 그의 관념을 한정하였지만, 그것은 폭넓은 입장을 대표한다. 이를 확인하는 것은 미국·캐나다와 함께, 거의 30여 개국의 유럽국가들의 대표가 참가한 1990년의 유럽안보협력회의의 선언문에 들어 있다. "법의 지배는 민주적 질서의 달성과 시행에서의 규칙성과 일관성을 가정하는 형식적 합법성만을 의미하는 것이 아니라, 인간의 인격의 최고가치를 인정하고 완전하게 받아들이는 것에 기초한, 그리고 그 완전한 표현을 위한 구조틀을 제공하는 제도에 의해 보장되는 정의를 의미한다." 그리고 "민주주의는 법의 지배의 본질적 요소이다."[32]

형식적 합법성이 법학자들 사이에 법의 지배에 대한 지배적 이해인 반면, 형식적 합법성, 개인적 권리 및 민주주의를 포함하는 이 강한 실질적 법의 지배는 (일반적 이해가 존재함을 가정하면) 서구사회에서 법의 지배의 일반적 의미와 가장 가까운 듯하다. 널리 퍼져있는 견해는, 그들이 그렇게 하는 데에 익숙한 것처럼, 학자들이 통속적인 이해가 뒤섞여 있다고 주장하는가의 여부와는 무관하게, 이 이념이 무엇을 의미하는지에 관한 논쟁에 들어있는 중요한 요소이다.

---

31) T. R. S. Allan, *Law, Liberty, and Justice: The Legal Foundations of British Constitutionalism* (Oxford: Oxford Univ. Press 1993), pp. 21–22.

32) Document of the Copenhagen Meeting of the Conference on the Human Dimension of the CSFE, June5–July 29, 1990, nors. 3, 4. 또한 Ernest S. Easterly, "The Rule of Law and the New World Order," 22 *Southwestern Univ. Law Review* 161, pp. 165–166 (1995); John Norton Moore, "The Rule of Law and Foreign Policy," [1993] *Harvard Journal of World Affairs* 92도 참조.

형식적 합법성, 개인적 권리, 및 민주주의를 한 묶음으로 하여 일상적으로 예시하는 것으로부터 교훈을 얻을 수 있다. 개인적 권리의 반민주주의적인 함축적 의미는, 그 양 국면에서 만만치 않지만, 사회적 및 정치적 세력의 변화 속에서 성공적으로 균형잡힐 수 있다. 그것이 작동할 수 있다는 것은 그 자체의 방법상 서로 다른 많은 현재의 사례들에 비추어 의문시될 수 없다. 법원이 개인적 권리의 보호라는 이름으로 민주적인 법제정을 너무 많이 억압한다면, 그들의 행위는 사법부로 하여금 그 행위를 제한하도록 재촉하는 반발로 결과할 수 있다. 이의 유명한 사례는, 루즈벨트(Roosevelt) 대통령이 좀 더 고분고분한 대법관을 임명하기 위한 수단으로 대법원을 확대하고자 제안하기까지, 사회복지입법을 무효로 하였던 1930년대 미국연방대법원이다. 이 "법원 길들이기 계획(court packing plan)"은 의회의 지지를 얻는 데에 실패했지만, 대법원은 주의를 하고 그 훼방꾼 노릇을 중지하였다.[33] 후속사건들이 이 일을 민주적 의지의 승리와 이데올로기적인 사법부의 비타협성에 관한 실용성으로 호의적으로 윤색하였기는 하지만, 그것은 수반된 위험을 지적하고 있다. 다른 상황 하에서는 반민주주의적 결과를 가진 법원을 압박하는 압력이 제기될 수 있다. 그리고 그러한 압력이 성공적으로 가해지는 시대마다 그것은 법적 과정의 완전성을 위협하거나 더 큰 위협을 조장한다.

운용가능한 균형의 달성을 위한 하나의 공식은 없다. 최소한으로 정부공직자들에 대한 어느 정도의 감시를 하고, 개인적 권리 그리고 민주주의, 그리고 정부를 포함하여 모든 사람이 법에 의해 기속된다는 생각을 보호하기 위해 일어서도록 준비된, 잠재적으로 적극적

---

33) William E. Leuchtenburg, *The Supreme Court Reborn* (Oxford: Oxford Univ. Press 1995), Chap. 5를 참조.

인 국민이 있어야 한다. 또한 민주주의 사회에서 법규정을 제정하는 것이 정치영역에 적절히 할당된다는 명제가 받아들여지고, 법규정의 해석, 활용, 적용이 그들의 특수한 임무임을 받아들이는, 법의 완전성을 보존하기 위하여 바쳐진 잘 확립된 법적 전통이 있어야 한다. 무엇보다도, 정부공직자가 이러한 이념들을 공유하는 것이 중요하다. 그들은 당연한 것으로 받아들여지게 되어야 한다. 법의 지배를 -형식적 합법성, 민주주의 그리고 개인적 권리 등을 결합하는 것으로- 이와 같이 이해하는 데에 가장 강한 반대는 그것을 설명하는 사람들이 가끔 그 근거를 잊어버린다는 것이다. 그것은 법의 지배의 필수적 혹은 본질적 의미로 정당화될 수는 없다. 오히려 오직 그 세 요소들이 서구의 자유주의적 민주주의에서 함께 작동하게 되었기 때문에 발전하였다는 것이 그 문구의 일반적 이해이다. 법의 지배에 대한 이러한 이해는 반드시 거쳐갈 필요는 없다. 이 묶음의 요소들을 결여한 사회는, 법의 지배에 따라 생활하기 위하여 형식적 합법성, 민주주의 그리고 개인적 권리라는 완전한 묶음을 실행하여야 한다고 강제될 수는 없다. 바로 두 개의 오늘날의 사례를 들면, 그것이 바라는 것이라면 모순의 위험이 없이, 중국은 민주주의 없는 형식적 합법성을 실행할 수 있고,[34] 이란은 인권 없는 그것을 실행할 수 있다.[35]

---

34) Wei Pan, "Toward a Consultative Rule of Law Regime in China," 12 *Journal of Contemporary China* 3 (2003)을 참조.
35) Keyvan Tabari, "The Rule of Law and the Politics of Reform in Post-Revolutionary Iran," 18 *International Sociology* 96 (2003)을 참조.

## ○•• 가장 강력한 실질적 설명

법의 지배에 관한 가장 강력한 실질적 입장은 형식적 합법성, 개인적 권리 및 민주주의를 포함하지만, "사회복지의 권리"라는 표지 하에 대략적으로 범주화될 수 있는 더 이상의 질적인 차원을 추가한다. 이의 현저한 사례는 법이 지배의 의미에 관하여 국제법학자 위원회(the International Commission of Jurists)에서 그 주제에 관한 1959년 회의에서 나온 조사결과로 남아 있다.

> 법의 지배가 델리 선언의 공식화에서 생겼던 "역동적 개념"은 자유로운 사회에서 개인의 시민적 및 정치적 권리를 참으로 보호하고 증진한다. 그러나 그것은 또한 인간의 정당한 열망과 존엄이 실현될 수 있는 사회적, 경제적, 교육적 및 문화적 조건의 상태에 의한 체제와 관련이 있다. 표현의 자유는 문맹자에게는 무의미하다. 투표권은 깨어나지 못한 유권자들에 대하여 선동가에 의해 행해지는 독재의 도구로 악용될 수도 있다. 정부간섭으로부터의 자유는 가난한 자와 궁핍한 자들에게 굶어죽을 자유를 초래해서는 안 된다.[36]

고전적인 자유주의적 입장은, 정부독재를 방지한다는 강박관념과 함께 개인들이 원하는 대로 행동할 수 있도록 해방시키면서, 정부에 대한 제한을 두는 데에 맞춰진 부정적인 혹평을 갖고 있었다. 사회복지 관념에서 법의 지배는 어느 정도의 분배적 정의를 실현하는 것을 포함하여 사람들에게 더 나은 삶을 살도록 도와주고 그 존재를 고양시키는 등의 적극적인 의무를 정부에 부과한다. 이 입장은, 자유에 대한 권리의 자기결정이 개인으로 하여금 자기결정하는 능력을 개발하도록 도움을 주기 위하여 정부에 의무를 부과하는 것

---

36) International Commission of Jurists, *The Rule of Law in A Free Society: A Report of the International Congress of Jurists* (Geneva 1959).

으로 해석될 수 있다는 것이 앞의 제6장에서 언급되었다. 독일의 **법치국가**는 존엄권을 인정하여 이 방향으로 일부분 발을 들여놓았다.

이러한 열망이 놀랄 만하지만, 이를 지배라는 관념에 포함하는 것은 심각한 난관을 만들어낸다. 이미 개인의 권리들 사이에 그리고 권리와 민주주의 사이에 잠재적인 모순이 있다. 사회복지의 권리를 섞어넣는 것은, 특히 개인적 자유와 실질적 평등 사이의 대결을 제기함에 있어서 잠재적인 충돌을 증대시킨다. 라쯔는 "그 성질을 설명하는 것은 완전한 사회철학을 제의하는 것"이라는 이유에서 법의 지배에 관한 이러한 상당히 풍부한 관념을 반대하였다.[37] 사회적 가치에 관한 논의는 그로 인해 법의 지배의 의미에 관한 다툼으로 다시 재구성되고 있다. 그러면 법의 지배는, 그 자신들의 표현으로 그 쟁점들을 더 충분히 고려하지 못하게 하면서, 그리고 그 과정에서 어떤 뚜렷한 의미를 지닌 법의 지배를 공허하게 하면서, 더 폭넓은 사회적 쟁점들에 관한 논쟁의 대리전쟁터로 기여한다.

법의 지배는 사람들이 정부로부터 바라는 모든 좋은 것에 관한 것일 수는 없다. 그것을 이렇게 해석하려는 끊임없는 유혹은 법의 지배의 상징적 힘에 대한 증거이지만, 그것은 탐닉되어서는 안 된다.

---

37) Raz, "The Rule of Law and its Virtue," p. 211.

09

세 가지 테마

# 9
# 세 가지 테마

법의 지배를 둘러싸고 역사, 정치 그리고 이론들에 관한 설명은 지속성과 변화, 공유된 이해와 날카로운 논쟁의 이야기를 제시하였다. 더욱이 형식적이든 혹은 실질적이든, 검토된 법의 지배의 각 이론은 중대한 반대와 우려를 제기하고 있다. 이것은 국왕과 교황 사이의 중세적 투쟁으로부터 사회주의와 자유주의 사이의 지구적 경쟁 등 매우 많은 맥락에서 중대한 역할을 하였던, 이천년 넘게 살아남았던 어떤 이념의 예상되는 바이다. 주제에 관한 포괄적인 일관성이 있다고 말하는 것은 가벼울 수도 있다. 법의 지배가 무엇을 의미하는가에 관하여 그 문구의 일반적 사용자들 사이에, 정부공직자들 사이에, 학자들 사이에 의견불일치가 있다. 이 중구난방의 불확실성의 위험은 법의 지배가 공허한 문구로 되어버릴 수도 있고, 그래서 악의적인 정부에 의해 면책적으로 찬양될 수 있다는 의미를 결여하고 있다는 점이다.

법의 지배의 정의가 범람하는 것은 이 책에서 제시되었다. 승리를 얻을 거라는 희망에서 또다른 하나를 추가하는 것은 불필요하고 순진할 것이다. 대신에 이 장에서는 앞서 탐구한 것들로부터 얻어진 교훈들을 뽑아내면서, 법의 지배전통을 관통하는 세 가지 유사한 테마를 따로 떼어내어 언급할 것이다. 그것들은 여기서, 서로 관련되어 있으면서도 사실상 거의 분리할 수 없어서 그것들이 각각이 고유한 특수한 기울기를 갖고 전혀 다른 생각들 주위를 돌고 있기 때문에, 의미의 테마 혹은 다발로 특징지워진다. 이 테마들에 초점을 맞추는 것은 특히 자유주의/비자유주의의 구분에 따라 많은 유익한 결론들로 이어질 것이다. 다음 장은 국제적 수준에서의 법의 지배에 관한 개관으로, 분석의 구조틀로서 이 세 테마의 유용성을 더욱 제시할 것이다.

## ◦•• 법에 의해 제한되는 정부

법의 지배에 관한 가장 폭넓은 이해는 이천년 넘게 이어져 왔던 요소인데, 가끔 얇게 너덜너덜해지지만, 결코 완전히 끊어지지 않은 것으로, 주권자 그리고 국가와 그 공직자들이 법에 의해 제한된다는 것이다. 이 사상을 뒷받침하는 직접적인 생각은 개인적 자유의 보존이 아니라 정부독재의 제약이다. 주권자의 독재를 제약하는 것은, 개인적 자유라는 생각이 등장하기 이전에 오랫동안 존재했던 것으로 영속적인 투쟁이었다. 법의 지배에 관한 이러한 이해는 형식적 합법성으로 강조점이 옮겨졌던 자유주의의 승리까지 지배적이었다.

정부공직자들이 법의 제한적인 구조틀 내에서 권한을 행사하여야 한다는 관념에는 두 가지 뚜렷한 의미가 있다. 첫 번째 의미는 공직자들이 현재 유효한 실정법을 준수하여야 한다는 것이다. 법은 적절히 권한이 주어진 공직자들에 의해 개정될 수 있지만, 그것이 개정되기까지는 준수되어야 한다. 두 번째 의미는 정부공직자들이 법을 개정하고자 하는 경우에조차도 그들은 그들이 원하는 어떤 방법으로 그것을 개정하는 데에 완전히 자유롭지는 않다. 그들의 법 제정권한에는 제한이 있다. 그들이 법을 다루거나 혹은 법의 이름으로 할 수 없는 어떤 것이 있다. 이 제한들은 중세에 지배적 견해이었던 자연법 혹은 신법 혹은 시간과 무관한 관습법 등의 명령에 의하여, 혹은 오늘날의 일반적인 표현법인 인간 혹은 시민의 권리 등의 명령에 의하여 이해되어 왔다. 이 두 번째 의미의 기본적인 취지는 실정법에 관한 주권자의 권한이 그 자체 법적 방식으로 제한된다는 것이다.

주권자가 법에 의해 제한된다는 생각에 의해 제기되는 골칫거리는 이것이다. 즉 법을 창설하고 집행하는 바로 그 권력이 어떻게 법에 의해 제한될 수 있는가? 아퀴나스와 홉스만큼이나 다양한 학자들은 이러한 의미에서의 법의 지배가 최소한 개념적으로는 불가능하다고 생각하였다. 법이 주권자에 의해 선언된다면, 주권자는 법에 의해 제한될 수 없다. 왜냐하면 그것은 주권적 제한 그 자체를 의미할 것이기 때문이다. "그 자신에게만 제한되는 자는 기속되지 아니한다."[1] 법을 어떻게 제한하는가의 문제는 "주권자"가 국왕이든 의회든, 법을 제정하거나 집행하는 어떤 사람 혹은 기구에 관하여 제기된다. 전근대시대에는 이 골칫거리는 법에 의해 제한되는 정부라는 첫 번째 의미에만 적용되었다. 왜냐하면 정확히 말하여, 국가는 그 법제정권한을 제약하였던 ─ 원래는 자연법과 관습법 ─ 법적 제한의 근거가 아니었고, 집행은 국가 자체에 의해서가 아니라 신이나 대중의 반란(저항권)에 남겨져 있었기 때문이었다. 오늘날

---

1) Hobbes, *Leviathan*, pp. 176–177.

의 시대에는 제한이 제정된 권리의 형태로 나타나는 경우에는, 이
골칫거리는 제한의 두 의미 모두에서 존재한다.

전근대적 시기에, 군주와 정부공직자들을 법에 의해 부과된 제한
에 따르게 하는 것은 세 가지 기본적인 방법으로 나타났다. 첫 번
째 방법은 군주가 언제나 자발적이지는 않았더라도, 법이 기속하고
있다는 것을 명시적으로 **받아들이거나**(accepted) **승인하는**(affirmed) 것
이었다. 가장 중요한 사례는 국왕의 직에 취임할 때 선서하는 것이
었다. 전형적인 선서는 군주를 신법, 실정법 그리고 관습법을 준수
하도록 기속하였다. 받아들여진 법적 제한의 또 다른 모습은 마그
나 카르타이었는데, 거기서 존 왕은 감금상태이었기는 했어도 기속
되기로 동의하였고, 그 후의 많은 영국군주들이 그 문서의 서약을
재확인하였다.

두 번째 방법은 군주와 정부공직자들이 모든 사람에게 적용되는
법의 구조틀 내에서 권한을 행사한다고 **이해되거나**(understood) **추정
되었다는**(assumed) 것이다. 이의 최고의 사례는 독일 관습법이었다.
국왕들은 모든 사람들에 의해 이 법의 구조 내에서 살아간다고 생
각되었다. 중세의 기독교 지배 동안에도 국왕을 포함한 모든 사람
은 ("신성한") 국왕이 신법과 자연법의 제한 내에서 권한을 행사한다
고 이해하고 추정하였다. 공적인 행위의 적절성에 관한 요구와 주
장은 (신법, 자연법 혹은 관습법에 따른) 합법성과 불법성에 의하여 사
회 내의 모든 집단에 의해 정기적으로 명확히 표명되었다.

세 번째 방법은, **일상적인 행위**(routine conduct)의 문제로서, 군주
와 정부공직자들은 통상의 활동에 참여하는 경우에, (비록 때때로 좀
더 호의적인 방법이기는 하지만) 다른 모든 사람과 같이 법적 제한 내
에서 권한을 행사한다는 것이었다. 이 세 번째 방법은 앞의 둘을
보완하고 중복되지만, 세속의 규칙화된 복종의 중요성을 강조하기

위하여 따로 언급될 만하다. 봉건적 재산에서 소작료나 역무에 대한 권리를 가졌던 국왕이나 귀족은 또한 충족되어야 할 책임과 의무를 가지고 있었다. 금전을 차용하고자 했던 국왕이나 정부공직자들은 장래의 대여를 얻기 원한다면 협정에 따라 살아야 했다. 군주는 아니더라도 귀족들은 의무의 위반에 대해 법정절차에서 답하도록 구속될 수 있었다. 공·사의 구별은 초기시기에는 명확하게 구분되지 않았고, 그 함축적 메시지는 국왕과 정부공직자들이 그 지위와 무관하게 법적 구조틀 내에서 매일매일의 근거에 따라 권한을 행사해야 한다는 것이었다.

이 세 가지 방법은 이념과 실제의 강력한 조합을 제공하였다. 첫 번째 방법에서는 주권자와 정부공직자들은 스스로를 법에 기속되는 것으로 태도를 취하였다. 애초에 이 주장이 편의주의적으로 행해졌다 하더라도, 수세기 동안의 반복 이후에 현실적인 중요성을 갖게 되었다. 그들은 법에 기속되는 것으로 생각하였고, 그래서 그들은 법에 기속되었다. 두 번째 방법에서는, 사회의 모든 사람들이 정부공직자들이 법에 기속된다는 생각을 공유하였으며, 이는 이러한 태도가 정부와 공직자들의 변화를 거치면서 단절되지 않고 남아 있는 것을 보장하였다. 세 번째 방법은 주권자와 공직자 그리고 귀족들이 법에 기속된다는 것을 매일매일 강화하고 확인하였다. 이러한 근거들 덕분에 법적 제한 내에서 권한을 행사하는 것은 이 공직자들의 행위를 위하여 상당한 정당성으로 되었다. 교황, 주권자를 대체하려는 경쟁자, 병역면제세에 저항하는 반항적인 귀족계급들, 간섭으로부터 활동을 보호하려 애쓰는 상인들 등에 의해서든, 혹은 재정상의 특별강제징수나 혹은 민중반란에 참여한 대중들에 의해서든, 현존의 정부에 대한 반대는 그들의 저항을 정당화하기 위하여 (자연법, 신법, 혹은 관습법 등의) 법위반을 이유로 내세웠다. 역사적인 예를 들면, 미국독립선언은 영국국왕에 대한 법적 기소와 비슷하게 해석된다.

회의적인 생각은 때때로 군주와 정부공직자들이 선서나 확인 혹은 일반적 이해와 무관하게 사실상 법을 준수하지 않았다고 주장한다. 그 대상이 주권자에게 충분히 중요한 경우에는, 장애가 되는 법은 법망을 빠져나가는 불편함에 지나지 않았다. 그렇지 않은 것보다 훨씬 자주, 법은 그들에게 신세를 지거나 협박당한 법관들에 의해 이용되어, 그들의 목표를 달성하기 위해 휘두르는 손안의 무기이었다. 이는 모두 사실이다. 그럼에도 불구하고, 주권자와 정부공직자들은 정규적으로 법 내에서 그들의 권한을 행사하였다. 그들이 법을 무시하는 경우에는 그것은 최소한 그들을 망설이게 하였으며, 그들의 행위가 법에 합치하는 것으로 해석되도록 맹렬히 노력하였다. 통치자들이 자기에게 상당히 이익이 된다는 이유로 법의 제한에 따른다는 것은 법적 제한이 중요하다는 현실을 손상시키지는 않는다.[2]

주권자와 그 공직자가 일반적으로 법 내에서 권한을 행사하였더라도, 많은 경우에 그 위반에 대한 효과적인 **법적** 구제방법이 없었다는 것이 강조되어야 한다. 법이 주권자나 공직자들에 의해 거부되거나 위반되는 경우에는, 치러야 할 **정치적** 결과가 있었다. (정치적인 의미를 가졌던) 파문의 위협은 교황이 국왕에게 신법을 집행하는 수단이었다. 반란의 위협은 독일관습법에 있어서 집행의 방법이었다. 몇몇 군주에 대하여 그것은 퇴위되거나 참수되는 무시무시한 위협이었다. 법위반의 주장은 왕의 행위를 반대하는 자들에 대한 지지를 결속시키는 데에 도움이 되는 수사법적 원천이었다. 그러한

---

2) Stephen Holmes, "Lineages of the Rule of Law," in *Democracy and the Rule of Law*, pp. 19–61을 참조.

경우에는, 당시에는, 법의 근원인 주권자에 대하여 법을 집행하는 데에 기여하는 제재는 법적인 제재가 아니라 정치적인 것이었다.

정부공직자들에 대한 법적 제한의 두 가지 다른 의미는 이 절의 처음에서 언급된 것으로, 서로 다르게 나타난다. 논리적으로 혹은 개념적으로 불가능하다는 주장에도 불구하고, (첫 번째 의미의) 실정법 위반에 대해 주권자와 정부공직자들에 대한 법적 제재를 부과하는 데에 실제상 장애가 없었다. 다이시는 정부공직자들이 법위반에 대해 답변하도록 사적 시민에 의해 일반적인 보통법 법원에 제소될 수 있었다는 것을 영국의 법의 지배의 대들보라고 하였다.3) 이러한 종류의 제한에서 핵심적인 필수조건은 사법부가 나머지 정부기구로부터 어느 정도 독립되어 있어야 한다는 것이다. 골칫거리에 대한 해결책은 국가기구를 분리시키고 구분짓는 것과 관련되며, 그 한 부분인 사법부에 다른 부분들을 법적 근거로 답하게 할 수 있는 권한을 부여하는 것이다. 사법부의 자율성과 판결은 이것이 작동하기 위해서라면 존중되어야 한다. 이것이 성공적인지의 전망에 대한 회의론에도 불구하고, 전 세계의 많은 나라들에서 매일매일 입증된 바와 같이, 그것은 사실상 효과적으로 기능할 수 있다.

두 번째 의미인 주권자의 법제정권한에 제한을 두는 것은 전혀 또 다른 문제이다. 제한의 두 번째 의미는 첫 번째보다 훨씬 더 야심적이다. 정부공직자들은 원하는 목표에 장애가 되지 않도록 법을 단순히 개정함으로써 첫 번째 의미의 법적 제한을 빠져나갈 수 있다. 두 번째 의미는 법제정자의 의지에 따라 실정법을 제정하는 권한을 제한한다. 무엇이든 간에 주권자가 할 수 없는 어떤 것이 존재한다. 중세에는 - 신법, 자연법, 관습법 등 - 이 모든 법의 근원은 법제정자의 손아귀에서 떨어져서 벗어나 있었다.

---

3) Dicey, *Introduction to the Study of the Law of the Constitution*.

최소한 신법, 자연법 혹은 관습법에 관한 널리 공유된 입장을 계속 가지고 있는 오늘날의 비자유주의적 사회에서는 국가법에 관한 이러한 종류의 제한은 여전히 실행가능하다. 어떤 이슬람 국가에서는[4] 예를 들어 "정부는 이슬람의 샤리아에 의해 확고하게 성립된 경계선을 넘어서는 안 된다. 통치자는 신의 법에 책임을 져야 한다."[5] 아프가니스탄의 새 헌법은 남성과 여성의 평등권을 보장하고 이슬람에 반하는 법의 제정을 불허하는 민주적 이슬람공화국을 창설하고 있다. 특수한 제도적 장치들은 어떤 경우에는 세속적 법관에게 또 어떤 경우에는 성직자 법관이나 평의회에 혹은 최고 종교지도자에게 부여된 최종적 해석권을 가지고 다양하게 변화를 주고 있다. 오늘날의 상황이 전통적인 법원칙과 규정들에 의해 언급되고 있지 않은 경우 그리고 이 사회들이 (현대적인 자유주의적 입장에 영향을 받은 상당수의 시민들이 있거나, 뚜렷한 문화적 혹은 종교적 하부공동체가 공존하고 있어서) 내부적으로 다원주의적인 경우에, 혹은 모든 그러한 체제가 그러해야 하는 것과 같이, 법이 현대적인 요소와 전통적인 요소를 결합하고 있는 경우에 당혹스러운 문제가 발생하게 된다. 운용할 수 있는 제도들은 갖출 수 있지만, 도전은 거대하고 전체 사회를 위해 그것이 작동하게 하기 위하여 모든 측에서 널리 퍼져 있는 요구가 없이는 대응될 수 없다.

이와 대조적으로 오늘날의 자유주의적 사회에서는 정부의 법제정 권한에 법적 제한이 있다는 관념은(두 번째 의미), 그것이 조금이나마 운용된다면, 자연법, 신법 그리고 관습법이 한 때 가졌던 지위를 더 이상 갖지 않는다는 단순한 이유로도 다르게 운용하여야 한다. 자

---

4) Nathan J. Brown, "Shari'a and the State in the Modern Muslim Middle East," 29 *International Journal Middle Eastern Studies* 359 (1997)를 참조.

5) Nathan J. Brown, "Islamic Constitutionalism in Theory and Practice," in *Democracy, the Rule of Law and Islam*, p. 491.

유주의 사회에서 오늘날 법제정자에 주어지는 법적 한계에 상응하는 것은 권리장전이나 인권선언이다. 권리장전은 두 가지의 별개의 입장으로 나타난다. 승인하기 위하여 이해되지만 언급된 권리를 나열하지는 않는 권리장전인, 법제정과 독립하여 존재하는 것으로 보이는 권리장전은 법제정자에 제한을 두는 데에 있어서 자연법과 구별되지 아니한다. 이에는 오늘날의 입장에서 법원이 그 장전을 해석하고 적용하는 권한을 부여받았다는 주목할 만한 예외가 있다. 다른 하나에서는 권리장전은 실정법의 한 형태로 이해될 수 있다. 그에 의해 헌법제정이 권리를 낳는 것이다. 그것들이 법제정자에 두는 제한은 변경될 수 있다. 그리하여 그것들은 개념적으로 법적 제한의 첫 번째 입장에 유사하다. 권리장전을 개정하기 위하여, 너무 높게 설정되어 개정이 흔치 않게 되는 (초다수결과 같은) 고도의 절차적 장애물이 돌파되어야 하는 경우에는, 권리장전은 두 번째 입장과 같이, 하나의 한층 더한 경고를 가지고 **사실상으로**(de facto) 운용할 수 있다. 입법에 대한 중세적 한계는 절대적인 것으로 생각되었지만, 반면에 권리장전은 엄격한 필요성이나 중대한 정당화가 제시된다면 권리로 하여금 극복되도록 허용하면서, 절차적 용어로 해석된다.

정부에 제한을 두는 것으로 이해되는 법의 지배의 성공적인 실행에 대한 열쇠는 민중과 공직자들 편에서는 단순히 이것이 그러하다는 널리 퍼지는 믿음이다. 이 점은 아마도 달성하기 어려운 만큼 명백하다.

## ∘•• 형식적 합법성

두 번째의 의미묶음은 형식적 합법성으로 법의 지배를 해석하는 것을 둘러싸고 전개하고 있다. 이러한 의미에서 법의 지배는, 일반성의 성질, 적용의 평등성, 명확성 등을 가진 공개적이고 장래효를 가진 법률을 포함한다. 앞서 지적된 바와 같이, 이 형식적 성질은 그러한 것으로서 규정의 특성이다. 형식적 합법성은 정부에 의해 규정되고 유지되는 규정기속적 질서를 강조한다. 형식적 합법성에 대한 가장 완전한 절차적 의미는 또한 사법과정 내에서 공정한 청문의 가능성을 포함한다.

법학자들에 의해 가장 찬성받는 것으로, 이것은 자유주의와 자본주의를 위한 법의 지배에 관한 지배적 이해이다. 무엇보다도 그것은 예측가능성에 관한 것이다. 하이예크가 말한 바와 같이, 법의 지배는 "당국이 주어진 상황에서 그 강제적 권한을 어떻게 사용할 것인지를 매우 공정하게 예측하는 것이 가능하게"[6] 하고 또한 이를 알고서 그에 근거하여 개인의 일을 계획할 수 있게 한다. 이는 사람들이 어떤 행동이 정부기구에 의한 제재의 위험에 노출시키는지를 미리 안다는 것을 의미한다. 이로 인해 개인은 자유로운 행동의 범위를 알게 된다. 어떤 행동을 금지되는 것으로 규정하는 선존하는 법이 없다면 형사처벌도 있을 수 없다.

자본주의에 관하여, 일반성의 성질, 적용의 평등성, 명확성 등을 갖춘 공개적이고 장래효를 가진 법은 시장거래를 용이하게 하는 데에 잘 어울린다. 왜냐하면 예측가능성과 확실성은 상인들로 하여금 예상되는 거래의 있을 수 있는 비용과 편익을 계산할 수 있게 한다. 점점 많아지는 증거뭉치들은 이러한 특성에 기인하는, 경제적 발전

---

6) Hayek, *The Road to Serfdom*, p. 80.

과 형식적 합법성 사이의 적극적 상호관련을 지적하고 있다.[7]

이러한 방식으로 이해되는 법의 지배의 하나의 한계는 그것이 불공정하거나 사악한 내용을 가진 법체제와 양립할 수 있다는 것이다. 그것은 미국과 남아공의 역사적 사례에 의해 인정된 것처럼, 노예제도, 합법화된 인종분리정책, 인종차별 등과 양립할 수 있다. 그것은 또한 싱가포르나 중국의 각 사례에서 볼 수 있는 것처럼, 권위주의 혹은 비민주적 체제와 양립할 수 있다.[8] 이러한 의미에서 법의 지배의 효율적 체제는 그 효율성을 제고하거나 정당성의 품격을 부여함으로써 권위주의 체제의 장악을 실제적으로 강화할 수도 있다. 이것은 형식적 합법성이 그러한 체제에 중대한 제한을 두는 것을 부인하는 것이 아니라, 이러한 제한이 그럼에도 불구하고 부정행위와 양립할 수 있음을 강조하는 것이다. 왜냐하면 그들은 실질적 내용을 갖지 않기 때문이다. 일련의 부당한 법들은 형식적 요건을 갖춘다고 하여 정당하게 되지는 않는다.

법의 지배에 관한 이 입장에는 또 다른 한계가 있다. 옹호자들과 비판자들에 따르면, 형식적 합법성은 개인이 분배적 평등이라는 목표를 먼저 행하고(사회적 이익의 좀 더 평등한 분배) 개별 사건에서 정의를 행할 것을 요구한다. 이 목표는 사건마다의(case-by-case), 맥락에 민감한(context-sensitive) 결정이 행해질 것을 요구한다. 이는 일반성(generality), 형식적 평등(formal equality), 명확성(certainty), 그리고 예측가능성(predictability)을 위협한다.

형식적 합법성이 이 다른 사회적 가치 및 목표와 긴장관계에 있다는 것이 타당한 반면에, 이들을 상호배타적이라고 떼어 놓는 것

---

7) Robert J. Barro, *Determinants of Economic Growth: A Cross Country Empirical Study* (Cambridge, Mass.: MIT Press 1997)를 참조.
8) Kanishka Jayasuriya, "The Rule of Law and Governance in the East Asian State," 1 *Australian Journal of Asian Law* 107 (1999)을 참조.

은 잘못된 과장이다. 훨씬 더 큰 분배적 평등은, 예컨대, 사망 시에 상속자에게 양도될 수 있는 재산의 총계를 제한함으로써, 모든 사람에게 똑같이 적용되는 일반규정에 의해 (완전히 달성하지는 못해도) 증진될 수 있다. 그리고 정부자원들은 빈곤자들이 받는 가장 중요한 하나의 불이익을 개선하는 우수한 공교육제도를 만듦으로써 더 큰 평등을 달성하는 데에 도움이 되는 방식으로 배분될 수 있다. 법의 지배체제는 또한 법의 규정들이 어쩔 수 없는 상황 하에서 정의를 달성하지 못하도록 분리되어 있는 한에서는, 개별 사건에서 정의를 행하는 것을 받아들일 수 있다. 정부에 의한 독재의 가능성 때문에, 형사처벌의 맥락에서는 이 분리는 피고인에게 유리하게만 일어날 수 있다. 범죄인이 석방되는 경우와 같이 피고인에게 이익이 되는 규정상의 불법은 받아들여져야 한다. 미국 법체계는 (영국을 포함한 다른 나라들도 아마도),9) 노네와 셀즈닉이 말한 바와 같이, 전반적인 규정기속적 성질을 잃지 않고 이러한 장치를 이미 행한 것으로 보인다. 그리고 하이예크가 처음 쓴 이래 60년대에 성숙된 서구의 사회복지체제들도, 행정부의 재량이 법적 제한 내에 포함될 수 있고, 형식적 합법성이 정부공직자들에 의한 재량적, 정책지향적 행위가 실질적으로 존재하는 것과 공존할 수 있다는 것을 보여주었다. 법적 자유의 중요한 보증인은, 개인이나 재산에 대한 정부의 강제가 위협적일 때에는 언제나, 정부에 대한 것으로서 형식적 합법성의 제한을 가장 엄격히 유지하는 것이다.

마지막 한계는 형식적 합법성이 적절하지 않거나 사회적으로 시혜적인 상황이 많이 있다는 것이다. 정부정책의 많은 영역들, 특히 불확실성이나 상당한 정도의 변용가능성이 있는 경우에는, 법규정에 의하여 미리 제한하려는 시도는 실패하거나 심하게 손상될 것이

---

9) Tamanaha, *Realistic Socio-Legal Theory*, pp. 238–240을 참조.

다. 더욱이 강한 공동체주의적 지향을 가진 규모가 작은 공동체에서는, 또 다른 중요한 맥락을 제시하기 위하여, 규정에 의하여 규율하기 위하여, 형식적 합법성을 고집하는 것은 해로울 수도 있다. 혹은 통제할 수 없는 폭력의 발생을 위협하는 상황에서는 평화는 규정에 호소하는 것이 아닌, 정치적 노력으로 더 잘 달성될 것이다. 그러한 논쟁에 대응하는 경우에, 우선적인 관심사는 때때로 모든 사람이 함께 살 수 있는 해결책을 모색하는 것이다. 장기간의 관계와 공유된 역사가 규정이 무엇을 명하는가 보다 더 중요하다. 타협에 이르는 것은 엄격한 규정적용보다 이 목적을 훨씬 더 잘 달성할 것이다(이는 규정이 이러한 상황 하에서조차 중요한 역할을 한다는 것을 부인하는 것은 아니다). 특히 오늘날의 아시아와 아프리카의 사회는 서구사상과 실무관행의 침투에도 불구하고, 다양한 방법과 다양한 맥락에서 형식적 합법성의 요소들과 충돌할 수 있는 중대한 공동체주의적 문화적 긴장을 계속 가지고 있다.

이 견해는 또한 형식적 합법성이 밀접하게 관련이 있었던 상거래에 관하여도 적용된다. 국내적으로 및 국제적으로, 상거래당사자들은 보통 법정절차보다는 조정, 중재, 혹은 다른 형태의 해결책에 호소하기를 원하였다.[10] 이것은 부분적으로는, 비용, 지연, 가끔은 지방적 및 국내적 그리고 국제적 법원을 신뢰할 수 없기 때문이기도 하지만, 또한 상거래당사자들이 기꺼이 상호 간에 받아들일 수 있는 해결책으로 간다는 것을 보여주어 사업공동체에서 유익한 관계를 계속하고 좋은 평판을 유지하기를 바란다는 사실 때문이기도 하

---

10) Yves Dezalay and Bryant Garth, *Dealing in Virtue: International Commercial Arbitration and the Construction of a Transnational Legal Order* (Chicago: Chicago Univ. Press 1996); Stuart Macaulay, "Non-Contractual Relations in Business: A Preliminary Study," 28 *American Sociological Review* 33 (1963) 등을 참조.

다. 규정은 빈번히 전부 아니면 전무라는 결과를 가지고 있고, 승자와 패자로 귀결하지만, 사회적이든, 정치적이든 혹은 상업적이든, 공동체는 가끔은 만족스러운 논쟁으로부터 벗어난 양측으로 인해 더 도움이 된다.

형식적 합법성의 약점에 관한 이 설명은 그 가치를 손상시키도록 해석되어서는 안 된다. 상인들이 어떤 상황 하에서 합법성에 호소하지 않고 활동할 수 있다는 생각은 합법성이 상업적 기업 및 시장과 무관하다고 말하지는 않는다. 반대로, 신뢰할 수 있는 합법성이라는 배경적인 구조틀을 확립하는 것은 현재 구성되어 있는 것처럼 자본주의에 중요한 구성요소이다.[11] 실패의 경우에 의지하기 위하여 이러한 배경을 갖는 것은 상인들로 하여금 받아들일 수 있는 타협을 달성하기를 지향하여 노력하는 데에 도움을 준다.

형식적 합법성과 자본주의 사이의 밀접한 관련은 명쾌하게 되어야할 중요한 교훈, 즉 고전적 자유주의에 의해 잘 이해되는 교훈을 포함한다. 사회의 모든 구성원이 형식적 합법성으로부터 어떤 이익을 향유하는 한편으로, 가장 이익을 얻는 입장에 서는 사람은 재산소유자이다. 그들의 재산은 보호되며 계약을 체결할 가능성이 가장 크다. 그들은 그들의 권리를 옹호하기 위하여 변호사를 고용할 수 있다. 재산소유권이 보편적인 사회는 모두가 형식적 합법성에 의해 제시된 가장 충분한 이익을 향유하는 사회이다.

아마도 형식적 합법성은 그것이 결여된 경우와 비교함으로써 가장 잘 평가된다. (널리 공유된 도덕이나 관습과 같이) 예측가능성의 다른 어떤 근거가 없는 경우에는, 정부공직자가 상업적이든 그렇지

---

11) Ibrahim F. I. Shihata, *Complementary Reform: Essays on Legal, Judicial and Other Institutional Reforms Supported by the World Bank* (The Hague: Kluwer 1997)을 참조.

않든, 누군가의 행위에 어떻게 반응할지를 알지 못하는 것은 영구히 불안전할 것이다. 형식적 합법성을 구현하는 사회는 이 기분 나쁜 불확실성의 상태를 감소시키는 것에 대해 찬양되어야 할 것이다.

그렇지만, 정부가 형식적 합법성에 따라 살도록 요구하는 것이 너무 자기만족적으로 되기 전에, 정부들은 서구학자들에 의해 거의 생각되지 않는 현실검증을 치러야 한다. 이는 오늘날의 법제도의 복잡성과 넘쳐나는 많은 규정들을 인지하고 있는가 하는 것이다. 타인이나 그들의 재산에 손해를 끼치는 것이 물리적으로 허용되지 않는다는 것, 그리고 계약은 의무를 발생시킨다는 것 등을 일반적으로 인지하는 것을 넘어서, 시민들은 현실적으로 어느 정도까지 그들의 행위의 법적 의미를 미리 알아야 하는가? (신경질적인) 반론이 있을 수 있다. "그것이 변호사들이 하는 일이다." 이것은 비용 및 법적 자문의 활용가능성에 관한 해결되지 않은 부가적 문제로 된다. 형식적 합법성이 진정으로 시민들을 위한 예측가능성에 관한 것이라면, 그러한 예측가능성이 실제로 법체계에 의해 부여되고 있는지의 여부를 판별하는 데에 주의하여야 한다.


## ∘•• 사람이 아닌, 법의 지배

세 번째의 의미묶음은 사람의 지배와의 비교를 통해 법이 지배를 제시한다. 가끔 반복되는 이 비교는, "사람이 아닌, 법의 지배", "사람이 아닌, 법의 정부", 법은 이성이며, 사람은 열정이다, 법은 비재량적이며, 사람은 자의적 의지이다, 법은 객관적이며, 사람은 주관적이다 등의 대조법으로 제시된다. 이 사상을 뒷받침하는 생각은 법의 지배 하에 살아가는 것은 군주, 법관, 정부공직자들 혹은 동료

시민들 등의 다른 개인의 예측할 수 없는 변덕에 따르지 않는다는 것이다. 그것은 편견, 열정, 선입견, 실수, 무지, 탐욕, 혹은 변덕 등의 인간의 잘 알려진 취약점으로부터 보호된다는 것이다. 이러한 의미의 법의 지배는 타인에 대한 두려움과 불신에 근거하고 있다. 그것은 아리스토텔레스까지 거슬러 올라가는 것으로, 통치하는 권력에 내재하는 잠재적 남용의 우려를 벗어나, 현자에 의하더라도 다른 사람에 의한 제약없는 지배보다 법에 의한 지배를 더 선호하는 선택을 반영한다.

"사람이 아닌, 법의 지배"라는 사상은, 있는 그대로 강력한데, 법이 자기해석적이거나 자기적용적이지 않다는 사실에 의해 오랫동안 추구되었다. 법의 작용은 인간의 참여로부터 따로 떨어질 수 없다. 홉스는 이런 이유로 그것을 오해를 일으키는 이념으로 생각하였다. 그러한 참여의 불가피성은 처음에 법에 호소함으로써 피하고자 하였던 바로 그 취약점을 재도입하는 기회를 제공한다. 법과 언어의 불확실성은 이 시작이 결코 완전히 종결될 수 없다는 것을 보여준다.

표준적인 두 요소의 구성은 첫째로, (법전문가로 구성된) 사법부를 법의 특별한 수호자로 인정하는 것이며, 그리고 둘째로, 법관인 개인의 존재를 부인하는 것이다. 이 둘은 서로 관련되어 있다. 법관이 법과 사법부의 역할의 방법에 세뇌되게 되면, 법관은 법을 개인화하게 된다. 이상적으로는 법관은 편견에 치우치지 않고, 열정과 선입견 그리고 자의성으로부터 자유로우며, 오직 법에만 충성하여야 한다. 법관이 법의 대변자(mouthpiece)인 것, 혹은 법관이 법을 말한다는 것, 혹은 법관은 아무런 의사도 없다는 것 등을 재확인하는 선언은 어디서 오는가. 이 이미지는 법관이 판결을 내릴 때 기계적인 규정 적용에 종사한다는 형식주의적 주장을 허용한다. 법의 해석과 적용에서 최종적으로 말하는 것은 적절히 사법부에 달려 있다. 왜냐하면 이 입장에서는, 어떤 다른 정부공직자들도 주관적 개인이 객관적 법관으로 대체되는 이 필연적 전환을 수행할 수 없기 때문이다. 이 세 번째 의미에서의 법의 지배가 최종적 분석에서 이 추론 덕분에 법적으로 규율되는 행위와 관련하여 권한을 행사하는 모든 정부공직자들에게 적용된다 하더라도, 그것은 법관의 특별한 영역이다. 마지막으로 호소하여, 그들은 다른 정부공직자들이 법을 지키는 것을 보장하는 사람들이다.

이 연쇄적 추론은 두 가지 추가적인 사회발전을 뒷받침하고 또 그에 의해 뒷받침된다. 첫째로, 법적 전통과 그 사회적 침투의 확대가 엄청나게 성장함으로써 중대한 역할을 하였다. 이것은, 법에 대한 학문적 연구의 확립, 전문가에게만 접근할 수 있는 고유의 언어와 개념을 가진 전문화된 지식체계로서의 법의 복잡성의 증대, 법적 서비스를 독점하는 자기규율적 조합으로서 법조직역의 강화, 재산권을 확립하고 상사거래를 용이하게 하는 데에 있어서 형사법체계에 없어서는 안 되는 참여자로서의 변호사의 환심사기, 국왕과 교황에 대한 조언자로서 그리고 정부공직자와 입법자에 대한 조언자로서, 공·사적 권위를 가진 기타 지위들 중에서 정부공직자와 입법자로 되기도 하는 자로서, 법적 훈련을 받은 사람들이 하게 된 중심적 역할 등을 포함한다. 사회적 현실과 권력에서의 이러한 확대는 집단으로서의 법조인을 엄청난 사회세력으로 만들었다. 그것은 또한 법관이 가진 특권을 뒷받침하였다. 왜냐하면 법관은 사람들이 동경하는 모델이자 가장 높은 성취로서 법조직역의 정점에 서 있기 때문이었다. 이러한 직역에 있는 사람들의 요구로서 그 이데올로기와 핵심적 자기정체성은, 법이 객관적이며, 별개이고, 스스로의 완전성을 가지며, 정치의 혼란상으로부터 따로 떨어져서, 사회질서의 유지자이자 사회적 상호교류의 촉진자라는 것이다.

두 번째의 기여는 법관의 독립을 확립한 권력분립 관념의 확산으로부터 유래하였다. 이것이 효과적이기 위해서는 다른 부서의 간섭으로부터 사법부를 보호하는 제도적 장치를 필요로 하였다. 이를 달성하기 위한 일반적 방식은 법조자격(법학교육과 경험)에 기한 법관의 선발, 법관의 장기임명, 법관해임의 절차적 및 실질적 보호, 법관에 대한 적정한 급여, (지원하는 직원, 서적, 법정 등의) 법원제도의 기능을 유지하기 위한 충분한 재원 등과 관련된다. 앞서 언급한 법의 전문직화는 이 분리를 가능하게 하였지만, 이 분리는 또한 그 특수성의 제도적 인정과 보존으로 되면서, 전문직의 가장 높은 성취를 의미하였다. 하지만, 이 제도적 요소들은 그것만으로는 법관의 자율성을 보장하기에 충분하지는 않았다. 그것들은, 법관들 스스로 법외적인 고려나 압력에 영향을 받도록 내버려두는 것이 부적절하다는 법관들 사이의 상호 간의 태도와 맞물리면서, 정부공직자들과 대중일반 사이에서 사법부가 법을 해석하고 적용하는 역할을 충족하는 경우에 사법부에 간섭하는 것이 부적절하다는 사법부 외부의 태도에 의해 실현되었다. 권력분립은 사법부를 보호하는 더 이상을 행하였다. 그것은 동시에 법관이 너무 많은 권한을 가지는 데에서 나오는 남용가능성을 축소시켰다. 법관들은 그 판결의 집행을 위하여 정부의 다른 부서들과의 협력, 그리고 시민들의 자발적인 준수에 의존하였다.

법의 지배, 그리고 그에 수반하는 사회적·정치적 및 이데올로기적 발전에 관한 이 테마의 궁극적 위험은 **법의 지배**가 **법관의 지배**로 될 수 있다는 점이다. 법의 지배가 권위를 가지고, 법관이 법의 해석과 적용에 관하여 최종적으로 말하는 경우에는, 법관은 그러한 법의 지배의 의미를 결정할 것이다. 적어도 미국 법체계에서는 상당한 정도의 불확실성이 실질적인 정도의 예측가능성과 공존한다는 합의로 법적 불확실성에 관한 이론적 논의가 잠재워졌음을 상기하라. 어느 정도의 불확실성이 인정되기만 하면, 법관이 단순히 법을 말한다는 주장은 받아들이기 어렵다는 것이 이어진다. 덧붙여, 무지, 취약성, 잠재의식적 편견, 부패, 권력욕 등이 자연적인 인간의 특성으로 인정된다면, 법에 의한 지배가 법관에 의한 지배로 될 가능성은 더 이상 온건한 가능성이 아니라 현실적인 우려의 문제이다.

이것은, 법적 지식이나 통찰력에 초점을 맞추는 것이 아니라, (법의 잠재적 불확실성을 쉽게 조작하지 않고) 법에 충실할 책임, (법관이 동의하지 않을 때조차도 입법부의 결정을 받아들이는) 적절한 법제정권한을 기꺼이 존중하는 것, (법관이 공동체를 대표하지 않는 것이 아니라는 것을 보장하기 위한) 사회적 배경, (편견에 빠지지 아니하고 또 부패에 굴복하지 않는) 정직성과 성실성의 특성, (시민성을 보장하는) 선한 기질과 합리적인 품행, 드러난 지혜로움 등에 대한 그들의 수용태도에 더 많이 주의하면서, 법관들이 가장 주의깊게 선발되어야 한다는 경고이다. 법은 사람들을 통하여 말할 수 있을 뿐이다. 법관들은 판단력과 지혜 그리고 성격을 지닌 개인이어야 하며, 그렇지 않으면 법은 그 결과에 대해 둔감하고 사악하며 멍청하게 될 것이다. 법관의 성격과 지향이 법의 지배의 필수적 구성요소임을 처음 주장한 사람은 아리스토텔레스이다.

법관에 의한 지배의 전망이 긍정적 반응을 끌어낼지 혹은 부정적 반응을 끌어낼지의 여부는 특정 사회의 역사적 및 현재적 상황, 그리고 그 정치에 달려 있다. (비록 사라지고는 있지만) 혁명 전에 법관직을 매관매직하고 그것을 수익추구로 사용하던 관행이 집단적 기억에 깊은 상흔을 남긴 프랑스에서는, 법의 지배가 법관의 지배로 될 수도 있다는 생각은 악담일 것이다. 법원이 부패로 유명하게 된

인도네시아에서는, 이 관념은 질색할 것이다.[12] 종교적 강경파에 의해 법관이 지배되는 사법부가 헌법에 합치한다는 미명 하에 뉴스 공개를 차단하고 반대당원들을 투옥하며, 정치적 반대자에 대하여 비공개 재판을 행하였던 이란에서는, 이 관념은 놀라움을 낳을 것이다.[13] 사법부가 재산을 가진 엘리트들에게 우호적으로 보이는 라틴 아메리카의 몇몇 나라들에서는, 이 전망은 반동적으로 여겨질 것이다.[14] 오늘날 세계에서는 법관에 의한 지배의 전망이 당황스럽게 받아들여지는 훨씬 많은 사례들이 있다. 오늘날 현재의 Renquist 대법원이* 많은 의회법률을 무효화하고, 더 최근에는 동성애자의 취급과 사형제의 적용과 관련된 주 법률을 무효화하면서, 주와 연방정부의 각 권한을 공격적으로 재해석하고 있는 미국에서도, 법관에 의한 지배에 관한 커다란 우려가 있다. 법관에 의한 지배는 정치적 문제를 법의 문제인 것처럼 취급하고, 정치적 결정을 순수히 법적 해석이라는 위장 아래 감추면서, 책임지지 않는 엘리트에 의한 권한침해라는 유령의 모습을 취하고 있다.

법에 의한 지배와 사람에 의한 지배 사이의 비교에 관한 이 경고적 회의주의는 그것이 포착하는 차이를 거부하는 것이 아니라, 예리하게 묘사된 둘 사이의 비교를 거부하는 것일 뿐이다. 적용의 시점에서 규정은 인간이 이성과 통찰력 그리고 판단력을 주입하지 않

---

12) 이의 최근의 표현에 대해서는, "Indonesia's Corruption Assailed," in New York Times, 28 August 2002, World Business, section W에서의 Mark Baird 의 기사를 참조.

13) "Iran's President Trying to Limit Power of Clergy," by Nazila Fathi, *New York Times*, 29 August 2002, A 1, A 14; Tabari, "The Rule of Law and the Politics of Reform in Post-Revolutionary Iran."을 참조.

14) Jose Maria Maravall, "The Rule of Law as a Political Weapon," in *Democracy and the Rule of Law*를 참조.

 * 2005년 이후 John Glover Roberts, Jr.가 조지 W. 부시 대통령에 의해 지명되어 제17대 대법원장으로 재직 중이다(역자주).

고는 행할 수 없으며, 불성실한 개인의 손에서 완전히 남용되지 않게 할 수는 없다. 그러나 (정부공직자이든 법관이든) 사람들에게 상황에 맞게 관련된 규정체계를 따르거나 적용하도록 명하는 것과 그들이 원하는 대로 행동하거나 규정을 고려하지 않고 옳다고 생각하는 것을 행하도록 명하는 것 사이에는 커다란 차이가 있다. 이 커다란 차이는 법의 지배와 법에 의한 지배 사이의 비교에 의해 적절히 포착되며, 그것이 너무 많이 주장하기 때문에 그렇게 쉽게 그것을 못 쓰게 만드는 비판자들도 이 차이를 잊어서는 안 된다. 전 세계에서 헤아릴 수 없이 매일매일 법을 적용하는 의무를 성실히 준수하는 정부공직자와 법관들의 사례들이 있다.

10

국제적 차원

# 10
# 국제적 차원

역사학자인 폴 존슨(Paul Johnson)은 지난 천년이 떠맡았던 커다란 일은 국민국가 내에 법의 지배를 확립한 것이었고, 새로운 천년을 위한 계획은 국제적 혹은 전 지구적 차원에서 법의 지배를 구축하는 것이라고 하였다.[1] 첫 번째 계획은 진행 중인 일로 남아 있고, 두 번째 계획은 이제 금방 시작하였다. 예언하는 모험이기보다는 – 그러한 시간범위에서 한 번뿐 아니라, 무엇이든 가능하다 – 이 장은 앞의 장에서 제시된 세 가지 테마로 구성된, 국제적 차원에서 법의 지배의 현재 상태에 관하여 개관할 것이다. 이 제안은 불확실하고 때이른 상태의 문제인 것을 반영하여, 실험적이며 간결하다. 거의 모든 긍정적 신호로, 수반하는 의심의 이유가 있다.

일반적으로 낙관적인 이유로 시작해보자. 국제적 법조인들(법조인,

---

1) "Laying Down the Law," by Paul Johnson, *Wall Street Journal*, 10 March 1999, A22. 전통적으로 이해되는 "국제법"이라는 용어는 국가 간의 법을 의미하였지만, "전 지구적 법(global law)"은 전 지구적 무대의 모든 행위자를 포함한다. 저자는 국제법의 의미가 후자의 의미로 전환되고 있기 때문에, 이 용어들을 서로 바꾸어가며 사용한다.

학자, 실무가)은 다음을 반복하는 나쁜 버릇이 있다. "오늘날 전 세계에 걸쳐 상당한 다수의 정부들이 압도적으로 자주 국제법의 명령을 준수한다."[2] 나아가, ─유럽연합(European Union: EU)이나 북미자유무역협정(the North American Free Trade Agreement: NAFTA)과 같이 ─ 특히 점점 증대하는 일반적인 지역협정이 판단에 포함될 때에는, 이미 강한 인상을 주며 끊임없이 확장하는 문제들은 국제법에 의해 규율된다. 무역, 지적재산권, 상사거래, 은행, 외국투자, 장거리통신, 증권 등의 모든 요소들을 포함하는 전 지구적 혹은 다국적의 지역적 체제를 가진 상업적 영역에 대한 국제적 규율은 특히 적극적이다. 전 지구적 혹은 지역적 규정들, 규칙들, 혹은 원칙들은 또한 해양, 우주, 공해, 오존, 항공, 노동, 영토분쟁, 국경을 넘는 여행, 이주민이나 난민, 정치적 망명자, 외교관, 대량파괴무기, 전쟁행위 등에 초점을 맞추고 있다. 시민적, 정치적 및 인간의 권리들은 다양한 국제적 및 지역적 선언에서 명시적으로 제시되고 있다. 이 법적 장치들을 작용하고 집행하기 위하여, 국제사법재판소(the International Court of Justice: ICJ: the World Court), 국제해양법재판소(the International Tribunal for the Law of the Sea: ITLS), 세계무역기구(WTO)의 분쟁해결기구 및 상소기구, 국제투자분쟁해결센터(the International Centre for Settle of Investment Dispute: ICSID), 국제상사회의소의 국제상사재판소(the International Court of Arbitration of International Chamber of Commerce: ICC Court), 유럽사법재판소(the European Court of Justice), 중앙아메리카 사법재판소(the Central American Court of Justice), 유럽인권재판소(the European Court of Human Rights: ECHR), 아메리카 내부 인권재판소(the Inter-American Court of

---

2) Louis Henkin, *How Nations Behave* (NY: Columbia Univ. Press 1979), p. 47.

Human Rights), 전유고 및 르완다 전쟁범죄재판소(the War Crimes Tribunals for Former Yugoslavia and Rwanda), 국제형사재판소(the International Criminal Court: ICC) 등 지난 수십 년간 많은 다양한 국제적 및 지역적 법원들이 창설되었다.3)

그리하여 전 지구적 법의 기반이 설치되고 있다. 점점 더 많아지는 문제들이 국제적 혹은 지역적 규제로 대처되고 있다. 대부분의 국가들은 훨씬 자주 대부분의 규제들을 준수한다. 재판소와 그 설치는 이러한 법제도를 위한 토론장을 제공하기 위하여 설치되고 있다. 이러한 토대구축은 국제공법(국가들 사이의 관계 및 인권에 관련된 법)과 국제사법(국적이 다른 사적 당사자들 사이의 관계에 관련된, 대부분 상사관계의 법)이라 불리는 모두에 나타나고 있다.4) 법제정의 기본적 근거와 형태는 다국 간의 혹은 양국 간의 협정(조약), 국제관습, 일반적인 공유된 원칙, 국제기구에서 발한 규정과 규칙(기관 혹은 재판소), 국제재판소의 판결, 모범법전과 계약, 사적 협정에서 널리 활용되는 표준적 용어, 국가적 차원에서 협력된 법제정 등인데, 이들은 국내적 및 국제적 법질서들 사이에 입안된 수렴이나 조화를 포함한다.5)

그렇지만, 위에 인용된 요소들에 중요성을 부여할 때에는 신중한 주의가 필요하다. 대부분의 법이 거의 대부분 준수된다고 함이 타당할 수도 있는 한편으로, 가장 강한 국가들과 덜 강한 국가들은 그들에게 가장 중요한 문제인 경우에는, 그들이 알고 있는 국가적

---

3) 이 법원들에 대한 우수한 개관은 Philippe Sands, Ruth Mackenzie, and Yuval Shany, *Manual on International Courts and Tribunals* (London: Butterworths 1999)을 참조.
4) "국제사법"은 또한 "법의 충돌"을 의미하기도 한다. 그렇더라도 여기서 저자는 설명된 넓은 의미로 사용한다.
5) Michael P. Malloy, "Bumper Cars: Themes of Convergence in International Regulation," 60 *Fordham Law Review* 1 (1992)을 참조.

이익을 위해 필요하다고 여기는 경우에 혹은 권력체제를 보존하기 위하여 미안하지만 그럼에도 불구하고 국제법을 무시한다. **정치적 현실주의**(Realpolitik)가 국제법의 예측가능한 주기둥으로 남는다. 더욱이 어떤 문제들, 특히 상업적으로 관련된 것들은 실제로 효과적인 국가 간의 합법화에서 뚜렷하게 성장하였지만, 인권과 같은 다른 문제들은 적어도 그것들을 거부하거나 존중하지 않는 나라들에서는 대부분 종이쪽이거나 상징적인 것들이다. 재판소 목록이 장황하지만 다루어지는 있는 그대로의 사건수는 여전히 상대적으로 보잘것없다(그러나 최근 몇 년간 특히 인권과 상사분야에서 빠르게 늘어나고 있다). 예컨대, 국제사법재판소는 연간예산 천백만 달러로 운영되고 설립 이후 백여 건의 판결을 선고하였다. 나아가 조정을 위한 공식적 메커니즘이 없이 따로따로 나뉘어져 있는 사건들을 다루기 위해 구성된 국제적 및 지역적 법원이 확산되는 것은, 나타나는 비체계적인 뒤섞인 법제도들이 잠재적으로 모순되거나 충돌하는 법체계와 결과로 경쟁하거나 중복되어 운용될 조짐이 있다.[6]

이 우려들은 극복해야할 장애물을 알고 있는 국제적 법조인들에 대한 신뢰를 떨어뜨리지는 않는다. (적어도 장기적으로는) 긍정적인 결과가 필연적이라는 것을 꾸준히 제시하는 것은 이 집단에 의해 그 실현에 필요한 촉진적 발걸음으로 이해되고 있다. 그들의 낙관주의가 지지될 것이라고 생각하는 가장 강력한 하나의 근거는 경제의 전지구화라는 외견상 저항할 수 없는 오늘날의 현상이다. 기술, 통신, 미디어, 상품과 사람의 운송, 재정수단과 시장 등의 발달은 이전에는 볼 수 없었고 이제는 그것 없이는 상상하기 어려운 방법으

---

6) 일반적으로는 Jonathan I. Charney, "Is International Law Threatened by Multiple International Tribunals?," 271 *Recueil Des Cours* 101 (1998)을 참조. Charney는 이 문제들에도 불구하고 상당한 일관성이 있다고 결론짓지만, 완전하지는 않다.

로 전 세계를 연결하였다.[7] 이 글로벌화의 많은 징표들 중의 하나인 거대한 다국적 기업은 이제 사실상 혹은 하나의 국적이나 충성심 없이 전 세계에 걸쳐 생산하고, 조립하며, 분배하고, 시장거래하며, 사무실을 두고 판매한다. 다국적 법적 기반이 이 경제적 글로벌화와 함께 신속히 발전하고 있다.

## ∘∘● 법에 의해 제한되는 주권

전 지구적 차원에서의 법은 국민국가의 맥락에서의 법의 지배로 쉽게 유추하는 것을 혼란시키는 독특한 특성을 가진다. 국제공법체계는 개념적으로 주권적인 국가들의 관계에 의하여 구성된다. 거기에는 입법부나 행정부가 없다. (국가가 반대하지 않았던 보편적인 원칙, 국제관습법 등의) 제한적인 예외가 있지만, 특정의 주권국가에 적용되는 법제도는 그 국가가 적용될 수 있는 것으로 선택하여 수용한 것들뿐이다. 대부분의 국제재판소들은 (비록 특정조약체제가 강제관할을 포함하더라도) 분쟁에 관련된 국가가 사건을 심리하도록 허용한 경우에만 사건을 심리하는 관할을 가진다는 동의에 근거하여 운용된다. 제재를 집행할 현존의 효과적인 제도화된 기구가 없어서, 불리한 결정을 준수하는 것은 때때로 패한 당사자의 신의성실이나 이기심에 남겨진다. 준수하지 않는 경우에는 특수한 제재가 요구되어 부과되기도 하지만, 패한 당사자는 순응하지 않고 이러한 결과를 자초할 수도 있다. EU와 같은 지역적인 장치들은 상기한 것들과 유사

7) 일반적으로는 Martin Albrow, *The Global Age: State and Society Beyond Modernity* (Stanford, Calif.: Stanford Univ. Press 1996); Tamanaha, *A General Jurisprudence of Law and Society*, pp. 120-128을 참조.

한 몇몇 특징을 가지면서 기타 요소들에서는 일반 국민국가와 좀 더 비슷한 중간적인 형태이다.

국제공법이 스스로의 권리를 갖는 모든 군주인 개인들의 공동체로 그려진다면, 그것은 기속되기로 동의하는 개인에게만 특정의 여러 법체계들이 적용되는 그러한 것이다. (모두에게 적용되는 몇 개의 보편적 원칙들을 제외하고는) 어떤 개인에게는 적용되고 다른 어떤 개인에게는 적용되지 않는 서로 다른 법체계들이 있다. 어느 특정 개인은 재판소에 제소되기를 거부할 수 있고, 그 재판소가 관할을 행사하더라도 재판소결정을 나중에 무시할 수 있다. 이렇게 기술하면 그것은 최소한으로 말하여 이상하게 들린다. 그러한 공동체에서는 법이 법으로서의 지위 때문에 존중되어야 한다는 호소력 있는 윤리의 가능성을 제쳐두고, 개인들은 그렇게 하는 것이 자신들의 이익에 부합할 때 그리고 그 경우에만 법에 기속되는 데에 동의할 것이며 또 준수할 것이다. 또한 타인을 두려워하거나 필요하지 않는 가장 강력한 개인들은 법적 제한을 고려하지 않고 행동하는 가장 큰 권한과 동기를 가질 것이다.

실제의 국제공법은 이 시나리오가 예측하는 것과 유사하다. 주권에 대한 국제적인 법적 제한은 명확히 전 지구적 경제가 사실상 모든 국가의 경제적 번영에 영향을 미치기 때문에, 상사영역에서 가장 효과적으로 작용한다. 국가들은 꺼림칙해 하면서도 자발적으로, 그렇지 않은 경우에는 완전히 참여하도록 허용하지 않았을 이 법적 제한을 스스로 부담한다. 다른 국가에 의해 부과되는 경제적 제재는 일치되는 경우에는 고통을 줄 수 있으며, 그러므로 불리한 결정을 준수하도록 하는 데에 도움이 될 수 있다. 꼭 들어맞지는 않지만, WTO 분쟁해결기구(Dispute Settlement Body)는 당사자의 동의에 따르지 않는 강제관할을 행사한다.

강력한 국가가 기꺼이 법의 지배를 무시하는 최상의 사례는 전 세계에서 현재 유일한 초강력 권력인 미국이다(또한 국제공법의 확립에 중요한 기여자로 일반적으로 신뢰받기도 한다).[8] 어김없이 인용되는 사례는 1980년대 중반 니카라과에 의하여 국제사법재판소에 제소된, 미국의 군사행위의 합법성을 다투는 소송을 포함한다. 미국은 관할에 대한 동의를 철회하고 있다는 것을 재판소에 통지하였다. 이에 대응하여 재판소는 철회가 시의적절하지 않고 관할이 적절하다고 결정하고, 사건을 심리하는 절차를 진행하였다. 이에 대해 미국은 용감하게 출석을 거부하였다.[9] 좀 더 최근의 사례에서, 영사관의 통지를 요하는 현안인 외국의 국제법의 준수를 이행하는 것을 중지한 국제사법재판소의 결정이 미국연방대법원에 의해 존중되지 않았다. 미국행정부는 국제사법재판소의 임시적 명령이 기속적이지 않다는 입장을 취하였다. 전 세계의 국제변호사들과 해설자들로부터 비난을 야기하면서[10] 이행은 계속되었다. 최근의 미국주도의 이라크침략에 대한 고도의 다툼의 여지가 있는 합법성, 부시 대통령의 선제적 자기방어 독트린 등은 그렇게 원할 때에는 언제든지 국제법을 업신여기는 국가로 미국 국외에 이미지를 굳히고 있다.

미국만이 그러한 행동을 보여주는 것은 아니다. 그러므로 전 지구적 차원에서 주권에 대한 법적 제약에 의하여 법의 지배를 실현하는 것에 관한 의심은 이해할 만하다. 특히, 많은 국제변호사들은 "국제적인 재판에서 법의 지배에 대한 기본적인 한계는 그 자발적

---

8) John Quigley, "The NewWorld Order and the Rule of Law," 18 *Syracuse Journal of International and Comparative Law* 75 (1992)를 참조.

9) *Nicaragua v. United States*, 1984 ICJ 22 (26 November).

10) Bruno Simma, "International Adjudication and US Policy–Past, Present, and Future," in Norman Dorsen and Prosser Gifford, eds., *Democracy and the Rule of Law* (Wash., DC: CQ Press 2001), pp. 554–555를 참조.

성질이다."라고 말하고 있다.11) 국가들은 알려진 바의 불법행위에 답변하기 위해 법원에 소환되기 전에 동의해야 한다면 효과적으로 국제법에 기속될 수 없다. 대부분의 국가들이 훨씬 자주 준수한다고 반박하는 것은 전혀 설득적이지 않다. 왜냐하면 그것은, 이 법의 지배라는 테마의 주안점이 강하고 탐욕스러운 나라들을 억제하는 경우에, 약하고 고분고분한 나라들에 관하여 주로 적용하는 것을 강조하기 때문이다. 로크의 분석에 따라 말하면, 국제법을 무시하거나 받아들이기를 거부하는 나라들은 필요하다고 여길 때에는 언제나, 다른 나라들에 비해 그들 스스로의 사건들을 본질적으로 자신들의 이익에 치우친 방법으로 판단하는 성질을 가진 상태에 있다.

이것이 법의 지배와는 거리가 멀다는 결론은 거의 필수적인 듯 보이지만, 너무 천박한 것이다. 여기 그 이유가 있다. (강력하고 불량한 나라들을 포함하여) 대부분의 나라들이 매우 자주 국제법을 준수한다는 것은, (대개는 정치적 혹은 경제적 결과에 직면하는) 효과적인 제도적 제재의 위협이 없는데도 그것이 그들에게 중요한 경우를 제외하고는, 대략 법의 지배전통이 취하였던 중세시기의 주권에 관한 시나리오이었다. 그 상황 하에서의 군주와 비슷하게, 오늘날의 주권국가가 국제법을 위반하는 경우에, 그럼에도 불구하고 그들은 그들의 행동을 법과 모순되지 아니하는 것처럼 해석하려고 모든 노력을 기울인다. 그 노력은 법이 기망되고 있는 경우에조차도 법이 중요하다는 것을 인정하는 노력이다..

위의 논의는 주권적 실체로서의 국가에 대한 법적 제한과 관련된다. 국제적 차원에서 주권에 대한 성질상 다른 종류의 법적 한계는, 정부지도자들로 하여금 특히 터무니없는 행위에 대해 개인적으로

---

11) Jean Allain, *A Century of International Adjudication: The Rule of Law and its Limits* (The Hague: TCM Asser Press 2000), p. 7.

책임지도록 하고 있다. 이것은 상대적으로 새로운 발전인데, 그 선례는 제2차 세계대전 이후 이어졌던 뉴렘베르크 재판(the Nuremberg trials)에 의해 확립되었다. 형사처벌하고 억지력으로 기여하기 위하여, 전유고 및 르완다 전범재판소(the War Crimes Tribunals of Former Yugoslavia and Rwanda)와 국제형사재판소(the International Criminal Court)는 대량잔학행위, 무엇보다도 인종학살과 인간성에 반하는 범죄를 저지른 정부공직자들이 형사기소를 행하기 위해 설치되었다. 현재 인민들에 대한 잔혹한 범죄의 책임을 벗어난 지도자들의 명단은 답변하도록 소환된 소수의 사람들을 훨씬 넘어서지만, 국제형사재판소는 (미국이 격렬히 서명하기를 거부한 채로) 가까스로 창설되었다.

## ◦•• 형식적 합법성

일반성의 성질, 적용의 평등성, 명확성 등을 가진 공개적이고 장래효를 가진 규정을 요하는, 법의 지배를 둘러싼 두 번째 의미묶음과 관련하여, 국제적인 법적 규율에 특유한 여러 문제들이 간략하게 확인될 것이다. 이것과 법의 지배에 관한 다음의 견해들은 국제공법과 국제사법의 맥락 모두에 적용된다. 첫째로, 앞 절에서 언급된 상황과 좀 더 일반적으로 권력과 정치가 국제법에 영향을 미치는 데에서 하는 역할은 법적용의 평등성과 법의 확실성에 대해 상반되는 의미를 갖는다.

둘째로, ―특수한 주안점을 가진 조약을 통해 따로따로 창설된 법의 결과이자, 다국 간의 상사법이 사실상 사적인 계약당사자들에 의해 창설된다는 사실의 결과인― 조정되지 않은 재판소들의 확산과 주제전문적 노선을 따른 국제법의 분산은 적용의 평등성과 명확성을 손상시키면서, 일관성 있고 논리정연하게 이미 제기된[12] 문제들을 낳는다. "모든 새로운 조약, 국제기구의 결정, 국제적인 재판소와 그 판결들을 잘 아는 것은 가능하지 않다."[13] 환경문제가 무역거래에서 복잡한 경우와 같이, 일관성을 위한 특수한 복잡성이 별개의 조약당사국들 사이의 중복영역에서 제시된다. 국제법은, 주어진 상황이 충돌하는 법규정체계들에 의해 잠재적으로 규율되고 상반된 정책에 따른다면, 예측가능성을 촉진하지는 않을 것이다.

셋째로, 국제법 적용의 절차는 언제나 투명한 것은 아니다. 예컨대 WTO분쟁 해결결정은 비공개 비밀청문에서 행해진다.[14] ICC에 의한 중재결정은 일반적으로 공간되지 아니한다. ICSID의 그것은 당사자들의 동의 하에서만 공간된다. 불투명성은 형식적 합법성의 공개요소와 모순되고, 적용의 평등성을 감시하는 것을 불가능하게 하며, 지속적 해석에 기한 명확성의 발전을 억제한다.

넷째로, 명확성, 논리정연함 및 적용의 일관성은 국가의 법제도와 국내법원들이 계획된 혹은 계획되지 않은 많은 방법으로 국제공법 및 국제사법과 상호작용한다는 사실에 의해 만들어진다. 국내법원들은 국가 간 혹은 다국 간의 법 그리고 재판소와 중재기구의 판결들을 해석하고, 그 역도 마찬가지이다. 국내 법제도들은 국가 간 혹은 다국 간의 법을 구체화하고, 참조하며, 의거하고, 조화시키며, 무시하고, 반박하며 때때로 무효화하며, 그 역도 마차가지이다.

---

12) Benedict Kingsbury, "Foreword: Is the Proliferation of International Courts and Tribunals a Systemic Problem?," 31 *New York University Journal of International Law and Politics* 679 (1999)를 참조.

13) Philippe Sands, "Turtles and Torturers: The Transformation of International Law," 33 *New York University Journal of International Law and Politics* 527, 548 (2001).

14) Michael J. Trebilcock, "Post-Seattle: A Qualified Defense of the WTO and an Unqualified Defense of the International Rule of Law," in *Democracy and the Rule of Law*, pp. 326-327을 참조.

형식적 합법성에 관련된 마지막 문제는, 의도에 따르면 원래 국제법이 지향하는 것은, 때때로 엄격한 규정지향에 의하여서보다는 타협에 의하여 훨씬 더 증진될 수 있는 목표인, 주권국가들 사이의 평화를 유지하는 것이었다. WTO의 전신인 GATT 하에서는 분쟁은 당사자들의 협상을 포함하는 회유적인 방법으로 해결되었다. 이 지향의 몇몇은, 비록 실제상 판결들이 형식적으로 훨씬 더 법적으로 되기는 했지만, 분쟁해결기구(Dispute Settlement Body)라 이름 붙여진 WTO재판소로써 새로운 장치로 이전되었다. 나아가 국제사법재판소에 제소된 분쟁들이 "빈번히, 일거에 해소하는 법적 결정을 내리기보다는 분쟁을 해결하는 것에 더 높은 우선권을 주는 것이 이해할 만하다고 할 만큼 충분히 위험하다."고 주장되어 왔다.15) EU에서는 회원국들의 인권위반에 관한 소송을 다룰 때 받아들일 수 있는 해결책을 찾기 위한 혼신의 노력을 기울인다. 다양한 국제법적 맥락에서는 모든 당사자들에게 만족스러운 방법으로 분쟁을 해결하는 데에 우선권이 주어진다. 이것들은 일반적인 규정적용이 언제나 가능하지는 않은, 상황에 특유한 장치들이다. 문제가 된 것을 고려하고, 제기된 분쟁의 정치적 성격을 고려하며, 많은 것들이 자발적 준수에 의존함을 고려하면서, 규정에 충실한 것이 언제나 우선적인 가치가 되어서는 안 된다는 것은 의미가 있다. 이 지향은 사실 신중한 이유들이 없었다면, 형식적 합법성의 성취를 손상시킨다.

---

15) Kingsbury, "Foreword: is the Proliferation of International Courts and Tribunals a Systemic Problem?," p. 694.

## ∘•• 사람이 아닌, 법의 지배

법의 지배의 주요 관심사는 세 번째 의미묶음에 관하여 국제법적 영역에서 나타난다. 이는 법관들 그리고 좀 더 일반적으로 법무 공직자들 이 편견없는 방법으로 법을 해석하고 적용하여야 한다는 관념이다. 첫 번째 난관은 국제적 변호사들이 대부분의 나라들의 법체계에 스며드는 같은 깊이와 정도로 직업적 전통과 문화를 공유하지 못한다는 것이다.16) 국제법에 참여하는 자들이 서로 다른 법적 전통 ─ 로마법, 보통법, 사회주의, 이슬람 등 다양한 다른 유형과 혼합들─ 으로 교육받았다는 것이 달리 주어지기를 기대할 수 없었다.17) 한 비교를 확인하면, 로마법체계의 좀 더 적극적인 심문판단 모델(the inquisitorial judging model)은 보통법상의 대립당사자주의의 중립적 심판관판단 유형(the neutral-umpire judging style)과 확연히 다르다.18) 대부분의 국제적 변호사들은 교육과정에서 그리고 이후의 실무과정에서 그 자체의 공유된 지식체계를 가진 국제법을 전공한다. 여전히 접근법과 태도에서 명백한 차이는 국제법이 어떻게 이해되고 해석되는지에 영향을 미친다.

앞장에서 지적한 바와 같이, 공유된 법문화는 예측가능성과 명확성을 고양하여 법관으로 하여금 판결에 훨씬 책임질 수 있게 해주어, 법적용의 맥락에서 불확실성을 감소시킨다. 그리하여 두텁고 널

---

16) Detlev F. Vagts, "The International Legal Profession: A Need for More Governance?," 90 *American Journal of International Law* 250 (1996)을 참조.
17) Konrad Zweigert and Hein Kotz, *An Introduction to Comparative Law* (Oxford: Clarendon Press 1992)를 참조.
18) 직업적 법문화에서의 다른 차이는 David M. Trubek, Yves Dezalay, Ruth Buchanan, and John R. Davis, "Global Restructuring and the Law: Studies of the Internationalization of Legal Fields and the Creation of Transnational Arenas," 44 *Case Western Reserve Law Review* 407 (1994) 에서 논의되고 있다.

리 보급되어 있는 공유된 법문화는 개인이 우연히 법관으로 되는 사건의 결과가 바뀌지 않는 것을 보장하는 데에 도움이 된다. 최근 수십 년간 국가 간 및 다국 간의 법제도와 실무가 급격히 성장하는 것, 글로벌 로펌의 등장, 외국의 선진적 법교육을 받는 실무의 증대,[19] 학문적 전문성으로서 (특히 사법적인) 국제법의 고착화와 강화된 위신 등으로부터 판단하건대, 성숙한 국제적 법문화는 결국 이 문제를 해결하면서 발전할 가망이 있다. 그렇지만, 국제적인 법전문가는 현재 서구에서 교육받은 변호사들에 의해 지배되고 있다. 이 장의 결론부분에서 언급된 이유에서, 그것이 널리 영향을 받고 대표될 수 있도록 하기 위하여 전 세계로부터 참여자를 모으는 것이 중요하다.

이 법의 지배의 요소에 대한 좀 더 말썽스러운 위협은 국제법 재판소에 특유한 특성에 의해 제기된다. 국제사법재판소, 국제해양법재판소, 유럽인권재판소 등을 포함하는 많은 수의 이 재판소들에서는, 당사자들은 사건을 판결할 재판부에 재석할 자기나라 출신의 재판관을 가질 권리를 갖는다. 자기나라로부터 재판관이 가능하지 않으면, 당사자는 그 사건에만 재석하는 임시재판관을 임명할 수도 있다. 재판부에 국가적 대표를 두는 것은 역사적 근거가 있다. 일찍이 당사자들은 그들의 국가적 이익이 중대하게 다루어지기를 보장하기 위하여 이 규정을 포함함으로써, 국제적인 분쟁을 해결하기 위한 중재에 응하였다. 이 장치는 국제재판소에 일반적인 것으로 되었다. (WTO가 모든 당사자가 달리 동의하지 않는 한, 분쟁당사자의 국가 출신인 시민이 사건을 심리하는 것을 금지하는 주목할 만한 예외이더라도)

---

19) Mary Daly, "Thinking Globally: Will National Borders Matter to Lawyers a Century From Now?," 1 *Journal Institute to Study Legal Ethics* 297 (1996)를 참조.

놀랄 것 없이, 국제재판소에 재판관을 임명하는 과정은 "지극히 정치적"으로 되었다.[20]

재판부에 있는 "한 국가의" 재판관의 공정성에 관한 명백한 문제가 제기된다. 사실 재판관의 역할에 대한 함축적 구성요소는, 이들이 법에 따라 사건을 판결한다고 언급되는 반면, 그들을 임명한 당사자들의 수호자로 행동하는 것으로 보인다. 이 두 역할 사이에 긴장이 있다. 더욱이 그것은, 재판관이 사건의 당사자 편이든 반대이든 치우치지 않아야 한다는, 법의 지배를 뒷받침하는 기본관념에 모순된다. 임시재판관은 재판부의 통상적 구성원이 아니어서 재판관의 역할에 요구되는 중립적 입장에 덜 익숙할 것이기 때문에 특히 의심스럽다. "당사자가 선택한 재판관은 그들로부터 진정으로 독립하지 못하고 자연히 지시나 명령을 받는다고 추정되기 쉽다."[21] 국제사법재판소 판결에 대한 경험적 연구는 재판관들이 (그렇게 과도하지는 않더라도) 불균형하게 출신국가에 호의적으로 판결하는 경향이 있는 패턴을 보여주었다. 이 패턴은 임시재판관에게 더 그러하였다.[22] 이 재판관들은 옹호할 수 없는 입장에 놓여 있다. 객관적인 판결을 내릴 능력을 가진 데에 자부심을 갖는 재판관들조차도, 그 중립성 의무에 적합하도록 주도면밀하게 보이기 위하여, 자기출신국가의 입장을 극히 비판적으로 심사하고자 유혹될 수도 있다. 어떤 사건이든, 외부적인 비법적 고려는 이 재판관들의 판결에서 중

---

20) Ruth Mackenzie and Philippe Sands, "International Courts and Tribunals and the Independence of the International Judge," 44 *Harvard International Law Journal* 271, 278 (2003).
21) Vagts, "The International Legal Profession: A Need for More Governance?," p. 258.
22) Gilbert Guillaume, "Some Thoughts on the Independence of International Judges Vis-à-Vis States," 2 *Law and Practice of International Courts and Tribunals* 163 (2003)을 참조.

요시된다. 세 번째 의미에서 법의 지배의 성취는 국제적인 사법재판소의 구상에서 정치에의 양보에 의해 훨씬 더 애매하게 행해진다.

마지막 우려는 재판관과 중재자의 개인적 이익의 판결에 대한 영향과 관련이 있다. 이 문제는 사적 당사자 사이의 국제중재에서 가장 첨예하다. 중재자들은 그들이 결정하는 사건에서 당사자나 그 변호인과 같은 범주의 다국 간 상사업무 출신이자 다시 거기로 복귀하기 쉽다. "이것은 중재자가 과거에 자신을 자주 고용하였고 장래에 다시 그렇게 할 수 있는 당사자(혹은 변호인)에게 호의적일 수 있다는 의심을 불러일으킨다."[23] 이러한 우려를 종합하면, 몇몇 형태의 중재에서는(가장 눈에 띄는 것으로 ICSID) 각 당사자는 이제 국가적 편견보다는 개인적 이익의 관점에서, 앞 단락에서의 모든 우려들을 새로이 불러일으키는, 한 중재자를 택한다(그리고 제3자에 동의한다). 국제적 재판관들은 보통 상대적으로 짧은 임기로 임명되거나 시간제 재판관으로 활동한다. 이는 다시 그들이 과거에 교류했거나 가까운 장래에 그렇게 할 수도 있는 당사자나 변호인을 차지할 수 있다는 것을 의미한다.[24] 이 중 어느 것도 이러한 상황에 있는 중재자와 재판관이 꼭 부패하다고 하는 것은 아니며(몇몇 국내재판관과 중재자들은 비슷한 조건에서 일한다), 주재하는 개인의 중립성을 위태롭게 할 수도 있는 부적절한 유혹이 다시 법의 지배를 희생하여 작용한다는 것을 말해주고 있다.

국제적 재판관이 편견없는 방법으로 활동하는 능력에 관하여 주

---

23) Vagts, "The International Legal Profession: A Need for More Governance?," p. 258.

24) Philippe Sands, "Introduction: Papers Presented at the Villa La Pietra Symposium on the Independence and Accountability of the International Judge," 2 *Law and Practice of International Courts and Tribunals* 3, 4 (2003)를 참조. 이 심포지엄의 간행물은 국제적 법관의 독립에 관한 쟁점을 고찰하는 많은 논문들을 포함하고 있다.

저주저하는 것은 제8장에서 언급된 국내정치의 사법화 과정이 국제적 영역에서도 마찬가지로 관찰된다는 것이 인정될 때 국제적 차원에서 더 커진다. "국제적 판결은 그 자체로 국가들의 정치적 통제를 벗어나며 사실상 새로운 국제적 행위자인 국제적 사법부의 손에 놓여진다."[25] 국제적 및 국내적인 정치적 이해관계에 영향을 미치는 판결을 내리는 책임질 수 없는 멀리 떨어진 엘리트의 위험은 명백하다.

### ∘•• 모두를 위한 국제법

진정한 국제적인 법의 지배의 발전에 대한 가장 큰 장애물은 아마도 위에서 확인한 특수한 문제들 중의 어느 하나에 있는 것은 아니다. 이 모두는 해결될 수 있거나 치유될 수 있다. 국민국가를 위한 법의 지배의 역사적 발전을 뒷받침하는 일관된 준비는, 법이 인민에 의해 만들어져서, 정당하고 그리고/혹은 전체 공동체의 선을 위한 것이라는 지지할 만한 믿음이었다. 이 특성은 법을 존중할 만한 것으로 만드는 것이다. 1990년대 후반에 심각한 좌절을 맛보았던 너무 과장광고된 "아시아의 기적"에도 불구하고, 오늘날 세계에서는 부국들이 더 부유해지고 빈국들이 더 가난해지고 있다. 30억 명의 사람들이 하루 2달러 미만으로 살아가고 이들 중 12억 명은 그 절반으로 살아간다. 20억 명의 사람들은 전기가 없고, 15억 명은 안전한 물이 없다.[26] 이에 비교하여 서구의 상태는 극단적으로 호

---

25) Sands, "Turtles and Torturers," p. 555.
26) Ko-Yung Tung, "The World Bank's Role in a Global Economy," in *Democracy and the Rule of Law*, p. 330.

화스럽다.

국제적인 법제도는 세계의 나머지 나라들에게, 서구에 의해 유지된 이익을 영구화하는 데에 우선적으로 기여하는 서구의 발명품이자 도구로 인식될 실질적인 위험이 있다. 국제적 영역에서 뻔뻔스럽게 자기이익적이고 위선적이며 힘에 기한 서구의 행동들은 이러한 의심을 부추기고 있다. 사례들은 매우 많다. 서구국가들은 자유무역의 장점을 주장하지만 자국의 농민을 지원하기 위해 대규모의 보조금을 지급하고, 그러면 이들은 과잉생산하여 국제시장에서 가격 이하로 덤핑판매하여 이미 가난하게 된 개발도상국가들의 농민들을 쓸어버리고 분노의 반발을 사고 있다.[27] 서구국가들은 WTO의 범위에 그러한 보조금을 포함하기를 거부하고 있다. 세계은행(World Bank)과 국제통화기금(IMF)은 교부금이나 대여를 원하는 나라들에 고통스럽고 정치적으로 불안정하게 하는 경제적 족쇄라는 구속복을 강요하였다. 이 족쇄는 서구나라들은 스스로에게는 행하지 않으며,[28] 그들의 주권을 침해하는 것으로 거부하고 있다. 공해를 감축시키고 우림의 파괴를 늦추기 위한 다양한 제약들을 실행하기 위한 국제적 노력들은, 서구나라들이 스스로의 개발의 길에서는 지키지 않았던 제한을 부과하려고 애쓰면서, 마지막으로 산업화과정을 시작한 나라들을 난처하게 만드는 시도로 받아들여지고 있다. 국제적인 노동규제들은, 생산가격을 올림으로써 비서구국가들의 값싼 노동자들과의 경쟁으로부터 서구의 노동자들을 보호하기 위해 고안된 수단으로 받아들여지고 있다. 대다수 서구국가인 UN 안전보장이사회의 상임이사국들은 국제공동체의 결정에 대하여 거부권

---

27) Editorial, "The Unkept Promise," *New York Times*, 30 December 2003, A20을 참조.
28) Joseph E. Stiglitz, *Globalization and its Discontents* (New York: W. W. Norton 2002)를 참조.

을 가지고 있다. 인권조차도 의심받고 있다. "인권과 인권기구를 서구의 문화적 제국주의의 형태라고 여기는 많은 나라들이 있다."[29]

지속적인 국제적 법의 지배가 있어야 한다면, 전체 국제공동체의 이익을 반영하는 것으로 이해되어야 한다. 그렇지 않으면 국제법이 지배할 만한 가치가 있다는 필수적인 믿음을 널리 확립할 전망은 거의 없을 것이다.

---

29) Ratna Kapur, "Neutrality and Universality in Human Rights Law," in *Democracy and the Rule of Law*, p. 390.

# 11

인간의
보편적인 선인가?

# 11
# 인간의 보편적인 선인가?

이 책의 서두에서 자유주의적 및 비자유주의적 사회로부터, 개발된 국가와 개발도상에 있는 국가로부터, 정치인, 정부공직자, 정치학자와 법학자, 기업경영자, 개발전문가, 세계은행과 국제통화기금 그리고 전 세계의 많은 다른 사람들이 법의 지배를 전 세계적인 이익을 주는 것으로 장려하고 있다고 언급하였다. 4반세기 전에 유명한 마르크스주의 역사학자 E. P. 톰프슨(E. P. Thompson)은 영국의 자유주의에 대한 상세한 역사적 연구에 이어서 법의 지배가 무조건적인 보편적 선이라고 선언하였을 때, 극좌파들 사이에서 격렬한 학문적 논란을 불러일으켰다.[1] 그들 영웅 중의 한 사람으로부터 나왔으나, 동료 맑스주의자들은 이 결론을 거의 반역으로 여겼다. 톰프슨은 법이 지배계급의 이익에 봉사하며, 법관들이 지배계급으로부터 선발되어 그 계급에 아낌없이 편든다는 것을 인정하였다. 영국의 자유주의적 법은 중립성을 가장하여 많은 부정을 감추고 강화

---

[1] E. P. Thompson, *Whigs and Hunters: The Origin of the Black Act* (New York: Pantheon Books 1975).

하였다. 그러나 그것이 전부의 이야기는 아니다. 그는 또한 법에 의해 기속된다는 이데올로기가 군주든 부자든, 권력을 가진 자들에 대해 제한하는 효과를 가졌다는 것을 발견하였다. 그들은 법에 의해 기속된다고 주장하였고 이 주장의 결과는 그들과 그들을 둘러싼 타인들이 이 주장을 신뢰하고 그에 기하여 행동하게 되었기 때문에, 그들을 법적 제한 내에 두는 것이었다. 수사적 언어표현이 현실이 되었다. 이를 염두에 두고 톰프슨은 법의 지배가 "보편적 중요성을 지닌 문화적 성취"라고 결론지었다.2) 법이 때때로 지배와 불평등을 영구화하는 데에 공범이었던 만큼, 톰프슨은 그럼에도 불구하고 "법의 지배 자체는 나에게는, 권력에 대하여 효과적인 금지를 부과하고 모든 것에 개입하는 권력의 주장으로부터 시민을 방어하는 것으로, 무조건적인 인간의 선이라고 생각된다."3)

법의 지배가 첫 번째 의미묶음인, 법에 의해 제한되는 정부를 의미한다고 이해되는 경우에는, 톰프슨은 그것이 인간의 보편적인 선이라고 하는 것이 타당하다. 최초로 중세에 확고히 확립된 이 생각의 유산은 자유주의 이전부터 존재하였다. 그것은 본질적으로 자유주의적 사회 혹은 자유주의적 정부형태와 관련되어 있지 않다. 모든 사람은, 어디에 살든 누구이든 가리지 않고, 정부공직자가 성문의 법을 준수한다는 의미에서 그리고 법제정권한에 한계가 있다는 의미에서 언급된 두 의미에서의 법적 구조틀 내에서 권한을 행사한다면 훨씬 나을 것이다. 이 주장에 반대하는 사람들은 정부가 공동체의 연장이며, 그래서 그로부터 보호하는 것은 불필요하지는 않지만 정부권력의 시혜적인 행사를 금지할 것이라고 주

---

2) Ibid., p. 265.
3) Ibid., p. 266. 좌파로부터의 비판적 반응에 대해서는, Morton Horwitz, "The Rule of Law: An Unqualified Human Good?," 86 *Yale Law Journal* 561 (1977)을 참조.

장하였다.4) 이 주장은 위험스럽게도 순진하다. 오늘날 어디에서도 정부가 곧 인격화된 공동체라는 것은 그럴 듯하게 주장될 수 없다. 국가체제와 그 현대적 형태인 정부는, 애초에 서구의 발전이었고 그 후 식민화와 모방에 의해 번져나간, 수세기도 되지 않은 상대적으로 최근의 발명품이다.5) 그러한 것으로서 정부는 공동체의 연장이었던 적이 없고, 최소한 정치학자들의 상상물 밖에 있었던 것이 아니라, 오히려 어디서든 적극적으로 권한을 행사하는 국가 메커니즘을 구성하는 집중된 권력의 제도화된 기제이었다. 오늘날 자유주의 사회와 비자유주의 사회에서 전 세계에 공통적인 상태인, 사회적, 문화적, 인종적, 도덕적 혹은 종교적 다원주의의 상황에서는 하나의 공동체만 존재하지 않기 때문에, 정부는 공동체의 연장일 수가 없다. 더욱이, 분리된 집단들 사이의 경쟁으로 특징지어지는 다원주의적 상황에서는, 정부기구들은 사회의 하부공동체 중의 하나에 장악되고 타인들을 억압하기 위하여 적용될 것이라는 높은 위험이 있다. 수차례 언급되었지만, 현실은 사회의 사람들이 그 과실을 기대하고 행하는 만큼 정부공직자들에 의해 행사되는 권력을 두려워할 충분한 이유가 있다는 것이다.

법의 지배에 관한 이러한 이해에 관하여 본질적으로 개인주의적인 것은 아무것도 없다. 그것은 개인주의적 지향이 널리 퍼지는 경우에 개인을 보호하는 것처럼, 공동체주의적 지향이 널리 퍼진다면 정부의 억압으로부터 공동체의 완전성을 지킬 것이며, 다원주의의 상황에서는 양자 모두 보호할 것이다. 정부에 대한 법적 제한은 사회와 그 정치제도가 낳은 제한이다. 중세에 존재했고 오늘날 많은 이슬람 사회에 존재하는, 종교에 흠뻑 젖어있는 사회, 혹은 관습이

---

4) Morton Horwitz, "The Rule of Law: An Unqualified Human Good?,"을 참조.
5) Finer, *The History of Government*, Chap. 7을 참조.

여전히 지배적 사회세력인 사회는, 실정법과 그리고 법제정권한에 대한 제한이라는 두 가지 의미에서, 정부공직자에 대하여 이 사회문화적 입장을 존중하고 옹호하는 법적 제한을 둘 것이다.

실정법의 실질적 부분이나 (권리장전과 같은) 법에 대한 제한이 널리 인식된 입장과 충돌하는 방식으로 서구사회로부터 비서구문화로 이식될 때에는 매우 복잡해진다. 이 같은 상황에서는 배경이 되는 도덕과 법 사이의 짝지우기를 가정하는 (드워킨의 그것과 같은) 서구이론은 분명히 부적절하다. 법은 사회의 도덕성과 짝지어지지 않을 것이며, 포괄하는(overarching) 일관성이 있을 수 없을 것이다. 주의 깊게 억누르는 것 이외에 이 같은 상황을 다루는 표준적인 방식은 없을 것이다.

몇몇 아시아 사회의 지도자들은 그들의 공동체적 문화에 반하여 개인주의를 지향하는 것으로서 서구로부터 유래한 권리장전이나 인권선언에 반대를 제기하여 왔다. 많은 이슬람 지도자들은 서구 자유주의 사회를 "물질주의적이며, 부패하고, 퇴폐적이며, 부도덕하다고" 거부하였다.[6] 개인적 자유는 이 문화들에서는 동일한 중요성을 갖지 않으며, 그래서 이 권리들은 비서구의 정부들에 제한을 과하지 않아야 한다고 한다. 이 입장은 완전히 배척될 수는 없다.[7] 사실 문화는 서로 다르며, 개인적 자유는 서구가 당연한 것으로 여기는 만큼, 보편주의적 방식으로 정당화될 수는 없다.

대화가 가끔 서먹서먹하게 끝나더라도, 이 문제들에 접근하는 또 다른 방법이 있다. 정부에 한계를 두기 위하여, 자유주의에서 개인

---

6) Samuel P. Huntington, *The Clash of Civilizations: Remaking of World Order* (New York: Simon & Schuster 1996), p. 213을 참조.

7) Ibid., Chap. 9. Huntington은 용어에서 거의 조화될 수 없을 정도로 너무 강하게 서구와 비서구 사이의 대조를 적고 있지만, 그 차이점이 사실이라는 점에서 그가 타당하며 대부분의 서구인들에 의해 충분히 평가되지 못하고 있다.

적 자유로 행해지는 것처럼, 보호되는 개인적 자율성의 영역으로 시작하지 말라. 대신에 정부독재를 예방한다는 생각으로 시작하여, 오늘날의 이 괴물에 어떤 제한이 바람직한지를 결정하고 널리 퍼져 있는 사회문화적 입장들과 장치들을 서로 연결시켜라. 이것은 의도적이지는 않더라도, 자유주의 이전의 중세에서 국가에 대한 제한이 어떻게 발전하였는가와 양립할 수 있다. 고문의 금지나 간이 형벌 부과 등의 금지와 같이 가장 고통스러운 정부의 억압형태에 대하여 보호하는 것들로서, 서구의 권리장전의 중요한 구성요소들은 이 대안적인 방향설정으로 끌어들여질 것이다.

정부독재를 예방하는 것은 고대 아테네로부터 중세를 거쳐 오늘날 모든 곳에서 계속 관심거리이었고, 지금도 그러하다. 한계의 성질은 사회, 문화, 정치·경제적 제도마다 다양하겠지만, 정부에 한계를 둘 필요성은 결코 사라지지 않을 것이다. 이러한 의미에서 법의 지배가 인간존재에 끼친 커다란 기여는 그것이 이 필요성에 대한 하나의 답변을 제공한다는 것이다.

법의 지배가 두 번째 의미묶음으로서 형식적 합법성으로 이해된다면, 그것은 최고로 가치있는 선이지만, 반드시 인간의 보편적인 선일 필요는 없다. 어떤 사회에서도 형식적 합법성의 정수인, 규정이 모든 상황을 지배하여야 한다고 생각되지는 않는다. 형식적 합법성은 방금 말했다시피, 정부에 대한 법적 제한이 존재할 때에는 언제나 뒤따른다. 개인이나 재산에 대한 정부의 강제가 위협적일 때에는 언제나, 특히 형사제재가 부과될 때에는 언제나 형식적 합법성이 중요하다. 형식적 합법성은 또한, 관계와 널리 퍼져 있는 문화적 이해가 안전성과 예측가능성을 생기게 하는 경우와 같이, 달리 기능적으로 상응하는 사회적 메커니즘이 효과적인 경우라면 형식적 합법성이 시장의 맥락에서조차 적용될 필요가 없는 것이 가능하다 하더라도,[8] 상업과 그 외에도 낯모르는 사람들이나 다른 공동체구성원들 사이에 거래의 안전성과 예측가능성을 제공하는 데에 가치가 있다. 전 세계의 도시지역에서 일반적인 것처럼 안전성과 예측가능성이 적게 되는, 사회적 연대와 공유된 이해가 취약한 모든 경우에, 형식적 합법성은 중요한 편의를 제공할 것이다.

이 상황들 외에 특히 비자유주의적 사회와 문화에서는, 형식적 합법성의 적용가능성의 문제는 엄밀하게 검토되어야 한다. 규정에 의한 지배인 형식적 합법성은 재량과 판단, 타협 혹은 상황에 맞는 조정 등을 요구하는 상황에서는 비생산적이다. 그것은 가족영역에 대해서는 제한적으로 적용될 것이며, 공동체활동의 영역에 대해서는 있다 하더라도 거의 없을 것이다. 형식적 합법성 이외의 방향설정은 현존하는 관계와 사회적 유대를 훨씬 덜 분열시킬 것이다. 형식적 합법성의 명령을 엄격히 지키는 것은 둘러싸고 있는 사회적 이해와 충돌할 때, 특히 강하게 공유된 공동체적 가치가 있고 모든 사람이 정의가 실현되기를 기대하는 경우에는, 불화하게 되고 파괴적일 수 있다. 형식적 합법성을 강조하는 것은, 식민지를 경험한 사회에서는 일반적인 것처럼, 상당한 양의 실질적 법과 법제도가 다른 곳으로부터 이식된 상황에서는 법규범과 제도가 지역적 규범과 제도와 충돌할 수도 있다는 이유에서, 특별히 어려움을 낳는다.[9] 자유주의와 비자유주의적 지향이 순환하는 혼합적 상황에서는 특히 복잡한 문제가 야기된다. 여기서 그 혼합은 관련된 이해관계들 사이의 절충에 따라 결정되어야 한다. 포괄적인 "전부 아니면 전무"라는 전략은 피해야 한다. 형식적 합법성을 적절히 적용하는 것은 관

---

8) C. A. Jones, "Capitalism, Globalization and Rule of Law: An Alternative Trajectory of Legal Change in China," 3 *Social and Legal Studies* 195 (1994)를 참조.

9) Tamanaha, *A General Jurisprudence of Law and Society*, Chap. 4를 참조.

련된 사람들에 의해 직접적인 맥락에서만 결정될 수 있다. 그렇지 않으면 그것은 실패하거나 해롭게 될 것이다.

사람이 아닌, 법의 지배라는, 세 번째의 의미묶음은 첫 번째와 두 번째가 채택되는 때에는 언제나 뒤따른다. 정부가 법에 의해 제한되고, 법은 형식적 합법성이라는 특성을 충족하여야 한다는 입장을 채택하는 사회는 또한, 법이 적용되는 맥락에서는 필연적으로 사람이 아닌 법의 지배를 포함하고 있다. 이것이 법관에 의한 지배로 기울어지지 않고 성공적으로 성취될 수 있는가의 여부는 특정 사회가 모든 측면에서 자기제한이라는 중대한 요소를 갖춘 필수적인 균형을 유지할 수 있는지의 여부에 달려 있다.

법의 지배에 관하여 세 가지 모두를 취하는 것은, 추상적인 말로 논의되었지만, 내용에 관하여 개방적이라는 것이 인정되어야 한다. 정부에 법적 한계가 있다고 말하는 것은 그 한계가 무엇인가를 말하지는 않는다. 형식적 합법성의 요건은 법의 내용이 아닌 형태를 규정한다. "사람이 아닌, 법의 지배"는 정부공직자들이 적용할 수 있는 법에 대한 그들의 입장을 순화시켜야 하지만, 그 법들이 무엇이어야 하는지는 규정하지 않는다는 것을 말해준다. 민주주의도 개인적 권리도 혹은 정의도 반드시 이 테마의 어느 것에 함축되어 있지는 않다. 이 조언은 법의 지배가 때때로 법이 정당한지 혹은 공동체의 이해관계와 일치하는지의 여부를 고려하지 아니하고 스스로의 정당성만을 주장하는 방법으로 논의되기 때문에 중요하다. 고전적 및 중세시기에 법의 지배에 주어졌던 최고성은 법의 내용이 도덕적으로 정당하고 공동체의 선을 지향하고 있다는 믿음과 직접적으로 연결되어 있었다. 이 전근대기 동안 인민들은 법은 도덕적 내용으로 고취되었다고 생각하였다. 법의 지배가 이 토대를 고려함이 없이 도덕적 선이라는 생각은 그들에게 이상한 것으로 보였고, 우리들에게도 배척되어야 한다. 실행될 때면 언제나 (세 가지 요소 모두에 의해 이해되는) 법의 지배는 늘 정의와 공동체의 선이라는 입장에 따른 평가에 복종해야 한다.

법의 지배의 이러한 각각의 의미의 모든 요건, 강도 그리고 한계 등은 앞에서 서술되었고 여기서 다시 반복하지 않는다. 이 탐구는 법의 지배를 확립하는 데에 무엇이 중요한 구성요소인지를 제안함으로써 끝날 것이지만, 그것은 이해되고 있다. 세 의미의 각각에서 법의 지배에 충실하는 것에 관하여 넘치는 사회적 태도는 법의 지배를 작동하게 하는 신비스러운 성질이다. 이 점에서 낙관하는 근거는 이 책의 서두에서 행해진 고찰에서 발견될 수 있다. 그것은 많은 정부지도자들이 그것에 경의를 표하는 한편으로 오늘날 세계의 어떤 정부도 공개적으로 법의 지배를 배척하지 않는다는 것이다. 이것이 현실보다는 좀 더 수사적이라 할지라도, 그것은 톰프슨이 표명한 이유에서 기본적으로 중요하다. 집권자들은 반복적으로 법에 기속되는 것의 장점을 지지하였다. 시간이 흐르면서 이 수사법은 최고의 문화적 가치로 되었고, 거의 모든 사람에 의해 공유되는 정부와 법에 관한 입장으로 되었다. 중세에도 정확히 동일한 과정이 법의 지배의 발전을 통하여 나아간다. 법의 지배를 확립하기 위한 과거의 수십 년간의 노력에 따른 진전이 명백히 없다는 최근의 실망은 그러므로 시기상조이다. 법의 지배전통은 수세기 동안 만들어지고 있다. 역사를 통털어 없어서는 안 되는 그 요소는 정부 공직자들과 일반대중이 법의 지배의 가치와 적절성을 받아들이고 당연한 것으로 여기게 되었다는 것이다. 오늘날 전 세계에 걸쳐 이 제까지 법의 지배전통을 갖고 있지 않았던 많은 사회에서 일어나기 시작하는 징후가 있다. 거기에 희망이 있다.

# 참고문헌

Adamany, D. and J. Grossman. (1983), "Support for the Supreme Court as a National Policymaker," 5 *Law and Policy Quarterly* 405.

Albrow, Martin. (1996), *The Global Age: State and Society Beyond Modernity* (Stanford, Calif.: Stanford Univ. Press).

Alexander, Gerard. (2003), "Institutionalized Uncertainty, The Rule of Law, and the Sources of Democratic Stability," 35 *Comparative Political Studies* 1145.

Allain, Jean. (2000), *A Century of International Adjudication: The Rule of Law and its Limits* (The Hague: T. C. M. Asser Press).

Allan, T. R. S. (1993), *Law, Liberty, and Justice: The Legal Foundations of British Constitutionalism* (Oxford: Oxford Univ. Press).

Aquinas, Thomas. (1987), *Treatise on Law* (Wash., DC: Regnery Gateway).

Aristotle. (1985), *Nichomachean Ethics*, Terence Irwin, ed. (Indianapolis: Hackett).

Aristotle. (1988), *Politics*, Stephen Everson, ed. (Cambridge, Mass.: Cambridge Univ. Press).

Arndt, H. W. (1957), "The Origins of Dicey's Concept of the 'Rule of Law,'" 31 *Australian Law Journal* 117.

Ayer, A. J. and Jane O'Grady, eds. (1992), *A Dictionary of Philosophical Quotations* (Oxford: Blackwell).

Baird, Mark. "Indonesia's Corruption Assailed," *New York Times*, 28 August 2002: World Business, Section W.

Barker, E. (1914), "The 'Rule of Law'," *Political Quarterly* 116.

Barro, Robert. (1997), *Determinants of Economic Growth: A Cross Country Empirical Study* (Cambridge, Mass.: MIT Press).

Barro, Robert. (2003), "Dictatorship and the Rule of Law: Rules and Military Power in Pinochet's Chile," in Jose Maria Maravall and Adam Przeworski, eds., *Democracy and the Rule of Law* (Cambridge: Cambridge Univ. Press).

Becker, Carl. (1932), *The Heavenly City of Eighteenth Century Philosophers* (New Haven: Yale Univ. Press).

Bender, Leslie. (1988), "A Lawyer's Primer on Feminist Theory and Tort," 38 *Journal of Legal Education* 3.

Bentham, Jeremy. (1988), *A Fragment on Government* (Cambridge: Cambridge Univ. Press).

Berlin, Isaiah. (1969), *Four Essays on Liberty* (Oxford: Oxford Univ. Press).

Berlin, Isaiah. (1990), *The Crooked Timber of Humanity* (Princeton: Princeton Univ. Press).

Berlin, Isaiah. (1999), *The Roots of Romanticism* (Princeton: Princeton Univ. Press).

Bickel, Alexander M. (1955), "The Original Understanding and the Segregation Decision," 69 *Harvard Law Review* 1.

Bickel, Alexander M. (1962), *The Least Dangerous Branch* (New York: Bobbs — Merrill).

Bix, Brian. (2004), *Jurisprudence: Theory and Context* 3rd revised edition (Durham, NC: Carolina Academic Press).

Bloch, Marc. (1961), *Feudal Society: Social Classes and Political Organization*, vol. 2 (Chicago: Chicago Univ. Press).

Boyle, James. (1985), "The Politics of Reason: Critical Legal Theory and Local Social Thought," 133 *Univ. Pennsylvania Law Review* 685.

Bracton, Henry. (1968), *On the Laws and Customs of England* (Cambridge, Mass.: Harvard Univ. Press).

Brown, Nathan J. (1997), "Shari'a and the State in the Modern Muslim Middle East," 29 *International Journal Middle Eastern Studies* 359.

Brown, Nathan J. (1999), "Islamic Constitutionalism in Theory and Practice," in Eugene Cotran and Adel Omar Sherif, eds., *Democracy,*

*The Rule of Law, and Islam* (The Hague: Kluwer).

Burton, Steven J. (1986), "Reaffirming Legal Reasoning: The Challenge From the Left," 36 *Journal of Legal Education* 358.

Bush v. Gore, 531 US 98 (2000).

Canning, Joseph. (1996), *A History of Medieval Political Thought 300−1450* (London: Routledge).

Cantor, Norman F. (1994), T*he Civilization of the Middle Ages* (New York: Harper Perennial).

Cantor, Norman F. (1997), *Imagining the Law: Common Law and the Foundations of the American Legal System* (New York: Harper Perennial).

Carlyle, R. W. (1956), *A History of Medieval Political Theory in the West*, quoted in Joseph M. Snee, "Leviathan at the Bar of Justice," in Arthur E. Sutherland, ed., *Government Under Law* (Cambridge, Mass.: Harvard Univ. Press).

Carothers, Thomas. (1998), "The Rule of Law Revival," 77 *Foreign Affairs* 95; Carrington, PaulD. (1984), "Of Lawand the River," 34 *Journal of Legal Education* 222.

Cassirer, Ernst. (1951), *The Philosophy of the Enlightenment* (Princeton: Princeton Univ. Press).

Charney, Jonathan I. (1998), "Is International Law Threatened by Multiple International Tribunals?," 271 *Recueil Des Cours* 101.

Christie, George and Patrick Martin, eds. (1995), *Jurisprudence*, 2nd ed. (St. Paul, Minn.: West Pub.)

Cicero. (1998), *The Republic and The Laws*, trans. Niall Rudd (Oxford: Oxford Univ. Press).

Cohen, David. (1995), *Law, Violence and Community of Classical Athens* (Cambridge: Cambridge Univ. Press).

Cohen, Felix. (1935), "Transcendental Nonsense and the Functional Approach," 35 *Columbia Law Review* 809.

Coleman, Janet. (2000), *A History of Political Thought: From Ancient Greece to Early Christianity* (Oxford: Blackwell).

Coleman, Jules L. and Brian Leiter. (1995), "Determinacy, Objectivity, and Authority," 142 Univ. *Pennsylvania Law Review* 549.

Collins, Stefan, ed. (1989), *On Liberty and Other Writings* (Cambridge: Cambridge Univ. Press).

Cotran, Eugene. (1999), "The Incorporation of the European Convention on Human Rights into the Law of the United Kingdom," in *Democracy, The Rule of Law, and Islam* (The Hague: Kluwer).

Craig, Paul. (1990), *Public Law and Democracy in the United Kingdom and the United States of America* (Oxford: Oxford Univ. Press).

Craig, Paul. (1997), "Formal and Substantive Conceptions of the Rule of Law," *Public Law* 467.

Cunningham, Robert L., ed. (1979), *Liberty and the Rule of Law* (College Station: Texas A&M Univ. Press).

Dahl, Robert A. (1998), *On Democracy* (New Haven: Yale Univ. Press).

Daly, Mary. (1996), "Thinking Globally: Will National Borders Matter to Lawyers a Century From Now?," 1 *Journal Institute to Study Legal Ethics* 297.

Delgado, Richard. (1987), "The Ethereal Scholar: Does Critical Legal Studies Have What Minorities Want?," 22 *Harvard Civil Rights − Civil Liberties Law Review* 301.

Dezalay, Yves and Bryant Garth. (1996), *Dealing in Virtue: International Commercial Arbitration and the Construction of a Transnational Legal Order* (Chicago: Chicago Univ. Press).

Dicey, A. V. (1982 [1908]). *Introduction to the Law of the Constitution* (Indianapolis: Liberty Fund).

Dietze, Gottfried. (1965), *The Federalist: A Classic on Federalism and Free Government* (Baltimore: John Hopkins Univ. Press).

Document of the Copenhagen Meeting of the Conference on the Human Dimension of the CSFE, 5 June − 29 July 1990, nos. 3, 4.

Dunham, William H. (1965), "Magna Carta and British Constitutionalism," *The Great Charter*, Introduction by Erwin N. Griswold (New York: Pantheon).

Dworkin, Ronald. (1977), *Taking Rights Seriously* (London: Duckworth).

Dworkin, Ronald. (1978), "Political Judges and the Rule of Law," 64 *Proceedings of the British Academy* 259.

Dworkin, Ronald. (1985), *A Matter of Principle* (Cambridge, Mass.: Harvard Univ. Press).

Dworkin, Ronald. (1986), *Law's Empire* (Cambridge, Mass.: Harvard Univ. Press).

Dyzenhaus, David, ed. (1999), *Recrafting the Rule of Law* (Portland, OR: Hart Pub.).

Easterly, Ernest S. (1995), "The Rule of Law and the New World Order," 22 *Southwestern Univ. Law Review* 161.

Endicott, Timothy A. O. (1999), "The Impossibility of the Rule of Law," 19 *Oxford Journal of Legal Studies* 1.

Engels, Friedrich. (1942), *The Origins of the Family, Private Property and the State* (New York: International Publishers).

Ferejon, John and Pasquale Pasqino. (2003), "Rule of Democracy and the Rule of Law," in Jose Maria Maravall and Adam Przeworski eds., *Democracy and the Rule of Law* (Cambridge, Mass.: Cambridge Univ. Press).

Field, David Dudley. (1995 [1859]), "Magnitude and Importance of Legal Science," reprinted in George Christie and Patrick Martin, eds., *Jurisprudence*, 2nd ed. (St. Paul, Minn.: West Pub.).

Figgis, John N. (1998 [1916]), *Studies of Political Thought: From Gerson to Grotius*, 1414–1625 (Bristol: Thommes Press).

Finer, Samuel E. (1999), *The History of Government* (Oxford: Oxford Univ. Press).

Finnis, John. (1980), *Natural Law and Natural Rights* (Oxford: Clarendon Press).

Fiss, Owen. (1982), "Objectivity and Interpretation," 34 *Stanford Law Review* 739.

Fiss, Owen. (1985), "Conventionalism," 58 *Southern Calif. Law Review* 177.

Fukuyama, Fancis. (1992), *The End of History and the Last Man* (New

York: Avon Books).

Fuller, Lon L. (1969), *The Morality of Law*, 2nd revised ed. (New Haven: Yale Univ. Press).

Gay, Peter. (1996), *The Enlightenment: The Science of Freedom* (New York: Norton & Co.).

George, Robert P. (2002), "Reason, Freedom, and the Rule of Law," 15 *Regent Univ. Law Review* 187.

Girvetz, Harry K. (1963), *The Evolution of Liberalism* (New York: Collier Books).

Gray, John. (1995), *Liberalism*, 2nd ed. (Minneapolis: Minn. Univ. Press).

Gray, John. (2000), *The Two Faces of Liberalism* (Cambridge: Polity Press).

Grote, Ranier. (1999), "Rule of Law, Rechtsstaat and Etat de droit," in Christian Starck, ed. (1999), *Constitutionalism, Universalism and Democracy − A Comparative Analysis* (Baden−Baden: Nomos Verlagsgesellschaft).

Guest, A. G. (1961), *Oxford Essays in Jurisprudence* (Oxford: Oxford Univ. Press).

Guillaume, Gilbert. (2003), "Some Thoughts on the Independence of International Judges Vis−à−Vis States," 2 *Law and Practice of International Courts and Tribunals* 163.

Habermas, Jürgen. (1996), *Beyond Facts and Norms*, trans. William Rehg (Cambridge: MIT Press).

Hale, John. (1993), *The Civilization of Europe in the Renaissance* (New York: Touchstone).

Hampson, Norman. (1990), *The Enlightenment* (London: Penguin).

Hampton, Jean. (1994), "Democracy and the Rule of Law," in Ian Shapiro, *The Rule of Law* (New York: NYU Press).

Harris, Jill. (1999), *Law and Empire in Late Antiquity* (Cambridge: Cambridge Univ. Press).

Hart, H. L. A. (1961), *The Concept of Law* (Oxford: Oxford Univ. Press).

Hasnas, John. (1995), "Back to the Future: From Critical Legal Studies

Forward to Legal Realism, or How Not to Miss the Point of the Indeterminacy Argument," 45 *Duke Law Journal* 84.

Hayek, F. A. (1955), *The Political Idea of the Rule of Law* (Cairo: National Bank of Egypt).

Hayek, F. A. (1973), *Law, Legislation and Liberty: Rules and Order*, vol. 1 (Chicago: Chicago Univ. Press).

Hayek, F. A. (1976), *Law, Legislation and Liberty: The Mirage of Social Justice*, vol. 2 (Chicago: Chicago Univ. Press).

Hayek, F. A. (1979), L*aw, Legislation and Liberty: The Political Order of a Free Society*, vol. 3 (Chicago: Chicago Univ. Press).

Hayek, F. A. (1994 [1944]), *The Road to Serfdom* (Chicago: Chicago Univ. Press).

Heilbroner, Robert L. (1981), *The Worldly Philosophers* (New York: Touchstone).

Heineman, Robert A. (1984), *Authority and the Liberal Tradition* (Durham, NC: Carolina Academic Press).

Henkin, Louis. (1979), *How Nations Behave* (New York: Columbia Univ. Press).

Hobbes, Thomas. (1996), *Leviathan* (Oxford: Oxford Univ. Press).

Hobsbawm, Eric. (1989), *The Age of Empire: 1875－1914* (New York: Vintage).

Hobsbawm, Eric. (1996a), *The Age of Capital: 1848－1875* (New York: Vintage).

Hobsbawm, Eric. (1996b), *The Age of Revolution: 1789－1848* (New York: Vintage).

Hogue, Arthur R. (1986), *Origins of the Common Law* (Indianapolis: Liberty Fund).

Holmes, Stephen. (2003), "Lineages of the Rule of Law," in Jose Maria Maravall and Adam Przeworski, eds., *Democracy and the Rule of Law* (Cambridge: Cambridge Univ. Press).

Holt, J. C. (1992), *Magna Carta*, 2nd ed. (Cambridge: Cambridge Univ. Press).

Horwitz, Morton. (1977), "The Rule of Law: An Unqualified Human Good?," 86 *Yale Law Journal* 561.

Horwitz, Morton. (1992), *The Transformation of American Law: 1870−1960* (New York: Oxford Univ. Press).

Huizinga, Johan. (1999), *The Waning of the Middle Ages* (Mineola, New York: Dover Publishers).

Huntington, Samuel P. (1996), *The Clash of Civilizations: Remaking of World Order* (New York: Simon & Schuster).

Hutchinson, Allan C. and Patrick Monahan. (1984), "Politics and the Critical Legal Scholars: The Unfolding Drama of American Legal Thought," 36 *Stanford Law Review* 199.

Hutchinson, Allan C. and Patrick Monahan, eds. (1987), *The Rule of Law: Ideal or Ideology* (Toronto: Carswell).

Hutchinson, Allan C. and Patrick Monahan. (1999), "The Rule of Law Revisited: Democracy and Courts," in David Dyzenhaus, ed., *Recrafting the Rule of Law* (Oxford: Hart Pub.).

International Commission of Jurists. (1959), *The Rule of Law in A Free Society: A Report of the International Congress of Jurists* (Geneva).

Jaeger, Werner. (1944), *Paideia: The Ideals of Greek Culture*, vol. III, trans. G. Highet (Oxford: Oxford Univ. Press).

Jayasuriya, Kanishka. (1999), "The Rule of Law and Governance in the East Asian State," 1 *Australian Journal of Asian Law* 107.

Jennings, Ivor. (1959), *The Law and the Constitution*, 5th ed. (London: London Univ. Press).

Johnson, Paul. "Laying Down the Law," *Wall Street Journal*, 10 March 1999, A22.

Jones, C. A. (1994), "Capitalism, Globalization and Rule of Law: An Alternative Trajectory of Legal Change in China," 3 *Social and Legal Studies* 195.

Jones, J. Walter. (1956), *The Law and Legal Theory of the Greeks* (Oxford: Clarendon Press).

Jowell, Jeffrey. (1994), "The Rule of Law Today," in Jeffrey Jowell and

Dawn Oliver, eds., *The Changing Constitution*, 3rd ed. (Oxford: Oxford Univ. Press).

Kant, Immanuel. (1991), *Political Writings* (Cambridge: Cambridge Univ. Press).

Kant, Immanuel. (1999), *Metaphysical Elements of Justice*, 2nd ed., trans. John Ladd (Indianapolis: Hackett Publishing).

Kapur, Ratna. (2003), "Neutrality and Universality in Human Rights Law," in Jose Maria Maravall and Adam Przeworski, eds., *Democracy and the Rule of Law* (Cambridge: Cambridge Univ. Press).

Karpen, Ulrich. (1988), "Rule of Law," in *The Constitution of the Federal Republic of Germany* (Baden—Baden: Nomos Verlagsgesellschaft).

Kelly, J. M. (1992), *A Short History of Western Legal Theory* (Oxford: Oxford Univ. Press).

Kennedy, Duncan. (1976), "Form and Substance in Private Law Adjudication," 89 *Harvard Law Review* 1685.

Kern, Fritz. (1956), *Kingship and Law in the Middle Ages* (New York: Harper Torch books).

Kingsbury, Benedict. (1999), "Foreword: Is the Proliferation of International Courts and Tribunals a Systemic Problem?," 31 *New York University Journal of International Law and Politics* 679.

Ko—Yung. (2003), "The World Bank's Role in a Global Economy," in Jose Maria Maravall and Adam Przeworski, eds., *Democracy and the Rule of Law* (Cambridge: Cambridge Univ. Press).

Kress, Ken. (1989), "Legal Indeterminacy," 77 *California Law Review* 283.

Kriegel, Blandine. (1995), *The State and the Rule of Law* (Princeton: Princeton Univ. Press).

Krygier, Martin. (1990), "Marxism and the Rule of Law: Reflections After the Collapse of Communism," 15 *Law and Social Inquiry* 633.

Kurland, Philip B. (1965), "Magna Carta and Constitutionalism in the United States: 'the Noble Lie'," in William H. Dunham, ed., *The Great Charter* (New York: Pantheon).

Kurland, Philip B. (1970), "Egalitarianism and the Warren Court," 68

*Michigan Law Review* 629.

Kutz, Christopher L. (1994), "Just Disagreement: Indeterminacy and Rationality in the Rule of Law," 103 *Yale Law Journal* 997.

Lasky, Harold J. (1997), *The Rise of European Liberalism* (New Brunswick: Transaction).

Lawrence v. Texas, 539 US ... (2003); 123 S Ct 2472 (2003).

Leoni, Bruno. (1991), *Freedom and the Law* (Indianapolis: Liberty Fund).

Leuchtenburg, William E. (1995), *The Supreme Court Reborn* (Oxford: Oxford Univ. Press).

Levy, Leonard W. (2001), *Origins of the Bill of Rights* (New Haven: Yale Nota Bene).

Lochner v. New York, 198 US 45 (1904).

Locke, John. (1980), *Second Treatise of Government* (Indianapolis: Hackett).

Lowi, Theodore J. (1987), "The Welfare State, The New Regulation, and The Rule of Law," in Allan Hutchinson and Patrick Monahan, eds., *The Rule of Law: Ideal or Ideology* (Toronto: Carswell).

Macauley, Stuart. (1963), "Non–Contractual Relations in Business: A Preliminary Study," 28 *American Sociological Review* 33.

MacIntyre, Alastair. (1984), *After Virtue* (Notre Dame: Notre Dame Univ. Press).

MacIntyre, Alastair. (2000), "Theories of Natural Law in the Culture of Advanced Modernity," in E. B. McLean, ed., *Common Truths: New Perspectives on Natural Law* (Wilmington, Del.: ISI Books).

MacKenzie, Ruth and Philippe Sands. (2003), "International Courts and Tribunals and the Independence of the International Judge," 44 *Harvard International Law Journal* 271.

Macpherson, C. B. (1962), *The Political Theory of Possessive Individualism* (Oxford: Oxford Univ. Press).

Madison, James, Alexander Hamilton, and John Jay. (1966), *The Federalist Papers* (New York: Arlington House).

Maitland, Frederic William. (2000 [1875]), *A Historical Sketch of Liberty and Equality* (Indianapolis: Liberty Fund).

Malloy, Michael P. (1992), "Bumper Cars: Themes of Convergence in International Regulation," 60 *Fordham Law Review* 1.

Manville, Philip Brook. (1997), *The Origins of Citizenship in Ancient Athens* (Princeton: Princeton Univ. Press).

Maravall, Jose Maria and Adam Przeworski, eds. (2003), *Democracy and the Rule of Law* (Cambridge: Cambridge Univ. Press).

Marbury v. Madison, 1 Cranch 137, 177 (1803).

Marsh, Norman S. (1961), "The Rule of Law as a Supra–National Concept," in A. G. Guest, ed., *Oxford Essays in Jurisprudence* (Oxford: Oxford Univ. Press).

Marx, Karl and Friedrich Engels. (1998), *The Communist Manifesto* (Oxford: Oxford Univ. Press).

Mazor, Lester. (1972), "The Crisis of Legal Liberalism," 81 *Yale Law Journal* 1032.

McDonald, Leighton. (2001), "Positivism and the Formal Rule of Law: Questioning the Connection," 21 *Australian Journal of Legal Philosophy* 93.

McIlwain, C. H. (1934), "The English Common Law, Barrier Against Absolutism," XLIX *American Historical Review* 23.

McLean, E. B., ed. (2000), *Common Truths: New Perspectives on Natural Law* (Wilmington, Del.: ISI Books).

Mill, John Stuart. (1989), *On Liberty and Other Writings* (Cambridge: Cambridge Univ. Press).

Minow, Martha and Elizabeth Spelman. (1999), "In Context," 63 *Southern California Law Review* 1597.

Montesquieu, Baron de. (1914), *Spirit of Laws*, J. V. Pritchard, ed. (London: Bell and Sons).

Moore, John Norton. (1993), "The Rule of Law and Foreign Policy," *Harvard Journal of World Affairs* 92.

Morrow, John. (1998), *History of Political Thought* (New York: NYU Press).

Morrall, John B. (1980), *Political Thought in Medieval Times* (Toronto:

Toronto Univ. Press).

Mulhall, Stephen and Adam Swift. (1992), *Liberals and Communitarians* (Oxford: Blackwell).

Munch, Thomas. (2000), *The Enlightenment: A Comparative Social History* (London: Arnold).

Nafisi, Azar. "Hiding Behind the Rule of Law," *New York Times*, 19 December 1997: A39.

Nenner, Howard. (1977), *By Color of Law: Legal Culture and Constitutional Politics in England, 1660–1689* (Chicago: Chicago Univ. Press).

Neumann, Franz L. (1996), "The Change in the Function of Law in Modern Society," in William E. Scheuerman, ed., *The Rule of Law Under Siege* (Berkeley: Calif. Univ. Press).

Nicaragua v. United States, 1984 ICJ 22 (26 November).

Nonet, Philippe and Philip Selznick. (1996), *Law and Society in Transition: Toward Responsive Law* (New York: Octagon Books).

Norwich, John Julius. (1999), *A Short History of Byzantium* (New York: Vintage).

Osborn v. Bank of United States, 22 US (9 Wheaton) 736, 866 (1824).

Ostwald, Martin. (1986), *From Popular Sovereignty to the Sovereignty of Law: Law, Society and Politics in Fifth–Century Athens* (Berkeley, Calif.: Calif. Univ. Press).

Pangle, Thomas L. (1989), *Montesquieu's Philosophy of Liberalism: A Commentary on the Spirit of the Laws* (Chicago: Chicago Univ. Press).

Pan, Wei. (2003), "Toward a Consultative Rule of Law Regime in China," 12 *Journal of Contemporary China* 3.

Pennington, Kenneth. (1993), *The Prince and the Law, 1200–1600* (Berkeley, Calif.: Calif. Univ. Press).

Pipes, Richard. (2000), *Property and Freedom* (New York: Vintage).

Pirenne, Henri. (1925), *Medieval Cities* (Garden City, NY: Doubleday).

Pirenne, Henri. (1937), *Economic and Social History of Medieval Europe*

(New York: Harcourt).

Pirenne, Henri. (2001), *Mohammad and Charlemagne* (Mineola, NewYork: Dover Publishers).

Plato. (1970), *The Laws*. Trans. Trevor Saunders (London: Penguin).

Plato. (1985), *The Republic*, Trans. Richard W. Sterling and William C. Scott (New York: Norton).

Plessy v. Ferguson, 347 US 483 (1954).

Pocock, J. G. A. (1957), *The Ancient Constitution and the Feudal Law* (Cambridge: Cambridge Univ. Press).

Poggi, Gianfranco. (1978), *The Development of the Modern State* (Stanford: Stanford Univ. Press).

Quigley, John. (1992), "The New World Order and the Rule of Law," 18 *Syracuse Journal of International and Comparative Law* 75.

Radin, Max. (1947), "The Myth of Magna Carta," 60 *Harvard Law Review* 1060.

Raz, Joseph. (1979), "The Rule of Law and Its Virtue," in *The Authority of Law* (Oxford: Clarendon Press).

Reynolds, Noel B. (1989), "Grounding the Rule of Law," 2 *Ratio Juris* 1.

Rosenfeld, Michel. (2001), "The Rule of Law and the Legitimacy of Constitutional Democracy," 74 *Southern Calif. Law Review* 1307.

Rousseau, Jean−Jacques. (1968), *The Social Contract* (Middlesex: Penguin).

Rubenstein, Richard E. (2003), *Aristotle's Children: How Christians, Muslims, and Jews Rediscovered Ancient Wisdom and Illuminated the Dark Ages* (New York: Harcourt).

Sandel, Michael J. (1982), *Liberalism and the Limits of Justice* (Cambridge: Cambridge Univ. Press).

Sands, Philippe. (2001), "Turtles and Torturers: The Transformation of International Law," 33 *New York University Journal of International Law & Politics* 527.

Sands, Philippe. (2003), "Introduction: Papers Presented at the Villa La Pietra Symposium on the Independence and Accountability of the

International Judge," 2 *Law and Practice of International Courts and Tribunals* 3.

Sands, Philippe, Ruth Mackenzie, and Yuval Shany. (1999), *Manual on International Courts and Tribunals* (London: Butterworths).

Scalia, Antonin. (1989), "The Rule of Law as a Law of Rules," 56 *Univ. Chicago Law Review* 1175.

Schauer, Frederick. (1988), "Formalism," 97 *Yale Law Journal* 509.

Schauer, Frederick. (1991), *Playing By the Rules: A Philosophical Examination of Rule−Based Decision−Making in Law and Life* (Oxford: Clarendon Press).

Scheppele, Kim Lane. (2001), "When the Law Doesn't Count," 149 *Univ. Pennsylvania Law Review* 1361.

Scheuerman, William E. (1994), "The Rule of Lawand theWelfare State: Toward a New Synthesis," 22 *Politics and Society* 195.

Scheuerman, William E., ed. (1996), *The Rule of Law Under Siege* (Berkeley, Calif.: Calif. Univ. Press).

Shapiro, Ian. (1985), *The Evolution of Rights in Liberal Theory* (Cambridge: Cambridge Univ. Press).

Shapiro, Ian, ed. (1994), *The Rule of Law* (New York: NYU Press).

Shihata, Ibrahim F. I. (1997), *Complementary Reform: Essays on Legal, Judicial and Other Institutional Reforms Supported by the World Bank* (The Hague: Kluwer).

Shklar, Judith N. (1964), *Legalism* (Cambridge, Mass.: Harvard Univ. Press).

Shklar, Judith N. (1987), "Political Theory and the Rule of Law," in Allan C. Hutcheson and Patrick Monahan, eds., *The Rule of Law: Ideal or Ideology* (Toronto: Carswell).

Simma, Bruno. (1984), "International Adjudication and U.S. Policy − Past, Present, and Future," in Norman Dorsen and Prosser Gifford, eds., *Democracy and the Rule of Law* (Wash., DC: CQ Press).

Singer, Joseph William. (1984), "The Player and the Cards: Nihilism and Legal Theory," 94 *Yale Law Journal* 1.

Smith, Adam. (1978), *Lectures on Jurisprudence*, R. L. Meek, D. D. Raphael, and P. G. Stein, eds. (Oxford: Clarendon Press).

Snee, Joseph M. (1956), "Leviathan at the Bar of Justice," in Arthur E. Sutherland, ed., *Government Under Law* (Cambridge, Mass.: Harvard Univ. Press).

Solum, Lawrence B. (1987), "On the Indeterminacy Crisis: Critiquing Critical Dogma," 54 *Univ. Chicago Law Review* 462.

Southern, R. W. (1968), *The Making of the Middle Ages* (London: Hutchinson Ltd.).

Starck, Christian, ed. (1999), *Constitutionalism, Universalism and Democracy − A Comparative Analysis* (Baden−Baden: Nomos Verlagsgesellschaft).

Stein, Peter. (1999), *Roman Law in European History* (Cambridge: Cambridge Univ. Press).

Stephenson, Carl. (1965), *Medieval Feudalism* (Cornell: Cornell Univ. Press).

Stiglitz, Joseph E. (2002), *Globalization and its Discontents* (New York: W. W. Norton).

Stoner, James R. (1992), *Common Law and Liberal Theory: Coke, Hobbes, and the Origins of American Constitutionalism* (Lawrence: Kansas Univ. Press).

Strauss, Leo. (1953), *Natural Right and History* (Chicago, IL: Chicago Univ. Press).

Strayer, Joseph R. (1970), *On the Medieval Origins of the State* (Princeton, New Jersey: Princeton University Press).

Summers, Robert S. (1982), *Instrumentalism and American Legal Theory* (Ithaca, NY: Cornell Univ. Press).

Summers, Robert S. (1992), "The Formal Character of Law," 51 *Cambridge Law Journal* 242.

Summers, Robert S. (1993), "A Formal Theory of the Rule of Law," 6 *Ratio Juris* 127, 135.

Summers, Robert S. (1999), "Propter Honoris Respectum: The Principles of the Rule of Law," 74 *Notre Dame Law Review* 1691.

Sutherland, Arthur, ed. (1956), *Government Under Law* (Cambridge, Mass.: Harvard Univ. Press).

Sypnowich, Christine. (1999), "Utopia and the Rule of Law," in David Dyzenhaus, ed., *Recrafting the Rule of Law* (Oxford: Hart Pub.).

Tabari, Keyvan. (2003), "The Rule of Law and the Politics of Reform in Post—Revolutionary Iran," 18 *International Sociology* 96.

Taiwo, Olufemi. (1999), "The Rule of Law: The New Leviathan?," 12 *Canadian Journal of Law & Jurisprudence* 151.

Tamanaha, Brian Z. (1997), *Realistic Socio—Legal Theory: Pragmatism and a Social Theory of Law* (Oxford: Clarendon Press).

Tamanaha, Brian Z. (2001), *A General Jurisprudence of Law and Society* (Oxford: Oxford Univ. Press).

Tarnas, Richard. (1991), *The Passion of the Western Mind* (New York: Ballantine Books).

Tate, C. Neal and Torbjorn Vallinder. (1995), *The Global Expansion of Judicial Power* (New York: NYU Press).

Thompson, E. P. (1975), *Whigs and Hunters: The Origin of the Black Act* (New York: Pantheon Books).

Tierney, Brian. (1963), "'The Prince is Not Bound by the Laws' Accursius and the Origins of the Modern State," 5 *Comparative Studies in Society and History* 378, 392.

Tocqueville, Alex de. (1900), *Democracy in America*, Trans. Henry Reeve (New York: Mentor Books).

Tonsor, Stephen J. (1979), "The ConservativeOrigins of Collectivism," in Robert L. Cunningham, ed., *Liberty and the Rule of Law* (College Station: Texas A&M Univ. Press).

Trebilcock, J. (1972), "Post—Seattle: A Qualified Defense of the WTO and an Unqualified Defense of the International Rule of Law," in Jose Maria Maravall and Adam Przeworski, eds., *Democracy and the Rule of Law* (Cambridge: Cambridge Univ. Press).

Trubek, David M., Yves Dezalay, Ruth Buchanan, and John R. Davis.

(1994), "Global Restructuring and the Law: Studies of the Internationalization of Legal Fields and the Creation of Transnational Arenas," 44 *Case Western Reserve Law Review* 407.

Tshuma, Lawrence. (1999), "The Political Economy of the World Bank's Legal Framework for Economic Development," 8 *Social and Legal Studies* 75, World Bank, *Governance and Development* (Wash., DC: World Bank 1992).

Tunc, Andre. (1956), "The Royal Will and the Rule of Law," in Arthur E. Sutherland, ed., *Government Under Law* (Cambridge, Mass.: Harvard Univ. Press).

Tushnet, Mark. (1996), "Defending the Indeterminacy Thesis," 16 *Quinnipiac Law Review* 339.

Ullmann, Walter. (1965), *A History of Political Thought: The Middle Ages* (Middlesex, NY: Penguin).

Unger, Roberto M. (1975), *Knowledge and Politics* (New York: Free Press).

Unger, Roberto M. (1976), *Law in Modern Society* (New York: Free Press).

Vagts, Detlev F. (1996), "The International Legal Profession: A Need for More Governance?," 90 *American Journal of International Law* 250.

van de S. Centlivres, A. (1956), "The Constitution of the Union of South Africa and the Rule of Law," in Arthur Sutherland, ed., *Government Under Law* (Cambridge, Mass.: Harvard Univ. Press).

von Savigny, F. (1983), *Of the Vocation of Our Age for Legislation and Jurisprudence* (New York: Arno).

Waldron, Jeremy. (1987), "Theoretical Foundations of Liberalism" 37 (no. 147) *Philosophical Quarterly* 127.

Waldron, Jeremy. (1989), "The Rule of Law in Contemporary Liberal Theory," 2 *Ratio Juris* 79.

Waldron, Jeremy. (2002), "Is the Rule of Law an Essentially Contested Concept (in Florida)?," 21 *Law & Phil* 137.

Weber, Max. (1967), *On Law in Economy and Society*, Max Rheinstein ed.

(New York: Simon and Schuster).

Wechsler, Herbert. (1959), "Toward Neutral Principles of Constitutional Law," 73 *Harvard Law Review* 1.

Weinreb, Ernest J. (1987), "The Intelligibility of the Rule of Law," *The Rule of Law: Ideal or Ideology* (Toronto: Carswell).

Wells, Catherine. (1990), "Situated Decisionmaking," 63 *Southern California Law Review* 1727.

Wiecek, William M. (1998), *The Lost World of Classical Legal Thought* (Oxford: Oxford Univ. Press).

Williams, E. N. (1972), *The Ancient Regime in Europe* (Middlesex: Penguin).

Zapp, Christian and Eben Moglen. (1996), "Linguistic Indeterminacy and the Rule of Law: On the Perils of Misunderstanding Wittgenstein," 84 *Georgetown Law Review* 485.

Zuckert, Michael P. (1994), "Hobbes, Locke, and the Problem of the Rule of Law," in Ian Shapiro, ed., *The Rule of Law* (New York: NYU Press).

Zweigert, Konrad and Hein Kotz. (1992), *An Introduction to Comparative Law* (Oxford: Clarendon Press).

# 찾아보기

## 저자 약력

저자 브라이언 타마나하 교수는 보스턴대학교 로스쿨을 졸업하고(J. D. 1983) 하버드대학교에서 법학박사 학위를 받았다(S. J. D. 1992). 세인트 존스 로스쿨을 거쳐 현재 미주리 주 세인트루이스의 워싱턴대학 로스쿨의 교수로 재직하고 있으며(2011년 이후), 1990년대 후반부터 8권의 저서를 발간하고 수십 편의 논문을 유수의 잡지에 기고하는 등 현재 미국에서 가장 활발하게 활동하고 있는 학자들 중의 한 사람이다. 그의 저서는 법철학과 법이론, 법학교육, 법과 사회이론 등 다양한 분야에 걸쳐 있으며, 법학분야의 저작에 주어지는 각종 상을 네 차례나 수상하였다. 또한 그의 저서는 8개국에서 번역 출간되었다. 세계적인 법학자로서, 브라질, 인도네시아, 일본, 프랑스, 네덜란드, 콜롬비아, 싱가포르, 호주, 캐나다, 영국 등에서 초청강연을 가졌으며, 프린스턴 고등연구원의 연구원을 역임하였다. 미국 법과 사회학회의 이사를 지냈으며, 버지니아 동부지구 연방법원에서 로 클럭을 거쳤고, 하와이와 마이크로네시아에서 변호사실무를 하기도 하였다.

저서로는 Failing Law Schools(Chicago University Press 2012)(한국어판은 '로스쿨은 끝났다', 미래인, 2013. 일본어로도 번역되어 있다), Beyond the Formalist-Realist Divide: The Role of Politics in Judging(Princeton: Princeton University Press 2010), Law as a Means to an End: Threat to the Rule of Law(N.Y.: Cambridge University Press 2006)(중국어판, 2013), The Perils of Pervasive Legal Instrumentalism, Montesquieu Lecture Series, Vol. 1(Nijmegen: Wolf Legal Publishers 2006), On The Rule of Law: History, Politics, Theory(Cambridge: Cambridge University Press 2004)(우크라이나, 중국, 스페인, 일본에서 번역되었다), A General Jurisprudence of Law and Society(Oxford: Oxford University Press 2001)(중국어판, 2012), Realistic Socio-Legal Theory: Pragmatism and a Social Theory of Law(Oxford: Clarendon Press 1997), Understanding Law in Micronesia: An Interpretive Approach to Transplanted Law(Leiden: Brill Publishing Co. 1993) 등이 있고, 40여 편의 논문을 유수의 잡지에 기고하였다.

## 역자 약력

역자 이헌환 교수는 서울대학교 법과대학(1982)과 동 대학원 석사과정(1985) 및 박사과정을 이수하고(1992), 동 대학교에서 "정치과정에 있어서의 사법권에 관한 연구"라는 제목으로 박사학위를 받았다(1996). 1990년부터 청주 서원대학교 법학과에서 교수로 재직하였으며, 동 대학교의 학생처장과 학술정보원장을 역임하였다. 미국 위스콘신 로스쿨의 방문학자로 1년간 체류하였다(1997~1998). 2006년 9월 이후 아주대학교 법과대학에서 교수로 재직하였고, 2009년 3월부터 아주대학교 법학전문대학원의 헌법전공교수로 재직하고 있다. 아주대학교 법학도서관장과 법학연구소장을 역임하였으며, 2012년부터 2년 동안 대법원 법관인사위원회 인사위원으로 참여하였다. 현재 경기도 소청심사위원회 위원, 경기도 노동위원회 공익위원으로 활동하고 있다. 한국공법학회 부회장, 한국헌법학회 부회장, 세계헌법학회 한국학회 총무이사를 역임하였으며, 현재 법과사회이론학회 회장으로 재임 중이다.

저서로는, 특별검사제 – 미국의 제도와 경험(2000), 법과 정치(2007), 미국법제도 입문(공역: 2013)이 있으며, 사법시험 2차시험위원(2006, 2013)과 다수의 국가시험위원을 역임하였다.

## 법치주의란 무엇인가

초판인쇄    2014년  3월  20일
초판발행    2014년  3월  30일

지은이      Brian Z. Tamanaha
옮긴이      이헌환
펴낸이      안종만

편  집      우석진 · 김효선
기획/마케팅  노현 · 정병조
표지디자인   최은정
제  작      우인도 · 고철민

펴낸곳      (주) **박영사**
            서울특별시 종로구 평동 13-31번지
            등록  1959. 3. 11.  제300-1959-1호(倫)
전  화      02)733-6771
f a x      02)736-4818
e-mail     pys@pybook.co.kr
homepage   www.pybook.co.kr
ISBN       979-11-303-2581-1    93360

* 잘못된 책은 바꿔드립니다. 본서의 무단복제행위를 금합니다.

정 가      19,000원